DIREITOS FUNDAMENTAIS E DIREITO À JUSTIFICATIVA

DEVIDO PROCEDIMENTO NA ELABORAÇÃO NORMATIVA

ANA PAULA DE BARCELLOS

Prefácio
Luís Roberto Barroso

DIREITOS FUNDAMENTAIS E DIREITO À JUSTIFICATIVA

DEVIDO PROCEDIMENTO NA ELABORAÇÃO NORMATIVA

3ª edição revista, ampliada e atualizada

Belo Horizonte

FÓRUM
CONHECIMENTO JURÍDICO
2020

© 2016 Editora Fórum Ltda.
2017 2ª edição
2020 3ª edição

É proibida a reprodução total ou parcial desta obra, por qualquer meio eletrônico, inclusive por processos xerográficos, sem autorização expressa do Editor.

Conselho Editorial

Adilson Abreu Dallari
Alécia Paolucci Nogueira Bicalho
Alexandre Coutinho Pagliarini
André Ramos Tavares
Carlos Ayres Britto
Carlos Mário da Silva Velloso
Cármen Lúcia Antunes Rocha
Cesar Augusto Guimarães Pereira
Clovis Beznos
Cristiana Fortini
Dinorá Adelaide Musetti Grotti
Diogo de Figueiredo Moreira Neto (in memoriam)
Egon Bockmann Moreira
Emerson Gabardo
Fabrício Motta
Fernando Rossi
Flávio Henrique Unes Pereira

Floriano de Azevedo Marques Neto
Gustavo Justino de Oliveira
Inês Virgínia Prado Soares
Jorge Ulisses Jacoby Fernandes
Juarez Freitas
Luciano Ferraz
Lúcio Delfino
Marcia Carla Pereira Ribeiro
Márcio Cammarosano
Marcos Ehrhardt Jr.
Maria Sylvia Zanella Di Pietro
Ney José de Freitas
Oswaldo Othon de Pontes Saraiva Filho
Paulo Modesto
Romeu Felipe Bacellar Filho
Sérgio Guerra
Walber de Moura Agra

FÓRUM
CONHECIMENTO JURÍDICO

Luís Cláudio Rodrigues Ferreira
Presidente e Editor

Coordenação editorial: Leonardo Eustáquio Siqueira Araújo
Aline Sobreira de Oliveira

Av. Afonso Pena, 2770 – 15º andar – Savassi – CEP 30130-012
Belo Horizonte – Minas Gerais – Tel.: (31) 2121.4900 / 2121.4949
www.editoraforum.com.br – editoraforum@editoraforum.com.br

Técnica. Empenho. Zelo. Esses foram alguns dos cuidados aplicados na edição desta obra. No entanto, podem ocorrer erros de impressão, digitação ou mesmo restar alguma dúvida conceitual. Caso se constate algo assim, solicitamos a gentileza de nos comunicar através do *e-mail* editorial@editoraforum.com.br para que possamos esclarecer, no que couber. A sua contribuição é muito importante para mantermos a excelência editorial. A Editora Fórum agradece a sua contribuição.

Dados Internacionais de Catalogação na Publicação (CIP) de acordo com a AACR2

B242d	Barcellos, Ana Paula de Direitos fundamentais e direito à justificativa: devido procedimento na elaboração normativa / Ana Paula de Barcellos. 3. ed. – Belo Horizonte : Fórum, 2020. 281p.; 14,5cm x 21,5cm ISBN: 978-85-450-0698-5 1. Direito Constitucional. 2. Direito Público. 3. Direitos Humanos. 4. Direitos Fundamentais. I. Título CDD: 342 CDU: 342

Elaborado por Daniela Lopes Duarte - CRB-6/3500

Informação bibliográfica deste livro, conforme a NBR 6023:2018 da Associação Brasileira de Normas Técnicas (ABNT):

BARCELLOS; Ana Paula de. *Direitos fundamentais e direito à justificativa*: devido procedimento na elaboração normativa. 3. ed. Belo Horizonte: Fórum, 2020. 281p. ISBN 978-85-450-0698-5.

AGRADECIMENTOS

A preparação deste agradecimento me levou de volta no tempo, ao agradecimento que escrevi quando da primeira edição do meu primeiro livro (*A eficácia jurídica dos princípios. O princípio da dignidade da pessoa humana*). Tratava-se, na ocasião, da dissertação de Mestrado que apresentei no âmbito do Programa de Pós-Graduação em Direito Público da Faculdade de Direito da Universidade do Estado do Rio de Janeiro. Agora, cuida-se da tese que defendi no concurso para Professor Titular de Direito Constitucional da mesma Faculdade, cargo que passei a ocupar com muito orgulho. Parece um sonho. Deus seja louvado.

Continuo inteiramente convencida de que poder agradecer é uma bênção divina. Não apenas pelos benefícios recebidos: e são muitíssimos no meu caso. Mas a verdade é que a circunstância de haver a quem agradecer é uma das razões mais importantes para ser grato na vida. Agradecer é também um meio precioso e fundamental de exercitar a humildade, evitar a soberba e compartilhar a alegria. Sou grata a muitas pessoas a propósito deste trabalho e sou grata de forma especial a Deus pela circunstância maravilhosa de não apenas ter recebido ajuda e apoio de tantas pessoas, mas também porque boa parte delas está nessa missão desde aquele primeiro agradecimento, e jamais desistiram.

Como referido, este trabalho corresponde com pouquíssimas alterações à tese apresentada e defendida no concurso público para Professor Titular de Direito Constitucional da Faculdade de Direito da Universidade do Estado do Rio de Janeiro. Fui aprovada em segundo lugar no concurso, o que muito me honrou, ao lado do primeiro colocado, meu brilhante colega de tantos anos, Professor Daniel Sarmento. Graças ao bom Deus havia duas vagas. Participaram da Banca Examinadora os Professores Luís Roberto Barroso, Gustavo Tepedino, Clèmerson Melin Clève, Ingo Wolfang Sarlet e Oscar Vilhena Vieira, referências do Direito Constitucional brasileiro, e aos quais agradeço pela honra da presença, pelas sugestões e críticas formuladas, e pela enorme distinção do grau atribuído à tese. Muito obrigada.

Não poderia deixar de mais uma vez agradecer e honrar o Professor e Ministro Luís Roberto Barroso. Ele continua a ser o mestre que me criou e conduziu pela vida acadêmica e profissional e o amigo de todas as horas: meu carinho, gratidão e reconhecimento jamais caberão em palavras. É com emoção que não sou capaz de descrever que chego hoje a ser Professora Titular, título por ele conquistado há muitos anos, justamente quando eu era sua monitora. Desde que o conheci, nunca deixou de ser o exemplo que procurei imitar. A amizade sincera que nos une é um bem precioso que Deus me deu e pelo qual sou continuamente grata.

A Faculdade de Direito da UERJ é a minha escola e a ela, e àqueles que fazem dela o que ela é, gostaria de dedicar um agradecimento especial, apesar de todas as dificuldades enfrentadas pela instituição. Salvo por uma passagem por Harvard, devo toda minha formação à UERJ (inclusive a educação básica, egressa que sou do CAP/UERJ). Além disso, tenho o privilégio de usufruir desde 2002 do companheirismo e do talento contagiante do corpo docente do qual faço parte, e a quem tomo a liberdade de homenagear nas pessoas dos queridos colegas e amigos Carmen Tiburcio e Gustavo Binenbojm. Em particular, é um orgulho integrar o Departamento de Direito do Estado da Faculdade de Direito da UERJ. Sou grata também aos meus alunos por muitas razões: a sala de aula continua a ser um lugar para onde vou com prazer, e de onde relações se estabelecem para a vida inteira. Obrigada.

Juntamente com o Professor Luís Roberto Barroso, os Professores Paulo Braga Galvão, meu primeiro professor de Direito Constitucional, Ricardo Lobo Torres e Paulo Cezar Pinheiro Carneiro são referências pessoais para mim, além de incentivadores de minha carreira acadêmica. Mais uma vez, obrigada: somos todos devedores de vocês, uma dívida impagável que, curiosamente, nos deixa sempre maiores, não menores.

O escritório *Barroso Fontelles, Barcellos, Mendonça & Associados* é um espaço especial da minha vida – espaço de gente amiga, brilhante e empenhada em fazer sempre o melhor – e integrá-lo é uma razão para ser sempre grata. Agradeço de forma particular aos amigos queridos e absolutamente brilhantes Thiago Magalhães, Danielle Lins e Paulo Barrozo pelas contribuições a este meu trabalho. E também às queridas Renata Campante e Cristina Sheldrick, que, mesmo de longe, sempre estão na linha de frente da minha torcida, junto com Alcina Paiva. Obrigada.

Sou grata ainda a meus pais, José e Alice, e a minha tia, Marcelina, por tantas razões que não sou capaz de enumerar. Sou grata pelo que fizeram de mim, pelo exemplo de integridade e de compromisso com o trabalho sério que me tem guiado, por tudo o que me ensinaram, pelo amor incondicional e pela intercessão permanente junto a Deus.

A meu marido, Daniel, alegria da minha vida, minha melhor gratidão e meu maior carinho, não apenas pela sua ajuda, companheirismo e afeto, que me alimentaram ao longo de toda a elaboração deste trabalho, mas por tudo o mais. Sem você, não apenas nada disso teria qualquer sentido ou relevância, como eu sequer seria eu mesma. Agradeço também aos filhos e noras que Deus me deu pelo apoio e orações de todas as horas: Felipe e Fernanda, Érico e Sâmea, Jonatas e Carla.

Por fim, e acima de tudo e de todos, e sempre, agradeço a Deus Todo-Poderoso, Pai de nosso Senhor Jesus Cristo, por quem e em quem tudo existe e para quem são todas as coisas. Ao Senhor Jesus seja toda honra, toda glória e todo louvor, não apenas neste momento de gratidão especial, mas para todo sempre.

SUMÁRIO

PREFÁCIO
O CICLO DA VIDA
Luís Roberto Barroso... 13
I   Da autora e sua trajetória... 13
II   O livro e sua temática.. 15
III Saindo do caminho.. 17

APRESENTAÇÃO DA 3ª EDIÇÃO.. 19

CAPÍTULO I
INTRODUÇÃO.. 21

CAPÍTULO II
A CONSTRUÇÃO DE UM ESTADO CAPAZ DE PROMOVER
DE FORMA SUSTENTÁVEL E EQUITATIVA OS DIREITOS
FUNDAMENTAIS. LIMITES E POSSIBILIDADES DA JURISDIÇÃO.
O NECESSÁRIO RETORNO DO DIREITO CONSTITUCIONAL ÀS
INSTÂNCIAS MAJORITÁRIAS... 25
2.1 Direitos fundamentais: onde estamos?............................... 32
2.2 A necessidade de um Estado capaz de promover de forma
     sustentável e equitativa os direitos fundamentais............... 37
2.3 Limites e possibilidades da jurisdição na promoção sustentável e
     equitativa de direitos. O necessário retorno do Direito Constitucional
     às instâncias majoritárias... 43

CAPÍTULO III
UM NOVO PAPEL PARA O DIREITO CONSTITUCIONAL:
FOMENTO À DEMOCRACIA NOS ESPAÇOS MAJORITÁRIOS.... 55

CAPÍTULO IV
DIREITO CONSTITUCIONAL A UM DEVIDO PROCEDIMENTO
NA ELABORAÇÃO NORMATIVA: DIREITO À JUSTIFICATIVA... 71
4.1 O direito constitucional a um devido procedimento na elaboração
     normativa... 71
4.2 Por que um direito constitucional a um devido procedimento na
     elaboração normativa no Brasil?... 80

CAPÍTULO V
FUNDAMENTAÇÃO DO DIREITO CONSTITUCIONAL A UM DEVIDO PROCEDIMENTO NA ELABORAÇÃO NORMATIVA..... 89

5.1 O direito fundamental a receber justificativas 90
5.2 O respeito, a proteção e a promoção dos direitos fundamentais levados a sério 97
5.3 Os princípios constitucionais republicano e democrático 101
5.4 Princípios do Estado de Direito e do devido processo legal 107
5.4.1 O processo legislativo constitucional e o devido procedimento na elaboração normativa 115
5.5 O dever constitucional de publicidade e o direito constitucional de acesso à informação 123

CAPÍTULO VI
CONTEÚDO DO DIREITO CONSTITUCIONAL A UM DEVIDO PROCEDIMENTO NA ELABORAÇÃO NORMATIVA (DPEN): DIREITO À JUSTIFICATIVA 135

6.1 Direito à justificativa: razões e informações 139
6.1.1 Razões e democracia plural 146
6.1.2 Informações e a limitação do conhecimento 158
6.2 Elaboração normativa: do que se trata afinal? 161
6.3 Conteúdo mínimo da justificativa exigida pelo devido procedimento na elaboração normativa 164
6.3.1 Primeiro conteúdo mínimo: qual o problema que a norma pretende enfrentar? 165
6.3.2 Segundo conteúdo mínimo: quais os resultados pretendidos com a medida proposta? 173
6.3.3 Terceiro conteúdo mínimo: quais os custos e impactos da medida proposta? 183
6.3.4 Publicidade e memória 191
6.4 Procedimentos adicionais do direito constitucional ao devido procedimento na elaboração normativa 195

CAPÍTULO VII
EFICÁCIA JURÍDICA DO DIREITO CONSTITUCIONAL A UM DEVIDO PROCEDIMENTO NA ELABORAÇÃO NORMATIVA... 203

7.1 Destinatários do direito e dos deveres correlatos 204
7.2 Eficácia jurídica do direito constitucional ao devido procedimento na elaboração normativa 209
7.3 O que o direito constitucional ao devido procedimento na elaboração normativa não é 218

CAPÍTULO VIII
EXAMINANDO ALGUMAS CRÍTICAS AO DIREITO
CONSTITUCIONAL AO DEVIDO PROCEDIMENTO NA
ELABORAÇÃO NORMATIVA..221
8.1   A crítica da inutilidade. Uma resposta.....................................221
8.2   A crítica do prejuízo à lógica política própria do Legislativo.
      Uma resposta..223
8.3   A crítica do agigantamento do papel do Judiciário. Uma resposta....228
8.4   A crítica de um novo originalismo. Uma resposta.................230
8.5   A crítica do possível uso conservador. Uma resposta..........232

CAPÍTULO IX
UM PROBLEMA PARALELO AO DPEN: UMA REFLEXÃO
PRELIMINAR SOBRE AS PRERROGATIVAS DAS MINORIAS
PARLAMENTARES EM UMA DEMOCRACIA
E AS QUESTÕES *INTERNA CORPORIS*...237

CAPÍTULO X
CONCLUSÕES...251

REFERÊNCIAS..263

PREFÁCIO

O CICLO DA VIDA

Na vida, nunca cessamos de procurar.
E o final de toda procura
Nos leva ao ponto de onde partimos
Para conhecê-lo pela primeira vez.
(T.S. Elliot)[1]

I Da autora e sua trajetória

Este é o terceiro prefácio que escrevo para uma obra da Professora Ana Paula de Barcellos. Um privilégio que a vida me deu. O primeiro deles foi para sua dissertação de mestrado, materializada no livro *A eficácia jurídica dos princípios. O princípio da dignidade da pessoa humana*. Tratava-se de uma viagem bem guiada pelos principais cenários da teoria constitucional e da teoria dos princípios, bem como de uma tentativa, pioneira à época, de dar densidade jurídica à dignidade da pessoa humana. Prenunciando a linda carreira que ela faria, escrevi na ocasião:

> Os professores verdadeiramente comprometidos com seu ofício não podem almejar apenas serem imitados ou seguidos. Este seria um destino medíocre. Justamente ao contrário, devem estimular seus alunos a

---

[1] Tradução livre.

pensarem por si, a ousarem ideias diversas, a buscar os próprios caminhos. Se possível, a irem onde ninguém esteve. Professores por vocação preparam, com esmero, aqueles que vão superá-los, que chegarão mais longe. Esta a sua sina: sublimar a própria vaidade e celebrar o sucesso alheio. Poderia ser uma derrota, mas quem bem entende o que digo sabe que é a glória.

Ana Paula de Barcellos é um dos exemplos mais vistosos do que digo. Uma paixão intelectual.

Mais à frente, nos registros iniciais de um dos meus livros, nos quais fazia menção a pessoas relevantes e queridas na minha vida, disse dela:

(...) E Ana Paula de Barcellos, que há dez anos ingressou na vida acadêmica pelas minhas mãos, tendo sido minha monitora e minha orientanda de mestrado e de doutorado, até tornar-se professora da UERJ por concurso público. O leitor imaginará que tenha sido proveitosa para a jovem estudiosa a convivência com seu professor. Mas deve saber que a recíproca é mais intensamente verdadeira: de longa data beneficio-me eu de seu talento privilegiado, de sua inteligência emocional e de sua dedicação plena a todos os projetos com os quais se compromete.[2]

Em um segundo livro, correspondente à sua tese de doutorado – *Ponderação, Racionalidade e Atividade Jurisdicional* –, Ana Paula escreveu páginas notáveis sobre a justificação das decisões judiciais, em um mundo que assistia à expansão do espaço interpretativo e à ascensão política e institucional do Poder Judiciário. Impressionado com seu trabalho, ainda hoje um dos melhores sobre o assunto, concluí o prefácio que escrevi na ocasião com a seguinte observação:

Apenas uma última advertência. Não leia este livro incidentalmente, como um fato casual da rotina dos estudos jurídicos. Há risco de se desperdiçar uma grande oportunidade. O trabalho que se segue é um marco na compreensão das complexidades do direito em nosso tempo e na busca de legitimidade, racionalidade e controlabilidade para a interpretação judicial. Por isso mesmo, é preciso percorrer as suas páginas com os sentidos em alerta e o coração aberto, pronto para uma grande paixão. Há risco de a vida não voltar a ser a mesma.

---

[2] BARROSO, Luís Roberto. *Temas de Direito Constitucional*, 2005. t. III, *Registros*.

Cabe-me agora apresentar a tese com a qual conquistou uma das posições de professora titular de Direito Constitucional da Universidade do Estado do Rio de Janeiro (UERJ), intitulada *Direito Constitucional a um Devido Procedimento na Elaboração Normativa: Direito à Justificativa*. Ana encerra o ciclo formal de sua carreira acadêmica com um trabalho primoroso. Original nas ideias, preciso na organização e sedutor na forma objetiva, simples e persuasiva. A seguir, algumas reflexões sobre o tema.

II   O livro e sua temática

A agenda do Direito Constitucional brasileiro, nos últimos anos, tem tido seus registros centrais em discussões acerca da judicialização, da legitimidade democrática da jurisdição constitucional e dos mecanismos de tutela dos direitos fundamentais. Como pano de fundo de todas essas discussões, tem-se o momento de persistente desprestígio vivido pela política majoritária e pelo Poder Legislativo. O trabalho de Ana Paula de Barcellos, sem fugir desses temas relevantes, procura mudar o foco, transferindo-o das instituições judiciais para as instituições políticas. Ao reconhecer os limites e as possibilidades de atuação do Poder Judiciário, sua tese procura revalorizar a política. Nada mais original e necessário.

Em uma democracia, qualquer democracia, política é gênero de primeira necessidade. Sua desmoralização é a derrota do constitucionalismo democrático. A judicialização da vida não pode ser percebida como solução dos nossos problemas, sejam os de natureza institucional, sejam os relacionados aos direitos humanos. O Poder Judiciário é uma instância *patológica* da vida: só se vai a juízo quando exista litígio, briga, desavença. Esta não deve ser a forma ordinária de se resolverem disputas. Disputas devem ser resolvidas amigavelmente, administrativamente, negociadamente, mediante concessões e compromissos. A judicialização deve ser a exceção, e não a regra. Mesmo em matéria de direitos fundamentais. Como bem observou Ana Paula, o Judiciário depende de provocação, decide em âmbito limitado e, frequentemente, atende aos extratos mais elevados da população. Em suas palavras:

> A capacidade de a jurisdição promover direitos fundamentais em caráter geral e de forma equitativa é limitada. O Judiciário apenas decide o que lhe chega às mãos, e apenas uma fração das necessidades de direitos fundamentais lhe é submetida. Ademais, as evidências indicam que os mais necessitados da população não são, como regra, os que se

beneficiam da judicialização. E a própria execução das decisões judiciais, sobretudo daquelas que interfiram com políticas públicas, dependerá da colaboração dos poderes majoritários.

(...) A promoção sustentável e equitativa dos direitos, isto é: que atribua prioridade aos mais pobres, depende sempre de um esforço continuado do poder público que se dará, substancialmente, no espaço democrático por meio da atuação ordinária dos poderes majoritários, Legislativo e Executivo.

Daí o mérito deste trabalho em procurar recolocar o Poder Legislativo no centro das discussões. Para tanto, as ideias apresentadas procuram valorizar o processo de elaboração normativa pelo Congresso Nacional, pela criação de um *Devido Processo na Elaboração Normativa* ou *DPEN*. Trata-se de um procedimento que impõe aos órgãos legislativos o dever de apresentarem, com informações factuais, objetivas e inteligíveis, a justificativa da inovação legislativa que pretendem instituir. Com isso, contribuem para o debate público de qualidade, para a informação adequada dos cidadãos e para a legitimidade das escolhas que empreendem. Qual o problema a ser enfrentado? Qual o resultado visado? Quanto custa? Eis algumas das perguntas a serem necessariamente respondidas. Com maestria, expõe a autora os elementos mínimos do DPEN:

> Nesse contexto, o devido procedimento de elaboração normativa é justamente um direito constitucional difuso pelo qual se exige de quem propõe a edição de norma jurídica que apresente justificativa correspondente. Essa justificativa deve conter razões e informações e abordar ao menos os seguintes temas: (i) o problema que a norma pretende enfrentar; (ii) os resultados que se espera sejam produzidos com a execução da norma; e (iii) os custos e impactos que se antecipa decorrerão da norma.

O resultado final visado pela proposta é virtuoso e facilmente identificável: devolver o protagonismo dos poderes eleitos democraticamente – o Legislativo e o chefe do Executivo –, mesmo na proteção dos direitos fundamentais. O Judiciário não tem a chave do cofre nem a espada, de modo que o papel dos demais poderes é indispensável. Ao impor o dever de justificar escolhas político-legislativas, a tese dá ao Legislativo e ao Executivo um trunfo que é responsável por parte do sucesso do Judiciário: o oferecimento de razões, de justificativa para as decisões tomadas. A democracia contemporânea é feita de *votos*, de respeito aos *direitos fundamentais* e do oferecimento de *razões*, argumentos que possam conquistar o espírito humano e obter adesão e apoio. A proposta de Ana Paula traz a exigência de *razões* para o mundo da política. A vontade da maioria temperada por justificações racionais. Ainda que de difícil implementação, trata-se de uma ideia relevante e iluminista.

III Saindo do caminho

Como assinalado anteriormente, o texto que o leitor tem nas mãos deu a Ana Paula de Barcellos a posição de professora titular de Direito Constitucional da UERJ. Trata-se do mesmo título que eu conquistei, pouco mais de vinte anos atrás, quando ela era minha monitora na Faculdade. Desde então, jamais nos afastamos academicamente. É difícil expressar em palavras o conjunto de emoções e de bons sentimentos que o sucesso dela desperta em mim. O ciclo da vida, na biologia, na filosofia e mesmo na poesia, como documenta a epígrafe deste prefácio, é quase sempre associado a uma volta ao começo, ao estado inicial. Ana Paula representa este recomeço, a continuidade, a preservação de um patrimônio comum. Mas simboliza, também, a renovação de ideias, a mudança necessária, a evolução da história. Assistir ao sucesso dela é, para mim, como voltar no tempo e viver uma outra vez a mesma realização que já vivera.

Nessa quadra difícil da vida brasileira, precisamos de talento, integridade e compromissos com o país e sua gente. Precisamos melhorar a qualidade da política, do debate público e das soluções. Nesse ambiente, Ana Paula de Barcellos é a pessoa certa, com ideias no lugar e espírito voltado para pensar e servir o país. Um exemplo que merece ser multiplicado e seguido. Em um mundo que vive a ascensão feminina, lugares mais elevados a esperam. Assim será.

De Brasília para o Rio de Janeiro, 7 de julho de 2016.

Luís Roberto Barroso
Ministro do Supremo Tribunal Federal.
Professor Titular de Direito Constitucional da
Faculdade de Direito da UERJ.

APRESENTAÇÃO DA 3ª EDIÇÃO

A primeira edição deste livro correspondeu, com pequenos ajustes, à tese apresentada e defendida no concurso público para Professor Titular de Direito Constitucional da Faculdade de Direito da Universidade do Estado do Rio de Janeiro, realizado em dezembro de 2015. A tese envolvia, como o leitor poderá observar por si mesmo, a defesa de um direito fundamental a receber justificativas e o dever correlato de respeito, por quem quer que elabore normas no âmbito do Estado, a um devido procedimento na elaboração normativa (DPEN). O livro procura apresentar um conteúdo específico para o DPEN e discutir seus destinatários e sua eficácia jurídica no contexto da democracia brasileira.

Na segunda edição, agregou-se a essa discussão uma outra, com ela diretamente relacionada. Afinal, os deveres impostos pelo DPEN teriam alguma repercussão sobre o debate acerca da possibilidade de controle judicial das chamadas questões *interna corporis* legislativas? Poderia o Judiciário intervir em disputas que surgem ao longo do processo legislativo, no âmbito das Casas Legislativas, frequentemente entre maioria e minoria parlamentares? Se não, ou se sim, por quais razões?

A terceira edição, que se apresenta agora ao leitor, além de revista e atualizada, desenvolve de forma mais específica um tema que já tinha sido mencionado várias vezes ao longo do livro: o monitoramento das políticas públicas em matéria de direitos fundamentais. Com efeito, algumas das perguntas que a justificativa exigida pelo DPEN deve ser capaz de responder visam a justamente permitir o monitoramento da política pública que se pretende implementar. Mas esse é apenas um aspecto da questão. Para que o monitoramento possa efetivamente se desenvolver, será necessário que a elaboração normativa (primária ou eventualmente secundária) o incorpore, bem como os elementos básicos para o seu funcionamento, como um aspecto de qualquer política pública a ser adotada.

Uma premissa subjacente às ideias discutidas neste livro é a de que normas, sozinhas, por si, não promovem direitos na vida real das pessoas: um percurso, por vezes longo e nem sempre linear, conduzido no mais das vezes pelo Direito Administrativo, será indispensável. O monitoramento das políticas públicas, de modo a aferir seus resultados e conduzir os esforços dos agentes públicos para os fins por elas pretendidos, é absolutamente central para o sucesso desse percurso em direção à efetiva – real, concreta – proteção, promoção e respeito dos direitos das pessoas.

CAPÍTULO I

INTRODUÇÃO

A promulgação da Constituição de 1988 representou um marco no país consagrando o valor da pessoa humana e de seus direitos como eixo central do sistema jurídico e das relações entre o Estado e os indivíduos. Desde então, em continuidade de esforços pioneiros anteriores, a doutrina brasileira de Direito Constitucional tem se ocupado intensamente do tema dos direitos fundamentais.[1] Em larga medida esses debates se concentram na interpretação das normas que consagram tais direitos e na atuação do Poder Judiciário, isto é, nos vários mecanismos e possibilidades por meio dos quais a atividade jurisdicional pode proteger e promover de forma direta os direitos fundamentais em resposta a demandas que lhe são propostas.

Ocorre que a edição de normas garantidoras de direitos fundamentais é apenas um ponto de partida. Entre a edição de uma norma e a efetiva fruição do direito por pessoas concretas, no mundo dos fatos, existe uma distância considerável que não pode ser ignorada pelo Direito Constitucional. Além disso, sem prejuízo dos importantes papéis que a jurisdição pode e deve ter nesse contexto, o impacto possível de sua atuação para a proteção e a promoção dos direitos em caráter geral, e sobretudo para os mais pobres, é bastante limitado. O compromisso da Constituição, porém, é com a efetiva proteção dos direitos, e não propriamente com a existência de normas ou mesmo com a prolação de decisões judiciais sobre a matéria. Esse será o tema do *capítulo II*.

Com efeito, a promoção geral dos direitos fundamentais depende não apenas de normas, mas da efetiva execução dessas normas

---

[1] Na realidade, não apenas o Direito Constitucional tem se ocupado dos direitos fundamentais, mas o Direito Público em geral e também o Direito Privado (v. TEPEDINO, 2006).

e, além disso, de monitoramento e avaliações periódicas capazes de verificar se sua execução está efetivamente conduzindo aos resultados pretendidos inicialmente. Não é incomum que as políticas públicas previstas requeiram ajustes e correções ao longo do tempo, para que os resultados pretendidos sejam afinal produzidos. Em sentido similar, mesmo a execução de decisões judiciais que tentam interferir com políticas públicas não é fácil: demanda tempo, monitoramento contínuo e, em geral, depende da colaboração do Poder Executivo e por vezes também do Legislativo.

O Judiciário, de qualquer modo, apenas pode decidir aquilo que lhe é submetido, e somente uma parcela pequena das infrações a direitos é transformada em demandas: todo o restante está fora da atuação possível da jurisdição. E, ainda assim, as evidências indicam que em geral não são os mais necessitados da população que se beneficiam da judicialização. Eles continuam pouco visíveis mesmo para as instituições que teriam legitimidade ativa para sua defesa.

A realidade, portanto, é que o respeito, a proteção e a promoção de direitos fundamentais de forma geral, sustentável e equitativa dependerão inevitavelmente da atuação ordinária dos Poderes Executivo e Legislativo na rotina democrática do país. Eles é que efetivamente poderão identificar as necessidades em matéria de direitos fundamentais, conceber políticas focadas nos mais pobres, editar essas políticas, praticar os atos concretos para sua execução, monitorar os resultados, corrigir e revisar as políticas quando necessário, e assim continuamente.

Tendo essa circunstância em vista, e sem desprestígio para outras temáticas, o presente trabalho propõe uma reflexão do Direito Constitucional sobre um dos aspectos centrais da atividade dos chamados poderes majoritários na rotina democrática: a elaboração normativa. Apenas um exemplo ajuda na compreensão da importância do tema. Uma das pretensões mais judicializadas no país, como se sabe, envolve a política farmacêutica do Sistema Único de Saúde e a solicitação de medicamentos. Ainda assim, considerado o quantitativo de usuários do SUS, a judicialização responde por uma fração bastante pequena da realidade. Ora, a definição dessa política passa por leis e por um conjunto de outras normas expedidas por órgãos e entidades do Poder Executivo. Se a judicialização é um tema importante para o Direito Constitucional, mais ainda deverá ser a elaboração normativa que se ocupa de promover tais direitos em caráter geral.

Mas que espécie de reflexão específica, e com que proveito, o Direito Constitucional poderia desenvolver relativamente à elaboração normativa? Essa não seria uma atividade essencialmente política, cabendo ao Direito apenas *a posteriori* controlar o conteúdo das normas editadas? Essa questão será objeto de exame no *capítulo III*. De fato, não cabe ao Direito Constitucional pretender tutelar o mérito da discussão política acerca do conteúdo das normas em uma democracia. O que se propõe neste estudo, diversamente, é um direito constitucional difuso a um *Devido Procedimento na Elaboração Normativa* ou DPEN. Em resumo, o devido procedimento na elaboração normativa gera deveres de natureza procedimental que exigem a apresentação pública de uma justificativa contendo razões e informações acerca das proposições normativas.

A ampliação das razões e informações fornecidas à sociedade acerca das proposições normativas tem o potencial de fomentar o debate democrático nos espaços majoritários, na medida em que induz à reflexão específica sobre temas que se considere relevantes, facilita a crítica e o controle social, e incrementa a percepção de legitimidade das normas afinal editadas por parte da população, bem como a adesão a elas.

Os contornos básicos do devido procedimento na elaboração normativa serão apresentados no *tópico 4.1*, e o *tópico 4.2* procura destacar a especial relevância do tema do DPEN em face de uma característica específica da realidade política brasileira. O Brasil adota um presidencialismo de coalizão no qual o Poder Executivo não apenas tem amplos poderes normativos próprios, como domina a produção legislativa do Poder Legislativo. Além disso, há ampla evidência de que as proposições encaminhadas pelo Poder Executivo são justamente aquelas objeto de menos debate no âmbito das Casas Legislativas. O devido procedimento na elaboração normativa pode contribuir para um diálogo mais proveitoso entre os Poderes do ponto de vista democrático.

Os fundamentos constitucionais do direito a um devido procedimento na elaboração normativa serão discutidos no *capítulo V*. Em primeiro lugar, o DPEN decorre dos direitos fundamentais sob duas perspectivas. Há um direito fundamental autônomo, de todo indivíduo, de receber uma justificativa acerca de atos do Poder Público que possam afetá-lo. Além disso, as normas sempre repercutem em alguma medida sobre direitos fundamentais, de modo que levá-los a sério impõe que as proposições normativas sejam adequadamente justificadas. O DPEN é exigido igualmente pelas opções constitucionais acerca da estrutura e funcionamento do Estado brasileiro, a saber: pelos princípios republicano e democrático, pelo Estado de Direito, pela garantia do devido processo legal, e pelo dever de publicidade imposto aos agentes públicos, e o correspondente direito de acesso à informação.

O *capítulo VI* se ocupará de detalhar o conteúdo mínimo do direito constitucional a um devido procedimento na elaboração normativa, bem como apresentar seus dois procedimentos adicionais. Nesse sentido, e como referido, o DPEN é um direito de natureza procedimental por força do qual a sociedade faz jus a receber de quem propõe a edição de uma norma jurídica uma justificativa. Essa justificativa deve contar razões e informações sobre ao menos três temas essenciais: o problema que a norma pretende enfrentar, os resultados finais pretendidos pela norma, e os custos e impactos da medida que já se possa antecipar. O tema do monitoramento das políticas públicas em matéria de direitos fundamentais será examinado de forma específica nesse ponto.

O *capítulo VII* cuidará das modalidades de eficácia jurídica associadas ao eventual descumprimento dos deveres impostos pelo devido procedimento na elaboração normativa e, portanto, do papel da jurisdição na garantia da observância do DPEN. O *capítulo VIII*, por seu turno, examinará algumas críticas que já se podem antecipar ao devido procedimento na elaboração normativa. Por fim, o *capítulo X* examina um assunto correlato e que recebe direta repercussão dos deveres impostos pelo DPEN: o debate em torno da possibilidade de controle judicial dos atos *interna corporis* legislativos.

De forma resumida, esse o conteúdo essencial deste livro e seu plano de trabalho. Trata-se de uma tentativa de retomar um dos temas clássicos do Direito Constitucional – a ordenação do exercício do poder político –, sob a perspectiva de um Estado democrático no qual, inevitavelmente, a atuação dos poderes majoritários será sempre a principal responsável pelo respeito, proteção e promoção (ou não) dos direitos fundamentais. O trabalho pretende oferecer algumas respostas à seguinte pergunta: que papel o Direito Constitucional, consideradas as opções da Constituição de 1988, pode desempenhar para incrementar o debate democrático essencial para a promoção sustentável e equitativa dos direitos?

CAPÍTULO II

A CONSTRUÇÃO DE UM ESTADO CAPAZ DE PROMOVER DE FORMA SUSTENTÁVEL E EQUITATIVA OS DIREITOS FUNDAMENTAIS. LIMITES E POSSIBILIDADES DA JURISDIÇÃO. O NECESSÁRIO RETORNO DO DIREITO CONSTITUCIONAL ÀS INSTÂNCIAS MAJORITÁRIAS

Do ponto de vista teórico, a centralidade do ser humano, de sua dignidade e, de forma mais específica, dos direitos fundamentais parece ser um ideal consolidado tanto no Direito Internacional quanto no Direito brasileiro.[2] No Brasil, a Constituição de 1988 representou um marco de ruptura com uma visão de Estado que funcionalizava o indivíduo em face da autoridade, consagrando a dignidade humana como o centro do sistema jurídico e estatal. Desde então, muitos esforços têm sido empreendidos – oriundos, *e.g.*, da esfera normativa, da doutrina e da jurisprudência – para desenvolver essa premissa, tendo em conta os vários aspectos da ação estatal relativamente aos vários direitos.

Os exemplos na realidade brasileira são muitos e alguns podem ser indicados. Cerca de dois anos após a promulgação da Constituição de 1988, foi editada a Lei nº 8.080/90, que organizou a estrutura básica do Sistema Único de Saúde, previsto constitucionalmente.[3] Várias alterações foram introduzidas nessa lei ao longo do tempo para adaptar o

---

[2] BARCELLOS, 2011.
[3] Constituição de 1988, arts. 6º e 196.

sistema a novas necessidades e realidades. No plano infralegal, normas são constantemente editadas dispondo sobre os serviços prestados pelo SUS, o relacionamento entre os entes federativos e com os parceiros privados, dentre muitos outros temas.[4] Atos concretos são praticados igualmente a fim de dar execução a esse conjunto normativo.

Percurso similar é observado, por exemplo, em relação ao direito à educação, igualmente previsto pelo texto constitucional de forma bastante analítica.[5] Em 1996 foi editada a Lei nº 9.394, a chamada Lei de Diretrizes e Bases da Educação Nacional, que também tem sido objeto de reformas e atualizações ao longo do tempo. Outras leis foram editadas sobre o tema da educação, como, *e.g.*, a que criou o Programa Universidade para Todos – PROUNI (Lei nº 11.096/05) e o Programa Nacional de Acesso ao Ensino Técnico e Emprego – PRONATEC (Lei nº 12.513/11). Do mesmo modo, atos infralegais têm sido expedidos e atos concretos praticados com o propósito de dar execução a tais normas, com maior ou menor sucesso.

Vários outros exemplos poderiam ser dados da produção normativa do Estado brasileiro em relação a direitos fundamentais desde a edição da Constituição de 1988. O Programa Bolsa Família (Lei nº 10.836/04), independentemente das controvérsias políticas que o envolvem, se ocupa, não há dúvida, de direitos fundamentais.[6] O Estatuto da Cidade (Lei nº 10.257/01) é considerado um documento da maior importância, inclusive no plano internacional, para o direito à moradia e demais direitos relacionados com o fenômeno da cidade.[7] A Lei nº 13.146/15 instituiu o Estatuto da Pessoa com Deficiência, atualizando a legislação sobre a matéria no país.

Paralelamente às normas, a doutrina jurídica brasileira dedicou-se nas últimas décadas a desenvolver uma dogmática voltada para a expansão da eficácia jurídica e da efetividade da Constituição como um todo e dos direitos fundamentais de forma específica.[8] O esforço

---

[4] No site do Conselho Nacional de Saúde é possível encontrar boa parte dessas normas, disponível em: http://www.conselho.saude.gov.br/legislacao/. Acesso em: 14 dez. 2018.

[5] Constituição de 1988, arts. 6º e 205 a 214.

[6] BARCELLOS, 2012, p. 5: "Surveys indicate that the BFP [Bolsa Família Program] has had considerable success in minimizing hunger, securing minimum standards of food safety and removing a major portion of the Brazilian population from levels of extreme poverty. (…) On the other hand, research shows that the program has not been able to stimulate the sustained emancipation of the families it has benefited, one of its goal".

[7] FERNANDES, 2007.

[8] Dois trabalhos seminais que merecem registro, sem prejuízo de muitos outros, são "Aplicabilidade das Normas Constitucionais", de José Afonso da Silva, cuja primeira edição é de 1967, e, de Luís Roberto Barroso, "O direito constitucional e a efetividade de

doutrinário é notável e deve ser registrado, mesmo quando seu impacto efetivo na compreensão e aplicação do direito leve algum tempo para se verificar.[9] A jurisprudência tem seguido na mesma linha, em todos os ramos do Poder Judiciário e graus de jurisdição, e sequer há necessidade de enumerar exemplos de decisões nesse sentido. O Supremo Tribunal Federal em múltiplas ocasiões tem destacado a centralidade dos direitos fundamentais e da dignidade humana no sistema jurídico-constitucional brasileiro.[10]

O mesmo pode ser dito do Direito Internacional. Para além dos documentos fundadores da ONU – a saber: a Declaração Universal de Direitos Humanos, de 1948, e os Pactos Internacional de Direitos Econômicos, Sociais e Culturais e de Direitos Civis e Políticos, de 1966 –, vários outros foram adotados pela ONU ao longo das décadas que se seguiram. Boa parte deles cuida de especificar e detalhar direitos como, por exemplo, as convenções que tratam da proteção aos direitos das mulheres, das crianças, da vedação à discriminação racial e à tortura.[11]

O mesmo fenômeno se desenvolveu não apenas do ponto de vista global, mas também com a criação de estruturas regionais de proteção dos direitos humanos.[12] A Declaração Americana de Direitos e Deveres do Homem é de 1948, e a Carta da OEA foi adotada em 1948/1951, e há

---

suas normas: limites e possibilidades da Constituição brasileira", cuja primeira edição é de 1990.

[9] Um exemplo sintomático é a evolução ao longo do tempo da posição do Supremo Tribunal Federal acerca do sentido e das possibilidades do mandado de injunção, para o que a doutrina teve um papel da maior importância. V. BARROSO, 2009, p. 252 et seq.

[10] Apenas para que se tenha uma ideia, as expressões "direitos fundamentais", "dignidade humana" ou "dignidade da pessoa humana" aparecem 166 vezes na publicação "A Constituição e o Supremo", disponível no site do Supremo Tribunal Federal, em: http://www.stf.jus.br/portal/constituicao/constituicao.asp. Acesso em: 02 out. 2015., que apresenta uma seleção da jurisprudência da Corte organizada por artigo da Constituição a que se refere cada decisão. A expressão "direitos fundamentais" aparece 81 vezes na mesma publicação.

[11] PIOVESAN; FACHIN, 2015.

[12] A expressão direitos humanos é mais frequente no debate internacional que direitos fundamentais. Alguns autores atribuem sentidos diversos às duas expressões. Direitos humanos seria a expressão reservada ao conjunto de direitos ideais, metafísicos, derivados da natureza do homem, ao passo que os direitos fundamentais seriam apenas aqueles reconhecidos por uma ordem jurídica positiva. Por essa razão a expressão direitos humanos seria a locução mais frequentemente empregada na esfera internacional (v. CANOTILHO, 1997, p. 347 et seq.). A integração entre as duas noções parece ter sido ampliada mais recentemente no texto constitucional brasileiro. Para além das referências que já existiam aos direitos humanos no art. 4º, II, e no art. 7º do ADCT (ambos envolvendo a atuação internacional do país), a EC nº 45/04 utilizou a expressão no §3º, do art. 5º, e, no art. 109, V e §5º, a EC nº 80/14 valeu-se da locução "direitos humanos" ao alterar o art. 134.

também nas Américas documentos adicionais tratando da prevenção à tortura, dos direitos das mulheres, dos direitos econômicos, culturais e sociais, dentre outros temas especialmente caros para a região.[13] No âmbito europeu, a vigência da Convenção para a Proteção dos Direitos Humanos e das Liberdades Fundamentais data de 1950/1953, e documentos adicionais foram firmados tratando, e.g., de direitos sociais, de minorias nacionais e da prevenção à tortura. No âmbito do continente africano foi firmada e ratificada, em 1981/1986, a Carta Africana sobre os Direitos Humanos e dos Povos, além de protocolos adicionais que tratam dos direitos de refugiados, crianças e mulheres.

Para além das normas de direitos humanos propriamente ditas, a estrutura internacional de proteção desses direitos é integrada ainda por Cortes encarregadas da aplicação dessas normas em situações específicas.[14] Ao lado desse sistema jurisdicional, sobretudo no âmbito da ONU, existem também comitês permanentes criados para o fim de monitorar o progressivo cumprimento, pelos Estados, das normas pactuadas no âmbito internacional, afora estruturas pontuais ou temporárias que têm o propósito similar de monitoramento e avaliação. A dinâmica desses comitês é particularmente interessante para o que vai se discutir neste estudo.

De forma simples, o funcionamento dos comitês envolve o compromisso dos países de remeter periodicamente relatórios descrevendo a realidade nacional acerca dos direitos em foco, as providências adotadas, seus resultados e as dificuldades enfrentadas no sentido de realizar, de fato, as previsões pactuadas nas normas internacionais. Além dos relatos oficiais recebidos, os comitês podem empreender verificações independentes e receber relatórios de organizações não governamentais sobre a situação interna de cada país.[15] A partir dos dados obtidos, os comitês expedem observações e diretrizes a fim de auxiliar e de certo modo direcionar o esforço dos Estados. O ciclo se

---

[13] PIOVESAN, 2015; HEYNS; PADILLA; ZWAAK, 2006.

[14] A Corte Internacional de Direitos Humanos, como se sabe, foi instalada em 1945. No âmbito regional, a cronologia da edição dos documentos que previram tais Cortes e o início de sua vigência é, resumidamente, a seguinte: a Convenção Americana dos Direitos Humanos que trata da jurisdição compulsória da Corte Interamericana é de 1969/1978; o décimo primeiro protocolo à Convenção para a Proteção dos Direitos Humanos e das Liberdades Fundamentais Europeia, de 1994/1998, criou a Corte única; e o protocolo que criou a Corte Africana sobre os Direitos Humanos e dos Povos é de 1998/2004. Para um levantamento da jurisprudência das Cortes regionais, v. LANGFORD, 2008, posição 16731 et seq.

[15] São os chamados *shadow reports*, em geral elaborados por ONGs. Sobre o tema, v. HAMM, 2001 e MILLER, 1999.

renova periodicamente com a apresentação de novos relatórios, e novas apreciações por parte dos comitês.[16]

É certo que a estrutura normativa e institucional existente destinada a respeitar, proteger e promover os direitos, tanto no plano interno quanto na esfera internacional, é da maior importância. Porém, a existência dessa estrutura não se confunde com o que efetivamente acontece no mundo dos fatos com os direitos das pessoas reais. Os comitês de monitoramento existentes no âmbito da ONU refletem de forma bastante clara essa distinção entre norma e realidade. A estrutura normativa e institucional em matéria de direitos existe como um meio, indispensável, mas apenas um meio, que busca produzir resultados no ambiente multifacetado e por vezes imprevisível dos fatos.

Isso significa, portanto, e retornando ao plano interno, que a edição de uma lei criando uma política pública de promoção de determinado direito, por exemplo, será um ponto de partida: indispensável, sem dúvida, mas apenas um ponto de partida. A transformação da realidade não se seguirá magicamente à expedição da norma e sequer a execução da própria lei e da política por ela delineada é automática.

Haverá, no mínimo, dois grandes processos no percurso que podem levar uma norma de direito fundamental a produzir efetivamente a proteção, a promoção ou o respeito de direitos fundamentais. Em primeiro lugar, a política pública prevista na norma – isto é: seu conteúdo, as medidas por ela delineadas – precisará de fato ser implementada. Esse primeiro momento dependerá de uma série de providências como, e.g., a criação de estruturas administrativas, a contínua alocação orçamentária, a contratação de pessoal e infraestrutura suficientes para atender a todos os públicos-alvo da política, a compra de produtos e a contratação de serviços, a produção de relatórios, pesquisas, o monitoramento, etc.

Não é incomum, por exemplo, que uma lei seja aprovada prevendo determinada política e não seja regulamentada. Ou que anos se passem sem que haja previsão orçamentária para a execução da lei, ou que ela apenas seja executada em determinadas regiões ou em benefício de determinados públicos, ou que os recursos (financeiros, humanos, técnicos) não sejam suficientes para sua execução, dentre

---

[16] É possível ter acesso aos relatórios já apresentados pelo Brasil aos diferentes comitês da ONU. Disponível em: http://www.ohchr.org/EN/HRBodies/Pages/HumanRightsBodies.aspx. Acesso em: 14 dez. 2018), acessando cada comitê individualmente e a aba que identifica os relatórios dos países. Para uma discussão sobre a jurisprudência dos Comitês, v. LANGFORD, 2008, posição 24395 et seq.

outras possibilidades. Enfim, um sem-número de questões pode surgir, e efetivamente surge, entre a norma e sua execução.

Em segundo lugar, e uma vez que a norma esteja sendo implementada, será preciso verificar se os resultados que dela se esperava estão se produzindo realmente, tanto em caráter geral quanto, desagregando essa informação, nas diferentes regiões e relativamente aos diferentes grupos sociais no país. O conhecimento e a previsibilidade humanos são falíveis e, mesmo quando implementadas como previsto, por vezes as normas não atingem os objetivos que pretendiam, ou não os atingem em todos os lugares ou relativamente a todos os grupos sociais.[17]

Diante desses eventuais fracassos iniciais, é necessário repensar os meios pelos quais se pode tentar promover o fim inicialmente pretendido. Um exemplo pitoresco que ilustra o insucesso de políticas públicas, mesmo quando efetivamente executadas, foi o pagamento por ratos mortos entregues pela população, como política de saúde pública para controle de doenças adotada por cidades na Europa medieval. Em muitos lugares, ao invés de eliminar os roedores, a medida acabou por estimular a criação dos transmissores da doença, em face da perspectiva do pagamento.[18]

Há aqui, portanto, dois pontos fundamentais. As normas que cuidam de direitos fundamentais e a efetiva promoção desses direitos no mundo dos fatos são fenômenos distintos e há muitas conexões possíveis e complexas entre eles. Essas conexões são em geral estudadas por outros campos do conhecimento, como a sociologia, a geografia, a ciência política, a economia, a administração pública, a psicologia social, etc., e não propriamente pelo Direito. Nada obstante, parece fundamental que também o Direito, e o Direito Constitucional em particular, incorpore ao menos a percepção acerca da existência dessas circunstâncias na sua reflexão, e isso por uma razão absolutamente fundamental que já se pode desde logo articular.

O compromisso da Constituição é com a promoção da dignidade humana e dos direitos fundamentais no mundo dos fatos.[19] A simples

---

[17] MATHER, 2008.
[18] ANDRADE, 2015, p. 170. Para exemplos modernos e contemporâneos vale conferir SCOTT, 1998.
[19] CLÈVE, 2006, p. 29: "O foco desta dogmática [a dogmática constitucional emancipatória] não é o Estado, mas, antes, a pessoa humana exigente de bem-estar físico, moral e psíquico. Esta dogmática distingue-se da primeira, pois não é positivista, embora respeite de modo integral a normatividade constitucional, emergindo de um compromisso principialista e personalizador para afirmar, alto e bom som, que o direito Constitucional realiza-se,

existência de normas sobre o tema não é suficiente para realizar os comandos constitucionais, que pretendem a efetiva fruição, pelas pessoas, dos direitos ali previstos. Como referido, além de distinta das normas que tratam do assunto, a realização efetiva dos direitos envolve múltiplos fatores. A concepção de uma boa política – isto é: uma política em tese capaz de produzir os resultados no mundo dos fatos – dependerá de informações e dados de vários campos do conhecimento. Sua execução, por seu turno, é um processo que demanda tempo e envolve avanços e retrocessos, monitoramento e correções de rumo. Cabe ao Direito Constitucional, na medida de suas possibilidades e tendo em conta essas circunstâncias, repensar os papéis que pode exercer – para além da garantia normativa dos direitos e sem prejuízo dela – no sentido de facilitar, estimular e promover a realização efetiva dos direitos fundamentais no mundo dos fatos.

É certo que um dos papéis fundamentais do Direito Constitucional nesse contexto é justamente enunciar e garantir os direitos e determinar que eles sejam respeitados, protegidos e promovidos. O que se pretende sustentar neste estudo, porém, é que, para além desse papel essencial e já clássico no constitucionalismo, há outros que o Direito Constitucional pode desempenhar de modo a contribuir para esse fim. Como se verá, um desses papéis diz respeito à existência de regras constitucionais de natureza procedimental que deverão ser observadas pelas instâncias majoritárias[20] na atividade de propor e editar normas em geral, e em especial aquelas que se ocupem mais diretamente de direitos fundamentais, a saber: o direito constitucional a um devido procedimento na elaboração normativa.

Feita a digressão para adiantar o objeto central deste estudo, volte-se à narrativa. Como referido anteriormente, o Brasil construiu nas últimas décadas uma importante estrutura normativa e institucional de promoção dos direitos fundamentais. Nada obstante, embora essa estrutura seja importantíssima, é indispensável ter em mente que ela tem uma função instrumental: o objetivo das normas constitucionais

---

verdadeiramente, na transformação dos princípios constitucionais, dos objetivos fundamentais da República Federativa do Brasil e dos direitos fundamentais em verdadeiros dados inscritos em nossa realidade existencial".

[20] A rigor, não exclusivamente pelas instâncias majoritárias, como se verá adiante, mas por quem quer que tenha competência para a proposição e/ou edição de normas. E isso porque órgãos do Judiciário e do Ministério Público, por exemplo, gozam dessa espécie de competência, embora não possam ser descritos como instâncias majoritárias. De toda sorte, não há dúvida de que as principais fontes de normas são realmente os Poderes Legislativo e Executivo.

não é em si sua existência, mas que os direitos fundamentais sejam efetivamente protegidos no mundo real. A pergunta, portanto, que cabe fazer neste ponto é a seguinte: o que se pode dizer acerca da realidade dos direitos fundamentais no Brasil? As previsões normativas existentes, editadas nas últimas décadas, estão transformando o mundo dos fatos? Onde, como e em que ritmo? As perguntas são importantes porque, se o Direito Constitucional pretende tentar contribuir de algum modo para potencializar a realização efetiva das normas de direitos fundamentais, parece essencial ter ao menos uma ideia da situação concreta dos direitos fundamentais no país. Esse é o tema do próximo tópico.

2.1 Direitos fundamentais: onde estamos?

Uma avaliação razoavelmente precisa acerca das condições concretas de respeito e fruição dos direitos fundamentais por parte da população brasileira seria/é uma empreitada gigantesca e que envolve muitas escolhas metodológicas. Que direitos examinar, como obter as informações, como interpretá-las, como desagregá-las no espaço e em função de outros critérios relevantes (raça, cor, gênero, renda, etc.) e como relacioná-las com outros dados, seriam algumas das questões a enfrentar nesse esforço. Este tópico tem apenas a pretensão limitada de fornecer um vislumbre de uma parcela dessa realidade, a partir de dados disponíveis, sobretudo do IBGE,[21] com foco em aspectos dos direitos à saúde e à educação.

De forma objetiva, o que se pretende aqui é ter uma ideia do possível impacto que as normas de direitos fundamentais têm efetivamente produzido sobre a realidade e os eventuais desafios para a implementação dessas normas que possam ser observados. É preciso, porém, entender essa relação de impacto de forma adequada. As normas jurídicas não são o único elemento em operação na realidade e, por vezes, outros fatores são tão ou mais importantes para a promoção de direitos.[22] Em saúde, por exemplo, a redução da natalidade e a urbanização tiveram papel importante no aumento da expectativa de vida e na redução da mortalidade infantil, e tais fenômenos pouco se

---

[21] Quando não indicado de forma diversa, os dados reportados neste tópico foram extraídos de IBGE, 2014.
[22] SEN, 2004.

relacionam com as normas que tratam do direito à saúde.²³ De outra parte, a própria capacidade de a norma produzir seus resultados depende do contexto no qual ela está inserida.²⁴

Não é o caso de tentar aqui discutir qual o papel que a norma pode desempenhar, ao lado de outros processos sociais e em interação com eles. Esse é um tema fascinante, mas que não apenas está fora do escopo do que se pretende neste estudo, mas também da expertise de sua autora.²⁵ Basta assumir aqui a premissa de que o direito tem efetivamente alguma capacidade de promover a transformação da realidade, de modo que essa capacidade, na medida do possível, deve ser potencializada. Ou seja: é possível afirmar que o *status* atual dos direitos fundamentais no país recebe, em alguma medida, a influência das normas em vigor que tratam do assunto.

Seja como for, independentemente de se identificarem as múltiplas relações responsáveis pela realidade dos direitos fundamentais, e o papel específico desempenhado pelo Direito nesse contexto, o que se quer apurar afinal é em que medida a realidade se aproxima ou não do que as normas preveem como o estado ideal desejável do ponto de vista constitucional. Ou seja: em que extensão o compromisso constitucional com os direitos fundamentais, e das demais normas editadas com esse desiderato, tem se transformado em realidade na vida das pessoas titulares desses direitos. Alguns dados ajudam nessa compreensão.

Iniciando pelos direitos relacionados com vida e saúde, a mortalidade infantil no país sofreu uma redução considerável nos últimos anos: em 2000, estimava-se 29 mortes por 1.000 nascidos, e em 2013 a estimativa é de 15 mortes. Esse número, porém, não reflete as desigualdades regionais que continuam a existir. Os números das Regiões Nordeste (19,4), Norte (19,2) e Centro-Oeste (15,6) são maiores que os da média nacional, enquanto Sudeste (11,6) e Sul (10,4) apresentam valores inferiores. Os valores extremos na estimativa da taxa de mortalidade infantil foram observados no Maranhão (24,7 mortes por 1.000 nascidos vivos) e em Santa Catarina (10,1). A expectativa de vida ao nascer

---

²³ PAIM et al, 2011.
²⁴ TAMANAHA, 2010, p. 178: "Intelectuais e profissionais do Direito e Desenvolvimento reconhecem a seguinte verdade fundamental: 'o contexto importa', 'as condições locais são cruciais', 'as circunstâncias locais configuram a maneira como as coisas funcionam' – variações dessa percepção têm se repetido tantas vezes que se pode considerá-la quase como um clichê. 6 O que tolhe os projetos de Direito e Desenvolvimento repetidamente é a 'extrema inter-relação de tudo com todo o resto numa sociedade' (KENNEDY, 2006, p. 153)".
²⁵ O tema tem sido estudado sob a perspectiva da História, da Sociologia, da Psicologia Social, da Economia e também de várias vertentes do Direito. Quando pertinente e indispensável para o argumento desenvolvido neste estudo, a literatura específica será indicada.

aumentou para 74 anos em 2013, mas também aqui há considerável diversidade regional.

Em 2004, 53,7% das crianças com até 14 anos de idade residiam em domicílios em que o esgotamento sanitário era inadequado, ou seja, não se dava via rede geral ou fossa séptica ligada à rede coletora. Em 2013, esse indicador passou a 44,5%, o que revela simultaneamente uma melhora e uma necessidade alarmante. Nas Regiões Norte e Nordeste o percentual de domicílios urbanos com acesso simultâneo a serviços de saneamento foi de 21,2% e 51,1% respectivamente. No Sudeste, este mesmo indicador alcançou 91,1% dos domicílios urbanos, enquanto as Regiões Sul e Centro-Oeste (respectivamente) registraram 67,0% e 51,8% no indicador. No outro extremo, 97,6% dos domicílios urbanos no Amapá e 95,2% no Piauí não tinham saneamento adequado em 2013. Proporções menores, mas ainda significativas, ocorreram em Rondônia (86,1%), Pará (85,0%) e Maranhão (80,6%).

Quanto ao direito à educação (os dados são de 2013), o acesso à escola estava próximo da universalização (93,1%) para as crianças de 4 a 5 anos do quinto mais rico da população (os 20% com maiores rendimentos), ao passo que apenas 75,2% das crianças nessa faixa etária são escolarizadas quando se examina o quinto mais pobre (os 20% com menores rendimentos). Paralelamente às desigualdades sociais, há também desigualdades regionais e entre áreas urbanas e rurais. No mesmo ano de 2013, o Norte possuía a menor proporção de crianças de 4 e 5 anos na escola (67,9%), contra 87,0% no Nordeste e 85,0% no Sudeste. Além disso, 27,2% das crianças dessa faixa etária que viviam na área rural não frequentavam a escola.

Os dados registram um aumento da frequência escolar, mas os níveis de atraso escolar continuam altos. Mais de 25% dos jovens de 15 a 17 anos estavam no ensino fundamental em 2013, e as Regiões Norte e Nordeste apresentaram as maiores taxas de distorção idade/série (55,2% e 52,2%, respectivamente). A proporção desses estudantes com atraso no ensino fundamental era mais elevada entre aqueles da rede de ensino pública, homens, residentes em área rural e de cor preta ou parda. Além disso, os 20% mais pobres possuíam taxa de distorção idade/série 3,3 vezes maior do que aquela observada entre os estudantes pertencentes aos 20% mais ricos (5º quinto), fazendo com que o atraso escolar afetasse mais da metade desses estudantes (54,0%). Em 2004, a distância entre o 1º quinto e o 5º quinto era ainda maior (4,3 vezes), embora lenta e desigual.

O abandono escolar também é alto no Brasil e vem crescendo. Em 2013, 31,0% dos jovens de 18 a 24 anos de idade não haviam concluído o ensino médio e não estavam estudando. Pior, o abandono escolar precoce atingia cerca de metade dos jovens de 18 a 24 anos de idade pertencentes ao quinto mais pobre (50,9%) enquanto no quinto mais rico essa proporção era de apenas 9,8%. O relatório do IBGE aponta, para fins comparativos, que a taxa média de abandono escolar precoce entre os jovens dessa faixa etária nos 28 países membros da União Europeia, divulgado também em 2013, foi de 12,0%.

Quanto à aprendizagem efetivamente produzida pelo sistema educacional brasileiro, os resultados do Sistema Nacional de Avaliação da Educação Básica – SAEB sugerem que tem havido uma melhora, mas não conforme o planejado. Além disso, os dados revelam também diferenças: em 2013, a rede pública de ensino médio atingia apenas 63% do IDEB (Índice de Desenvolvimento da Educação Básica) alcançado pela rede particular.

Os resultados brasileiros em testes internacionais como o PISA (*Programme for International Student Assessment*) têm melhorado ao longo do tempo, embora muito lentamente. O resultado para leitura em 2006 foi de 393, e em 2015, 407; considerando esses mesmos dois anos, os resultados para matemática foram 370 e 377, e para ciências, 390 e 401.[26] Entretanto, esses resultados continuam significativamente inferiores quando comparados com outros países em desenvolvimento. Também na avaliação de 2015, a Coreia obteve 517, 524 e 516, respectivamente, em leitura, matemática e ciências; o resultado russo foi de 495, 494 e 487; os estudantes gregos obtiveram nas três habilidades 467, 454 e 455 pontos; o Chile, 459, 423 e 447, e os resultados dos estudantes mexicanos foram 423, 408, 416.[27]

Em 2000, a ONU estabeleceu oito metas de desenvolvimento para o milênio e fixou um conjunto de objetivos intermediários a serem atingidos até 2015.[28] Alguns desses objetivos eram (i) reduzir pela metade o número de pessoas vivendo com menos de um dólar por dia, (ii) garantir que todas as crianças, meninos e meninas, completem um curso de educação básica, (iii) reduzir, em dois terços, a mortalidade de crianças menores de 5 anos e (iv) reduzir, em dois terços, a mortalidade materna. Importantes avanços foram obtidos na realização de

---

[26] V. http://portal.inep.gov.br/web/guest/pisa-no-brasil. Acesso em: 18 dez 2018 Para considerações sobre as diferenças entre o SAEB e o PISA, sob a perspectiva das habilidades avaliadas, v. BONAMINO; COSCARELLI; FRANCO, 2002.

[27] V. https://www.oecd.org/pisa/PISA-2015-Brazil-PRT.pdf. Acesso em: 14 dez. 2018.

[28] V. Disponível em: http://mdgs.un.org/unsd/mdg/. Acesso em: 18 set. 2015. Para a manifestação oficial brasileira sobre o desempenho do país, v. NERI; OSÓRIO, 2014.

tais metas no prazo pretendido, no Brasil e em outras partes do mundo, mas os relatórios mostram também que esse avanço não foi equitativo e não beneficiou primeiro os mais necessitados. As melhoras acabam se concentrando primeiro nas populações que já detêm os melhores indicadores sociais.[29]

Duas conclusões preliminares podem ser apuradas a partir dos dados apresentados. Embora as normas gerais de enunciação de direitos fundamentais sejam importantíssimas, depois de sua edição haverá sempre a necessidade de uma diversidade de outras normas, programas, atos administrativos, atos concretos para que algo comece efetivamente a acontecer no mundo real. O ponto já foi enunciado no tópico anterior e os dados o comprovam. O processo de construção dos direitos fundamentais é longo, complexo e envolve muitas etapas no plano normativo, na elaboração de planos, na sua execução, na observação de seus resultados, na revisão desses planos, etc. Isso significa, portanto, que o compromisso com a construção dos direitos fundamentais demanda um esforço contínuo – a rigor, permanente, ou ao menos de longuíssimo prazo – por parte dos Estados.

Ademais, a evidência revela que os esforços na promoção dos direitos fundamentais produzem, em geral, resultados desiguais, beneficiando mais e primeiro os mais favorecidos, e não os mais pobres e necessitados, mantendo no mais das vezes as desigualdades existentes na sociedade. Como se viu, no caso brasileiro, a despeito dos avanços, eles se concentram nas regiões tradicionalmente mais ricas e nas populações que já têm mais acesso aos bens sociais.

Nada obstante, como já referido, o compromisso constitucional é com os direitos das pessoas e não propriamente com a existência de normas sobre o tema. Nesse sentido, as conclusões enunciadas revelam que a promoção continuada dos direitos fundamentais dependerá, em última análise, não apenas de normas em vigor, mas também de um Estado que promova de forma sustentável – isto é: contínua, permanente – e equitativa os direitos.

Dito de outro modo, a promoção concreta dos direitos não envolve apenas a edição de normas sobre o assunto ou mesmo decisões judiciais, como se verá adiante. Ela depende de a estrutura do Estado estar permanentemente mobilizada para esse fim, já que se trata de um processo que demanda tempo e esforços contínuos. Além disso, a

---

[29] V. http://www.un.org/millenniumgoals/2015_MDG_Report/pdf/MDG%202015%20rev%20(July%201).pdf. Acesso em: 14 dez. 2018.

promoção concreta dos direitos fundamentais dependerá também de se levar em conta as diferentes necessidades existentes na sociedade, sobretudo dos mais pobres, de modo a priorizá-los e assim assegurar uma promoção equitativa dos direitos fundamentais. Muito bem: mas o que significa exatamente dizer que a promoção dos direitos fundamentais depende de um processo longo e de um esforço equitativo? E quais os papéis possíveis do Direito Constitucional nesse empreendimento? Os dois tópicos que se seguem pretendem examinar essas questões.

2.2 A necessidade de um Estado capaz de promover de forma sustentável e equitativa os direitos fundamentais

A unidade básica no mundo do Direito e da jurisdição é a palavra. Constituições e leis são promulgadas, decisões judiciais prolatadas, teses defendidas. Mas a palavra do Direito não cria de fato e sustenta a realidade. Depois da palavra, como já referido, há todo um processo de criação e conformação da realidade que é muito mais complexo e longo do que apenas o debate, a aprovação e a publicação de uma lei. Entre as palavras em um pedaço de papel e a efetiva fruição dos direitos pelas pessoas reais, há uma distância considerável. Além disso, como se viu, como regra, os esforços na realização dos direitos frequentemente beneficiam, primeiro, as pessoas que já gozam de melhores condições de vida, e não os mais carentes.

Nesse contexto, a promoção efetiva dos direitos fundamentais depende de um projeto de longo prazo encampado pelo Estado,[30] que exigirá esforços permanentes e, *a fortiori*, sustentáveis. Paralelamente, esse projeto estatal deverá procurar focar nos mais necessitados, de modo a produzir um impacto equitativo na promoção desses direitos. Essas duas ideias – promoção sustentável e equitativa de direitos – merecem esclarecimentos adicionais.

De forma bastante singela, a sustentabilidade na promoção dos direitos desdobra-se em ao menos duas ideias principais. Sustentável significa, sob determinada perspectiva, aquilo que perdura, persiste no tempo, tem continuidade, tem condições para se manter ou conservar.

---

[30] Não exclusivamente pelo Estado, por evidente, e como já se observou. O respeito, a proteção e a promoção de direitos dependerão sempre, de forma mais ampla, de se tratar de um projeto da sociedade como um todo. O Estado e suas possibilidades de intervenção respondem por apenas uma parcela dessa realidade. Neste estudo, porém, o foco envolve a ação estatal.

No caso, a promoção dos direitos demanda justamente políticas públicas que perdurem no tempo, que incorporem a possibilidade de avaliações, ajustes, correções, de modo a perseguirem com continuidade seus objetivos gerais. Até porque, e o ponto será mais bem discutido adiante, o tempo exigido para que se observem os resultados de uma política pública decorre não apenas da própria dinâmica da execução das normas jurídicas, mas também dos eventuais equívocos que precisem ser corrigidos, já que, a despeito dos melhores esforços, seres humanos têm um conjunto de limitações epistêmicas.[31] Ou seja: as previsões nem sempre se realizam como imaginado, questões não antecipadas se apresentam e será preciso uma atividade contínua de monitoramento e revisão da ação estatal à luz dos objetivos que se pretende alcançar.[32] Um exemplo ajuda a ilustrar o ponto.

Imagine-se que um Município decide adotar uma política pública na tentativa de reduzir a disparidade idade/série no ensino básico. Para isso decide criar um mecanismo de mentoreamento dos alunos a partir dos 10 anos nas escolas que concentram as populações mais carentes da região, onde a incidência do atraso escolar é maior. Em primeiro lugar, será necessário algum tempo para efetivamente organizar as estruturas concretas que prestarão o serviço. Após efetivamente iniciado, serão necessários alguns anos para verificar se o mentoreamento efetivamente reduziu o atraso escolar.

Suponhamos que após sete anos do início efetivo do programa – ou seja: os primeiros alunos atendidos agora têm 17 anos – se verifique que não houve qualquer redução da disparidade idade/série em relação aos anos antes de implementado o serviço de mentoreamento. A avaliação do ano seguinte chega à mesma conclusão. Cabe então tentar apurar o que pode explicar esse insucesso. Imagine-se que alunos, professores e pais são ouvidos no esforço de compreender o que não deu certo e que a informação obtida é a seguinte: os mentores vinham todos de outras classes sociais e de outras regiões das cidades e a comunicação deles com as crianças e adolescentes era difícil, de modo que o mentoreamento efetivamente não funcionou como tal. Diante

---

[31] Diante de muitas frustrações históricas com a não produção dos resultados esperados por reformas institucionais, tornou-se inevitável reconhecer as nossas limitações de conhecimento acerca do "como fazer". A doutrina tem procurado compreender as dinâmicas que dificultam a produção desses resultados em diferentes ambientes. Sobre o tema, confira-se, por exemplo, PRADO; TREBILCOCK, 2009; PIERSEN, 2000.

[32] BUCCI, 2006.

dessa informação, o Município precisará decidir se altera a política para tentar recrutar mentores com um perfil socioeconômico mais próximo da realidade dos alunos ou se simplesmente abandona essa política e concebe outra para tentar produzir o resultado pretendido.

Ou seja: em primeiro lugar, a promoção dos direitos fundamentais envolve uma complexidade estrutural que demanda tempo e continuidade de esforços, de modo que a promoção sustentável dos direitos deve ter em conta essa dimensão. É uma ficção equivocada imaginar que a edição de uma lei – ou mesmo de uma decisão judicial, como se verá – produzirá, por si e de forma automática, a promoção dos direitos de que eventualmente cuide. E não é difícil perceber que todo esse conjunto de iniciativas e providências a serem desenvolvidas ao longo do tempo estará a cargo, sobretudo, do Poder Executivo e do Poder Legislativo. A esse ponto se voltará adiante.

Em segundo lugar, a sustentabilidade envolve também a permanente construção, na esfera democrática, de um equilíbrio inevitavelmente dinâmico entre vários elementos. Em primeiro lugar, há as diferentes pretensões fundadas em direitos: suas perspectivas individuais e coletivas, os direitos particularmente caros para grupos distintos, os direitos das diferentes gerações vivas (crianças, jovens, adultos e idosos) e os direitos das gerações futuras em face das várias demandas das gerações atuais e suas repercussões ambientais.

As escolhas acerca da promoção dos direitos facilmente interferem com outras pretensões relativamente a outros direitos, sobretudo quando se visualiza essa realidade ao longo do tempo. E o pluralismo potencializa essas tensões. A Constituição estabelece conteúdos mínimos e ordens de prioridades, não há dúvida, mas muitas outras escolhas terão de ser tomadas.[33] Essas escolhas e esse equilíbrio serão substancialmente construídos, como não poderia deixar de ser em uma democracia, pelas instâncias majoritárias.

Além das negociações e escolhas relacionadas com as múltiplas pretensões em matéria de direitos, todas elas em alguma medida terão que dialogar com as limitações de recursos financeiros, materiais e humanos. Embora a eventual ausência de recursos em determinado caso seja também o resultado de decisões políticas acerca de arrecadação, alocação e gestão, justamente por isso o tema será objeto de debate permanente. Ou seja: haverá necessidade de contínuas negociações e ajustes, dentre outras razões, por conta dessa tensão relativamente à

---

[33] Para uma discussão sobre o mínimo existencial, v. BARCELLOS, 2011.

multiplicidade de pretensões fundadas em direitos fundamentais diante da escassez de recursos.

Por fim, a construção desse equilíbrio em cada momento envolve ainda a possível alteração das circunstâncias políticas, econômicas e sociais da sociedade que frequentemente se verificam com o passar do tempo. Crises econômicas poderão se apresentar, bem como desastres naturais ou humanos, os grupos políticos no poder se alteram, e também as percepções sociais. Tudo isso terá repercussões sobre a ação estatal relacionada com o respeito, proteção e promoção dos direitos.[34]

Em resumo, a promoção sustentável dos direitos exigirá negociação, diálogo, participação e construção contínuas por duas razões principais. As nossas capacidades epistêmicas são limitadas e na verdade não sabemos tão bem quanto gostaríamos como promover direitos, de modo que o caminho se fará andando.[35] Além disso, promover, proteger e respeitar direitos, para além dos conteúdos mínimos previstos constitucionalmente, não são atividades singelas, mas envolvem tensões, conflitos e escolhas.

De outra parte, o que significa a promoção equitativa dos direitos fundamentais? Esse é um ponto fundamental, ainda que simples. O Brasil é um país profundamente desigual do ponto de vista social.[36] De acordo com dados do imposto de renda de 2012, 0,21% da população concentrava 40,81% do total das riquezas, e os 50% mais pobres dividiam apenas 2% das riquezas nacionais.[37] Segundo dados

---

[34] SARLET, 2011, p. 1055-1056: "A dinâmica das relações sociais e econômicas, notadamente no que concerne às demandas de determinada sociedade em matéria de segurança social e, por via de consequência, em termos de prestações sociais asseguradas pelo poder público, por si 'só já demonstra a inviabilidade de se sustentar uma vedação absoluta de retrocesso em matéria de direitos sociais. Se somarmos estes fatores à variabilidade e instabilidade da capacidade prestacional do Estado e da própria sociedade (de qualquer Estado e sociedade, como deflui da experiência vivenciada em quase todos os recantos do planeta) como um todo, especialmente num contexto de crise econômica e incremento dos níveis de exclusão social (que, por sua vez, resulta no aumento da demanda por proteção social), acompanhado de problemas na esfera de arrecadação de recursos que possam dar conta dos reclamos na esfera da proteção social, igualmente dá conta de que o reconhecimento de um princípio da proibição de retrocesso não poderia – como já suficientemente destacado – resultar numa vedação absoluta de qualquer medida que tenha por objeto a promoção de ajustes, eventualmente até mesmo de alguma redução ou flexibilização em matéria de segurança social, onde realmente estiverem presentes os pressupostos para tanto".

[35] A expressão vem da bela poesia *Proverbios y Cantares*, de Antonio Machado.

[36] Não se ignora que, paralelamente às pretensões de redistribuição social, podem existir também demandas por reconhecimento com relativa autonomia em face das questões sociais. Este estudo, porém, não trata de demandas por reconhecimento. Sobre o tema, v. FRAZER, 2001.

[37] CASTRO, 2014.

governamentais, 13,8 milhões de famílias recebem o Bolsa Família (dados de 2015[38]). Assumindo famílias de 4 pessoas, tem-se um total de 55,2 milhões de beneficiados, o que corresponde a cerca de 27% da população.[39] Ou seja: mais de um quarto da população brasileira encontra-se em situação de pobreza extrema, com renda familiar mensal *per capita* de no máximo R$140,00 (cento e quarenta reais), o que autoriza sua inclusão no programa.[40] A desigualdade tem ainda repercussões regionais, raciais e de gênero.[41]

Vale registrar que a desigualdade e a extrema pobreza não são uma particularidade brasileira. De acordo com dados do Banco Mundial para 2015, cerca de 1 bilhão de pessoas viviam em extrema pobreza no mundo.[42] Segundo dados da Organização Mundial de Saúde relativos a 2015, 2,3 bilhões de pessoas no mundo não tinham acesso a instalações sanitárias básicas.[43] Segundo dados da ONU, em 2011, 57 milhões de crianças ao redor do mundo não eram escolarizadas e ao menos 250 milhões de crianças, apesar de terem frequentado quatro anos na escola, não sabiam ler ou escrever.[44]

Qual a relevância desses dados? Como se viu, a promoção dos direitos fundamentais, ainda quando aconteça de fato, tende a manter essas desigualdades, beneficiando primeiro os grupos em melhores condições sociais.[45] Essa não é apenas uma realidade brasileira, sendo observada ao redor do mundo. Na verdade, estudos demonstram que é assim que funcionam, como regra, as políticas públicas gerais adotadas pelo Estado: primeiro seus benefícios são apropriados pelas classes mais favorecidas aumentando inicialmente a desigualdade, e apenas depois os mais necessitados se beneficiarão dela. Para romper com essa tendência, é necessário que, ao invés de políticas gerais, sejam

---

[38] Disponível em: http://www.brasil.gov.br/cidadania-e-justica/2015/08/13-8-milhoes-de-familias-receberao-o-bolsa-familia-em-agosto. Acesso em: 20 set. 2015.

[39] Considerando uma população total de 204 milhões de pessoas, segundo estimativa aproximada do IBGE para 2015. Disponível em: http://www.ibge.gov.br/apps/populacao/projecao/.

[40] Esse é o parâmetro definido pelo Decreto nº 6.917/09, que disciplina o Programa Bolsa Família.

[41] HOFFMANN, 2000; MEDICI; AGUNE, 1994; ROCHA, 1998; IPEA, 2011.

[42] Disponível em: http://www.worldbank.org/en/topic/poverty/overview. Acesso em: 14 dez. 2018.

[43] Disponível em: http://www.who.int/gho/mdg/environmental_sustainability/en/, Acesso em: 14 dez. 2018.

[44] Disponível em: http://www.un.org/millenniumgoals/pdf/Goal_2_fs.pdf. Acesso em: 14 dez. 2018.

[45] HUMAN RIGHTS WATCH, 2012.

delineadas intervenções estatais com focos específicos, de modo a atingir populações ou grupos-alvo, e não a população de maneira geral.⁴⁶ Esses dois elementos – a desigualdade e a tendência de políticas públicas gerais de não beneficiarem primeiro os mais pobres – têm suscitado a discussão acerca do que aqui se denomina de promoção equitativa dos direitos.⁴⁷ A promoção equitativa de direitos significa, de forma simples, uma diretriz política no sentido de priorizar as ações que atendam os mais necessitados no esforço de respeito, proteção e promoção dos direitos, sobretudo nas suas dimensões mais básicas relacionadas com a superação permanente da pobreza extrema. Isto é: os esforços estatais devem se concentrar em garantir o mínimo existencial aos mais necessitados.⁴⁸

Afirma-se que a promoção equitativa de direitos é uma diretriz política, pois, a rigor, e do ponto de vista constitucional, as pessoas de todas as classes sociais podem valer-se da gramática dos direitos fundamentais para fundamentar suas pretensões, e não apenas os mais pobres. A verdade, porém, é que se trata de uma diretriz política com consistente respaldo constitucional, já que não custa lembrar que a Constituição de 1988 estabelece como um dos objetivos da República justamente (art. 3º, III) *erradicar a pobreza e a marginalização e reduzir as desigualdades sociais e regionais*.

Ora, como já indicado, a promoção de direitos depende de políticas públicas sustentáveis e, particularmente, a promoção equitativa de direitos depende de ações estatais capazes de atingir as populações mais vulneráveis socialmente, focando em suas necessidades e circunstâncias. Ocorre que políticas públicas sustentáveis e equitativas dependem, sem surpresa, das instâncias majoritárias: do Poder

---
⁴⁶ VICTORA et al, 2000.
⁴⁷ MESTRUM, Francine; MELIK, Özden, 2012; BILCHITZ, 2007, p. 208-215.
⁴⁸ Embora em tese a ideia de que os mais pobres devem ser priorizados no esforço de promoção dos direitos humanos seja amplamente aceita, o tema gera discussões no que diz respeito a como essa prioridade se daria. Bilchitz (2007) discute algumas possibilidades e conclui no sentido de uma prioridade em termos de peso, não temporal, p. 212-213: "Thus, I have defended an account of priority that involves giving pseical attention to minimal interests but does not require that they have absolute weight in relation to competing interests. (...) Writers generally assume that the UN Committee in its third General Comment wished states to realize minimum core obligations as a matter of temporal priority. (...) However, the General Comment need not be interpreted in this inflexible manner, and could be taken to suggest a more nuanced approach. (...) The state would thus have to justify its use of resources as displaying a special concern for the minimal interests of individuals. Whilst there could be reasons for not realizing the minimum core, such reasons have to be sufficient weight to override the special weight to be attached to the realization of an individual's minimal interests".

Legislativo e dos variados órgãos e entidades do Poder Executivo. São essas instâncias que podem identificar as diferentes necessidades sociais, estabelecer prioridades e decidir acerca delas, conceber as políticas públicas, elaborar os atos normativos e administrativos próprios, bem como executá-los, monitorar essas políticas, corrigi-las, revê-las, dentre tantas outras atividades.

Pois bem. Se é assim, e se um Estado capaz de promover de forma sustentável e equitativa os direitos fundamentais depende sobretudo do Executivo e do Legislativo, isso significa, por natural, que o funcionamento desses dois Poderes em um sistema democrático será fundamental para a promoção dos direitos. Mas qual a relação do Direito Constitucional com toda essa realidade? Que papéis o Direito Constitucional pode desempenhar? Em que ele pode ou não contribuir para a construção desse Estado capaz de promover de forma sustentável e equitativa os direitos das pessoas? Em que ele pode contribuir para o funcionamento dessas instâncias majoritárias?

2.3 Limites e possibilidades da jurisdição na promoção sustentável e equitativa de direitos. O necessário retorno do Direito Constitucional às instâncias majoritárias

O Direito Constitucional tem desempenhado um tradicional e relevante papel na promoção dos direitos fundamentais por meio da jurisdição. A primeira dimensão desse papel envolve o respeito e a promoção dos direitos dos autores das demandas ou de seus eventuais substituídos. O formato pode ser descrito nos seguintes termos: uma previsão normativa consagra algum tipo de direito, esse direito é violado por ação ou por omissão, e alguém – o titular do direito, um representante ou substituto processual – ajuíza uma demanda sobre o tema. O Poder Judiciário poderá então julgar procedente o pedido formulado e determinar que o réu adote determinada conduta ou leve a cabo providências, de modo a respeitar e/ou promover o direito fundamental em questão. Na sequência de uma decisão dessa natureza terá início o período de execução, que poderá assumir muitas formas. Uma vez executada integralmente a decisão, espera-se que o direito fundamental tenha sido ou venha a ser respeitado e/ou promovido.

Essa primeira dimensão tem admitido múltiplos desenvolvimentos. Um *primeiro* descreve as ações individuais, tradicionalmente manejadas por indivíduos para tutela de seus direitos, sejam eles a liberdade de locomoção, protegida pela via do *habeas corpus*, seja o direito a prestações de saúde, passando pela garantia da liberdade e da igualdade, dentre tantos outros direitos de que se possa cogitar. Um *segundo* desenvolvimento que pode ser identificado cuida das ações coletivas nas quais se postulam bens privados, isto é, aqueles que, ao serem consumidos, reduzem a quantidade disponível desse bem para o restante da sociedade.[49]

Embora por vezes a natureza do direito tutelado seja a mesma das ações puramente individuais, a tutela coletiva poderá ter um impacto diferenciado sobre a promoção dos direitos fundamentais, tanto porque o número de eventuais beneficiados será maior, quanto porque a ação coletiva tem o potencial de afetar a política pública geral sobre o tema. Assim, uma ação ajuizada por uma associação de portadores de determinada doença postulando medicamentos pretende, em última análise, que cada associado receba o produto, assim como se passa em ações individuais com o mesmo pedido. Nada obstante, o impacto possível sobre a política pública de dispensação farmacêutica será provavelmente maior do que o desencadeado por várias ações individuais.[50]

Um *terceiro* desenvolvimento do papel clássico da jurisdição em matéria de direitos fundamentais diz respeito a demandas nas quais se postulam bens públicos, isto é, aqueles cujo consumo não reduz a disponibilidade do bem para o restante das pessoas. Em geral, essa espécie de tutela enseja exigências específicas acerca da legitimação ativa, que não cabe aqui discutir, e pode desdobrar-se em três manifestações principais.

Em primeiro lugar, essa pretensão pode envolver o controle abstrato de constitucionalidade de atos normativos. Não há dúvida de que a declaração de inconstitucionalidade de um ato normativo pode ser da maior relevância para o respeito e/ou promoção de direitos fundamentais. Um exemplo é suficiente para demonstrar o argumento: a declaração de inconstitucionalidade sem redução do texto da Emenda Constitucional nº 19/98, que pretendia estabelecer um teto para o benefício da licença-maternidade, teve um impacto direto na garantia de direitos relacionados com a igualdade da mulher no mercado de trabalho e com a proteção da maternidade e da infância.[51] E o benefício

---

[49] MANKIW, 2001, p. 228 et seq.
[50] Para uma discussão sobre a importância das ações coletivas e sua capacidade de minimizar problemas observados nas ações individuais, v. BARCELLOS, 2010.
[51] STF, ADI 1946, Rel. Min. Sydney Sanches, DJ 03.06.2003. Vale conferir trecho que constou da ementa da decisão: "3. Na verdade, se se entender que a Previdência Social, doravante,

obtido por cada mulher por conta da decisão não reduz o proveito possível para todas as demais.

Em segundo lugar, essa pretensão pode dizer respeito à exigibilidade de que exista uma política pública sobre determinado direito. Eventualmente, pode haver uma norma geral provendo sobre o direito, mas nenhuma política foi delineada para lhe dar concretude ou há problemas sérios estruturais com as políticas existentes. Nesse contexto, é possível pedir ao Judiciário que imponha aos poderes competentes o dever de elaborar ou corrigir uma política pública sobre o tema em caráter geral.[52]

Por fim, uma terceira subdivisão dessas pretensões de bens públicos congregaria aquelas hipóteses nas quais se postula a prestação concreta de serviços que, por sua natureza, serão fruídos coletivamente. É o caso, por exemplo, de plantas de tratamento de esgoto para uma determinada cidade, políticas ambientais e a existência de hospitais ou escolas. Nesse caso não se postula, por exemplo, uma vaga em uma escola, ou um procedimento médico, mas a existência permanente da escola ou do hospital.

Para além dessa primeira dimensão por força da qual a jurisdição contribui para o respeito e a promoção dos direitos fundamentais, há também duas outras, de difícil mensuração, mas que não devem por isso ser desprezadas. Para além do eventual efeito específico do cumprimento de uma decisão judicial em benefício de determinadas

---

responderá apenas por R$1.200,00 (hum mil e duzentos reais) por mês, durante a licença da gestante, e que o empregador responderá, sozinho, pelo restante, ficará sobremaneira, facilitada e estimulada a opção deste pelo trabalhador masculino, ao invés da mulher trabalhadora. Estará, então, propiciada a discriminação que a Constituição buscou combater, quando proibiu diferença de salários, de exercício de funções e de critérios de admissão, por motivo de sexo (art. 7º, inc. XXX, da C.F./88), proibição, que, em substância, é um desdobramento do princípio da igualdade de direitos, entre homens e mulheres, previsto no inciso I do art. 5º da Constituição Federal. Estará, ainda, conclamado o empregador a oferecer à mulher trabalhadora, quaisquer que sejam suas aptidões, salário nunca superior a R$1.200,00, para não ter de responder pela diferença. Não é crível que o constituinte derivado, de 1998, tenha chegado a esse ponto, na chamada Reforma da Previdência Social, desatento a tais consequências. Ao menos não é de se presumir que o tenha feito, sem o dizer expressamente, assumindo a grave responsabilidade. 4. A convicção firmada, por ocasião do deferimento da Medida Cautelar, com adesão de todos os demais Ministros, ficou agora, ao ensejo deste julgamento de mérito, reforçada substancialmente no parecer da Procuradoria Geral da República. 5. Reiteradas as considerações feitas nos votos, então proferidos, e nessa manifestação do Ministério Público federal, a Ação Direta de Inconstitucionalidade é julgada procedente, em parte, para se dar, ao art. 14 da Emenda Constitucional nº 20, de 15.12.1998, interpretação conforme à Constituição, excluindo-se sua aplicação ao salário da licença gestante, a que se refere o art. 7º, inciso XVIII, da Constituição Federal. 6. Plenário. Decisão unânime".

52 Sobre o tema, v. SABEL; SIMON, 2004.

pessoas, comunidades ou até da sociedade como um todo, o conjunto de decisões judiciais em determinado sentido pode fortalecer o Estado de Direito e induzir uma maior adesão voluntária às normas jurídicas e, no caso, às normas que cuidam da promoção de direitos fundamentais.[53]

Assim, e.g., se o Judiciário reiterada e coerentemente invalida atos de natureza sancionatória praticados pelo Poder Público sem observância do devido processo legal, é muito possível que com o tempo o Poder Público incorpore a observância dessa previsão. Se o Judiciário condena, de forma consistente, a discriminação social ou racial no acesso a condomínios de apartamentos, por exemplo, é possível que a administração desses condomínios, no mínimo pelo temor de uma condenação, descontinue ou minimize a prática da discriminação.

É certo que esses estímulos são recebidos pelos diferentes agentes públicos e privados de forma diversa e nem sempre o resultado é o esperado. Condenações financeiras contra o Poder Público, por exemplo, dificilmente produzem como resultado a alteração de políticas públicas, já que raramente a Administração que responde à demanda será a que pagará a indenização.[54] Também não é incomum que tanto o Poder Público quanto agentes privados adaptem-se apenas para atender às decisões judiciais, sem necessariamente aderirem ao cumprimento da norma de forma ampla. Seja como for, esse efeito da prevenção geral é relevante tanto mais quanto se observa uma tendência de objetivação da jurisprudência.[55]

Por fim, um terceiro efeito digno de nota que a jurisdição pode ter sobre a promoção de direitos fundamentais é o efeito de pauta política. Determinadas decisões, mesmo quando não cumpridas de imediato ou no prazo previsto, podem influenciar a pauta política, seja por sua própria natureza (como aquelas que declaram uma omissão inconstitucional e constituem em mora os demais poderes), seja por conta da repercussão que tenham na imprensa, seja por força das sanções

---

[53] RAZ, 2009.
[54] GILLES, 2000/2001; LEVINSON, 2000; LANDES; POSNER, 1987.
[55] A objetivação da jurisprudência descreve o processo vivido no Brasil pelo qual às decisões dos Tribunais, sobretudo dos Superiores, se atribuem cada vez mais efeitos gerais e em alguns casos vinculantes. É o caso das decisões do STF em sede de mecanismos de controle concentrado de constitucionalidade, mas também das súmulas vinculantes que podem ser aprovadas valendo-se de decisões proferidas em sede de controle difuso de constitucionalidade. As súmulas expedidas pelos demais Tribunais Superiores, embora não tenham caráter vinculante, impõem restrições às possibilidades recursais e se destinam, afinal, a explicitar em caráter geral o entendimento das Cortes para a sociedade. O novo Código de Processo Civil expande a ideia de uniformização e objetivação da jurisprudência também para os demais tribunais, como se vê nos arts. 926 e 927.

previstas ou por outras razões menos óbvias.[56] Por vezes decisões judiciais ajudam a colocar determinados temas na pauta política, desencadeiam o debate público e contribuem para o processo de mudança social ainda que de forma indireta e em conjunto com outros elementos.[57] Esse conjunto de papéis que a jurisdição desempenha na promoção dos direitos fundamentais é da maior importância e não pode ser minimizado.[58] Entretanto, é preciso também reconhecer seus limites. Dois limites merecem uma reflexão específica. O primeiro se relaciona com o próprio cumprimento efetivo das decisões judiciais proferidas e a indispensável colaboração das instâncias majoritárias para que essa execução aconteça, sobretudo quando se cuide da tutela de bens públicos. E o segundo limite se relaciona com as questões que chegam ao Poder Judiciário ou, mais precisamente, com aquelas que não chegam a ser judicializadas. Aprofundem-se brevemente ambos os limites.

Nas últimas décadas multiplicaram-se as decisões judiciais, ao redor do mundo e no Brasil, com o objetivo de promover a realização de direitos fundamentais. Os exemplos envolvendo direitos sociais são provavelmente os mais emblemáticos, mas não são únicos: demandas envolvendo direito à água, à alimentação, a prestações de saúde, à habitação, a saneamento básico, etc. Mas o que aconteceu efetivamente com essas decisões? Elas foram executadas? Elas incrementaram a realização dos direitos fundamentais no mundo dos fatos? Esse é um tema que tem suscitado amplo debate entre acadêmicos e ativistas ao redor do mundo.[59]

A conclusão preliminar a que já se chegou, não apenas no Brasil, mas também em outros países, é a de que as decisões judiciais são executadas de forma razoável quando se trate de bens privados postulados em demandas individuais, como, *e.g.*, a entrega de medicamentos.

---

[56] KINGDON, 2010; BIRKLAND, 2007.
[57] Sobre o debate acerca do potencial que litígios e decisões judiciais podem ter como instrumentos de transformação social, v. YOUNG, 2012; KLEIN, 2007/2008; ROSENBERG, 2008; HERSHKOFF, 2005; JACOBSON; WARNER, 1999; HOROWITZ, 1977. Vale registrar alguns estudos que avaliam experiências concretas de interação entre decisões judiciais e determinadas realidades: REBELL; BLOCK, 1982 (sobre a chamada reforma educacional nos EUA); DEKRAAI, 1990 (sobre as demandas por serviços para pessoas com deficiência nos EUA); FEELEY; RUBIN, 1998 (sobre a reforma prisional nos EUA); JACOBSON; WARNER, 1999 (sobre os litígios envolvendo o controle do tabaco); UPHAM, 1987 (sobre a experiência japonesa no pós-guerra); SIEDER et al, 2009 (sobre a América Latina); GARGARELLA; DOMINGO; ROUX, 2006 (tratando das novas democracias); VIEIRA, 2008 (sobre o Brasil); e TUSHNET, 2008 (abordando vários países).
[58] MCCANN, 2008.
[59] V., por todos, GAURI; BRINKS, 2008.

Entretanto, quando se cuida de ações coletivas e/ou de demandas que envolvem bens públicos, como a alteração, correção ou implantação de uma política pública, a execução das decisões judiciais pode demorar décadas (mais tempo do que a política pública que se postula levaria para ser executada caso fosse uma prioridade governamental) ou eventualmente nunca acontecer. E isso porque a cooperação dos demais Poderes é essencial e os mecanismos de sanção de que o Direito dispõe simplesmente não têm como impor essa cooperação, caso ela não se desenvolva naturalmente de acordo com a lógica política. O debate contemporâneo sobre o assunto tem justamente apontado a necessidade de as demandas que postulam direitos serem acompanhadas por movimentos sociais e de pressão cuja articulação no espaço público garanta que o tema objeto da decisão judicial tenha a necessária prioridade no debate político. O exemplo do saneamento no Brasil ilustra o ponto.[60]

Desde o início da década de 1990 dezenas de ações foram ajuizadas pelo Ministério Público postulando a instalação ou a ampliação de sistemas de coleta e tratamento de esgoto em cidades pelo país afora, e muitas decisões judiciais atenderam tais pedidos. Não é difícil imaginar as principais etapas necessárias à execução dessas decisões. Em primeiro lugar, será preciso fazer um plano de saneamento que leve em conta as características da cidade, tanto em termos hídricos quanto populacionais, dentre outros aspectos. Muitas vezes o Município não terá pessoal técnico, de modo que precisará socorrer-se da cooperação da União ou do Estado para elaborar seu plano, que, de todo modo, terá que se harmonizar com os planos dos municípios vizinhos e com o do Estado.

Definido o plano de saneamento e os sistemas que deverão ser construídos, será o momento de decidir quem executará essas obras e qual será o modelo adotado para a posterior prestação do serviço, já que as duas decisões podem repercutir uma sobre a outra. Haverá uma concessão do serviço e licitação das obras em conjunto? Ou apenas serão licitadas as obras e o Município prestará o serviço? Se houver dispêndio do Município, terá que haver previsão orçamentária, e nesse ponto o Legislativo será chamado a participar da execução da decisão judicial.

Ultrapassada essa segunda etapa, terá lugar a licitação para o que quer que tenha sido decidido pelo Município. Encerrado o certame, o vencedor iniciará as obras, e provavelmente o primeiro item de sua lista

---

[60] As informações sobre o tema do saneamento utilizadas no texto podem ser conferidas em BARCELLOS, 2014.

será obter as licenças ambientais necessárias, além das outras licenças eventualmente pertinentes. Vencida essa fase, as estruturas começarão a ser construídas, o que poderá levar vários anos dependendo da dimensão dos sistemas. Depois chegará a parte de testes para, enfim, a promoção do direito fundamental das pessoas efetivamente acontecer.

Uma narrativa similar à descrita poderia ser imaginada, por exemplo, no caso de demandas discutindo iniciativas em saúde coletiva (construção e reformas de hospitais, contratação de profissionais de saúde, rotina de prevenção, etc.) ou em moradia. A execução de eventual decisão judicial que tratasse de um dos maiores desafios em matéria de direitos fundamentais no Brasil hoje – a qualidade da educação – apresentaria ainda maiores complexidades. Mas não são apenas os direitos sociais prestacionais que enfrentam essas dificuldades. A execução de uma decisão judicial que pretendesse interferir na política pública que trata, por exemplo, da erradicação do trabalho escravo exigiria igualmente a organização de estruturas de fiscalização e de monitoramento a cargo, em última análise, de órgãos de outros Poderes.

Não é difícil perceber que os protagonistas de todas as etapas descritas serão agentes públicos da Administração Pública e do Legislativo. Isso não significa que as decisões judiciais que visam a promover direitos fundamentais em sede coletiva não sejam importantes. Muito ao contrário. Como referido, frequentemente são elas que forçam a entrada de determinados temas esquecidos na pauta política e desencadeiam outros esforços no mesmo sentido. De qualquer sorte, o protagonismo continua das instâncias majoritárias. A verdade é que não se pode ignorar que também as decisões judiciais, por melhores que sejam, são igualmente um ponto de partida e não um ponto de chegada. Entre o pedaço de papel e a efetiva promoção dos direitos das pessoas no dia a dia há um caminho a ser construído e percorrido, no mais das vezes pelo Executivo e pelo Legislativo. Mais uma vez, será um equívoco ignorar as instâncias majoritárias ou imaginar que a promoção dos direitos fundamentais poderá ser produzida sem a sua cooperação ou apesar dela.

Além do ponto resumido – decisões judiciais podem restar como meras folhas de papel sem a cooperação das instâncias majoritárias –, há uma outra questão ainda da maior importância. Se muitas vezes a própria execução das decisões judiciais depende da cooperação dos demais Poderes, no caso dos direitos dos mais pobres, a evidência disponível revela que, como regra, não haverá decisão judicial alguma que promova ou proteja esses direitos, simplesmente porque as necessidades desses grupos não chegarão ao Judiciário. Assim, ou bem haverá políticas públicas delineadas e executadas pelos Poderes Executivo e Legislativo especialmente destinadas a atingir a realidade dos mais pobres, ou provavelmente não haverá qualquer iniciativa estatal nesse sentido.

Como é corrente, o Judiciário decide as demandas que lhe são encaminhadas, de modo que há um filtro prévio que repercute sobre os temas que serão objeto de decisão judicial, relacionado com *quem* ajuíza demandas e *que* assuntos esses autores submetem ao Judiciário. Há considerável literatura destacando que, como regra, as demandas submetidas ao Judiciário não dizem respeito às necessidades dos mais pobres e excluídos da sociedade. E isso porque a decisão de ir ao Judiciário já envolve a disponibilidade de informações e recursos (não apenas financeiros) de que os pobres não dispõem, mas a que outros grupos têm acesso.[61]

O sistema constitucional brasileiro, como se sabe, procurou superar a dificuldade de acesso ao Judiciário para os mais pobres eliminando os custos, criando espaços mais céleres e menos formais de prestação jurisdicional (como os Juizados Especiais),[62] organizando a instituição da Defensoria Pública[63] e conferindo ao Ministério Público legitimação extraordinária para agir na defesa dos seus interesses.[64] São, sem dúvida, iniciativas da maior relevância e com impacto extraordinário. Ainda assim, dificilmente elas são capazes de atingir os mais desfavorecidos. As razões são simples. É preciso, em primeiro lugar, que as pessoas saibam que a Defensoria Pública e o Ministério Público existem e para que servem. O mesmo se diga para os Juizados Especiais. Essa primeira exigência já exclui uma considerável parcela da população. As limitações de estrutura dessas instituições contribuem, claro, para essa dificuldade.

Em segundo lugar, é preciso que as pessoas consigam chegar – fisicamente ou por algum outro meio – aos postos de atendimento dessas instituições, para levar suas questões. Acontece que o Brasil é

---

[61] GAURI, 2010; SILVA; TERRAZAS, 2011; CHIEFFI; BARATA, 2009; FERRAZ, 2009; 2009-a; BILCHITZ, 2007; GARGARELLA; DOMINGO; ROUX, 2006.
[62] Constituição de 1988, art. 98.
[63] Constituição de 1988, art. 134. A Lei Complementar nº 132/09, autorizou a Defensoria Pública de forma expressa a "promover ação civil pública e todas as espécies de ações capazes de propiciar a adequada tutela dos direitos difusos, coletivos ou individuais homogêneos quando o resultado da demanda puder beneficiar grupo de pessoas hipossuficientes;". O STF examinou a questão na ADI 3943 (julgada em 07 de maio de 2015) e considerou válida essa ampliação das atribuições da Defensoria.
[64] Constituição de 1988, art. 127 et seq.

grande, há poucos postos e eles estão localizados nos maiores centros urbanos: horas ou dias de distância de muitas comunidades brasileiras. Na mesma linha, também essas instituições sequer chegam a ter contato ou conhecimento das necessidades dessas pessoas. A maior probabilidade é que essas comunidades sejam efetivamente esquecidas. Voltando ao exemplo do saneamento referido anteriormente, de 2003 a 2013 foram ajuizadas ao menos 258 ações sobre o tema, a maioria absoluta pelo Ministério Público. Entretanto, todas elas foram propostas nas cidades com Índice de Desenvolvimento Humano (IDH) maior ou igual à média da região em que localizadas.[65] Ou seja: o Judiciário sequer chegou a saber dos problemas que ocorrem nas cidades mais pobres.[66]

A conclusão a que se chega neste ponto parece inescapável. Executivo e Legislativo são indispensáveis para a existência e execução de políticas públicas capazes de respeitar, proteger e, sobretudo, promover direitos fundamentais, particularmente em relação às camadas mais pobres da população. Isso não significa que as decisões que promovem os direitos fundamentais não sejam relevantes, mas não se pode ignorar que não são os pobres que mais se beneficiam comparativamente, isto é: tendo em conta o público que recorre ao Judiciário. Mais importante ainda, uma vez que se tenha em conta o universo dos necessitados, o impacto das decisões judiciais é muito pequeno.[67]

A capacidade do Legislativo e do Executivo de implementar políticas públicas de respeito, proteção e promoção de direitos fundamentais, tanto em caráter geral quanto com foco nos mais necessitados, é incomparavelmente superior ao que as decisões judiciais podem fazer. E, como se viu, mesmo a implementação concreta das decisões judiciais em matéria de políticas públicas em geral, e de direitos fundamentais em particular, depende inevitavelmente da cooperação do Executivo e eventualmente também do Legislativo.

Nesse sentido, é preciso reconhecer os limites da jurisdição na promoção dos direitos fundamentais. O Judiciário não é nem será o protagonista de um Estado sustentável e equitativo de direitos:

---

[65] BARCELLOS, 2014.
[66] MATHER, 2008, p. 681: "Law is not autonomous, standing outside of the social world, but is deeply embedded within society. While political scientists recognize the fundamentally political nature of law, the law and society perspective takes this assumption several steps further by pointing to ways in which law is socially and historically constructed, how law both reflects and impacts culture, and how inequalities are reinforced through differential access to, and competence with, legal procedures and institutions".
[67] Para uma reflexão sobre os impactos específicos e gerais da judicialização dos direitos sociais sobre os pobres, v. BRINKS; GAURI, 2014.

os protagonistas serão, de fato, o Legislativo e o Executivo, por seus múltiplos órgãos e entidades, na rotina democrática do dia a dia. Isso não significa, porém, que o Judiciário não tenha função na construção desse Estado sustentável e equitativo de direitos ou, mais precisamente, que o Direito Constitucional não tenha um papel relevante a desempenhar. Até porque o Direito Constitucional não se resume à jurisdição e controle de constitucionalidade pelo Judiciário. Antes disso, aliás, o Direito Constitucional sempre se ocupou de forma ampla em ordenar a ação do Estado como um todo e o exercício do poder político pelas instâncias majoritárias: esses são, como se sabe, conteúdos básicos das normas constitucionais.[68]

Resume-se, então, o já exposto. Os efeitos que a jurisdição pode produzir – diretamente sobre os beneficiários das demandas, institucionalmente ou na formação de pautas políticas – são relevantes e, ainda que limitados, não devem ser desprezados. Os processos sociais são muito complexos e as relações sempre multicausais, de modo que não faz sentido desprezar esses efeitos produzidos pela jurisdição. Paralelamente, porém, parece fundamental que o Direito Constitucional volte a refletir sobre os espaços majoritários nos quais o poder político é exercido.[69] Não fosse por outra razão, o simples fato de que a dinâmica das atividades do Legislativo e do Executivo é fundamental para a promoção dos direitos fundamentais, associado à centralidade desses direitos no sistema da Constituição de 1988, torna indispensável que o Direito Constitucional se ocupe desses espaços e do seu funcionamento.[70] Mas como, exatamente, o Direito Constitucional poderia fazer isso?

---

[68] WINTGENS, 2013, p. 249-251: "A legisprudential theory of law in contradistinction to the widespread jurisprudential approach no longer takes for granted the central position of the judge as the main legal agent. It aims instead to enlarge the spectrum of legal theory as the meta-theory of legal science by including the legislator as a legal agent thus downplaying his mainly political role in lawmaking".

[69] Sobre a necessidade de o Direito Constitucional voltar a refletir sobre as instâncias majoritárias e seu funcionamento (ainda que com propostas e perspectivas diversas das discutidas neste texto), v. VERMEULE; GARRETT, 2001, p. 1278: "The scholarly benefit of exploring the neglected question of institutional design is much greater than the benefit produced by another article about 'Congress versus the Court'. And the institutional-choice question has largely been settled, not by constitutional scholarship, but by the facts of modern government. The massive scale of the political branches relative to the judiciary – measured in resources, personnel and organizational capacities – ensures that, across a broad range of constitutional questions, the legislative process rather than the Court has de jure or de facto authority to decide constitutional questions".

[70] Mesmo que se cogite da reformulação das estruturas estatais, substituindo a estrutura tradicional de três Poderes por outras (como sugere ACKERMAN, 2010), ainda assim o papel das instâncias majoritárias, sejam elas quais forem, será central para a promoção dos direitos.

Sem desmerecer outras temáticas, o que se sustenta aqui é que o Direito Constitucional deve se ocupar de fomentar a democracia nos espaços majoritários, enfrentando os problemas identificados na dinâmica do funcionamento desses poderes representativos. E um dos meios para tanto será a criação de estímulos ao debate público, preocupação subjacente ao Direito Constitucional ao devido procedimento na elaboração normativa objeto específico deste estudo. O próximo tópico pretende justamente examinar a questão do fomento à democracia nos espaços majoritários.

CAPÍTULO III

UM NOVO PAPEL PARA O DIREITO CONSTITUCIONAL: FOMENTO À DEMOCRACIA NOS ESPAÇOS MAJORITÁRIOS

Democracia é um conceito cada vez mais difícil de enunciar e não é objetivo deste estudo dissertar sobre ele: esse seria um desvio desnecessário para o fim que se pretende.[71] Também não se vai discutir aqui sobre a complexidade da crise tantas vezes mencionada que caracteriza as democracias contemporâneas, que envolve desinteresse político da população, falta de confiança nos representantes eleitos, descolamento destes em relação aos representados, corrupção, dentre muitos outros aspectos.[72] De qualquer modo, alguns registros são importantes para

---

[71] Para considerações gerais sobre a democracia, v. BOBBIO, 1983; GARCÍA DE ENTERRÍA, 1998, p. 66-126; POSNER, 2003, p. 130-213. Para um resumo de alguns dos debates contemporâneos, v. PILDES, 2008, p. 336: "The focus of promising academic research [on democracy] ranges from the broadest issues of how different forms of power sharing among groups in deeply-divided societies affetc the stability, acceptance, and performance of democracies, to much less visible issues that nonetheless have considerable influence on the nature of democratic politics, such as how election districts are designed, how political parties choose their candidates, how elections are administered, and how election disputes are resolved".

[72] Para apreciações sobre a crise da democracia, v. CROSIER et tal, 1973; e SARTORI, 1997, p. 143-146: "The generation of the campus revolution told itself that "real democracy" simply consisted of empowering more and more people with more and more power. Neat – but wrong. (...) So, how can a whole people – tens or even hundreds of millions of people – exercise power over themselves? There is no neat answer to that. (...) While the simplistic solutions devised by the *imagination au pouvoir* have dissolved themselves by themselves, their legacy remains very much with us under the form of 'simplistic negativism'. (...) The net result of 'simplism' – the combination of infantile democracy and crude negativism – thus is that the old watch of politics receives a lot of clubbing, but no sound advice on how

que se possa visualizar o que se considera que pode fomentar a democracia – entendida como regime de organização da sociedade política estatal e não em eventuais outros ambientes ou aplicações – e em que medida o Direito Constitucional poderia ou não ter parte nesse esforço.

Para fins didáticos, e de forma objetiva, parece útil organizar os debates (descritivos ou prescritivos) sobre a democracia em torno de quatro grandes temas, ainda que eles claramente se conectem: *quem* toma ou deve tomar as decisões que afetam a sociedade política; *como* essas decisões são ou devem ser tomadas; que conteúdos são obrigatórios ou vedados, ou seja; *o que* pode ou não se decidido; e *para que* serve a democracia afinal.

Para alguns autores, a pergunta *Quem?* é respondida de forma singela: os representantes eleitos pelo povo estão encarregados de tomar as decisões que afetam a sociedade política e isso seria não só suficiente para um regime democrático, como também aquilo que mais interessaria às pessoas, que desejam predominantemente se ocupar de suas vidas e não das questões públicas.[73] Essa assertiva, claro, não encerra as discussões. Mesmo trabalhando apenas com a premissa da representação política, diversas questões da maior relevância se colocam, sob a perspectiva de como o Direito Constitucional pode fomentar a democracia, relacionadas com a reforma dos sistemas político, partidário e eleitoral. Independentemente de outras considerações, como alguém pode vir a ser eleito e que condições e limites poderá desempenhar seu mandato são temas relevantes para o Direito Constitucional.[74]

Para além do sistema representativo tradicional, outros entendem que é importante ampliar o máximo possível os participantes tanto nos processos de tomada de decisão – por meio de corpos consultivos – quanto na tomada de decisão propriamente dita. Tais autores, identificados com a proposta geral de uma democracia participativa, sugerem que as pessoas estariam sim interessadas em participar, até porque elas serão afetadas por tais decisões e, conscientemente ou não

---

it could be repaired and/or changed for the better. (...) Politics are popular in heroic times, but are seldom popular in times of routine, when the politics of democracy becomes an ordinary, day by day, muddling through. (...) And in a number of countries disillusion and distrust have currently swelled into a crescendo of frustration, anger and, in the end, of outright rejection of politics. (...) There are several explanations for this rejection. One of them is the negativism that we have just reviewed. Television is another. A third factor probably is the dissolution of the cement of ideology. But the single best explanation for today's anger lies, I believe, in political corruption".

[73] V. POSNER, 2003; DOWNS, 1985.

[74] Esses temas têm sido objeto de especial discussão no Brasil nos últimos anos não apenas pela doutrina (SOARES; RENNÓ, 2006) como também no âmbito do próprio STF.

e direta ou indiretamente, são por elas responsáveis. Além disso, mais participação incrementaria a legitimidade da decisão e a posterior adesão a ela pela sociedade. Nesse sentido, portanto, sustenta-se a utilização de mecanismos vários de participação, que envolvem desde os instrumentos já clássicos de democracia semidireta até outras formas de participação popular ou de segmentos específicos da sociedade nos espaços de decisão.[75]

A pergunta *como* tem provavelmente ocupado a maior parte do debate recente sobre a democracia.[76] Para alguns autores, o debate sobre como as decisões são tomadas em uma democracia seria irrelevante: as pessoas decidem – representantes eleitos e cidadãos em geral – por interesses próprios, que podem ser louváveis ou não, e com muita facilidade mentem sobre as reais razões que as levaram a tal decisão. O resultado final seria, portanto, uma mera agregação de preferências. Ou seja: seria inútil tentar estabelecer parâmetros na matéria e a pergunta *como* seria respondida, então, nos seguintes termos: por meio do voto. A forma de impedir eventuais abusos não seria atingida tentando-se controlar o processo pelo qual as decisões são tomadas, mas, para aqueles que o admitem, por meio de conteúdos obrigatórios e vedados em uma democracia, sobre o que se tratará adiante.

Em sentido diverso, muitos autores sustentam uma outra concepção, em geral identificada como democracia deliberativa. Embora haja considerável variedade entre eles, a ideia geral que os une é a tese de que as decisões em uma democracia demandam a apresentação de razões pelos participantes – isto é: a justificação de suas posições –, debate e deliberação. Seria indispensável a explicitação das razões pelos diferentes grupos, a tentativa de convencimento recíproco e o debate em torno delas. A deliberação seria, na verdade, um mecanismo capaz de conferir maior legitimidade à democracia e a suas decisões, embora como exatamente isso se dê seja objeto de controvérsia.

Alguns autores, por exemplo, sustentam que esse incremento de legitimidade decorre da deliberação em si, levada a cabo em determinadas condições ideais, e da construção social que ela desencadeia. Outros sustentam que a deliberação seria um meio de incrementar a correção política e moral do conteúdo das decisões produzidas. Sob

---

[75] SARLET; FENSTERSEIFER, 2014; BONAVIDES, 2008.

[76] Vale conferir sobre o tema, de forma exemplificativa e reunindo defensores da democracia deliberativa (com diferentes nuances), críticas e posições diversas sobre a questão do "como", os seguintes trabalhos: SOUZA NETO, 2006; GUTMANN; THOMPSON, 2004; ELSTER, 1999; BOHMAN; REHG, 1997.

outra perspectiva, há quem sustente que a deliberação teria a capacidade de efetivamente alterar as posições das pessoas que deliberam e gerar consenso, ao passo que para outros autores, embora a deliberação seja importante, o consenso não é um elemento central para a discussão.[77]

Ainda nesse contexto, há autores que sustentam que apenas determinados tipos de razões seriam admitidas nesse debate (razões públicas e ideias similares). Outros autores, diversamente, não consideram próprio estabelecer filtros rígidos de natureza substantiva para definir que razões poderiam ou não circular validamente no debate público, limitando-se a prever condições procedimentais para que esse diálogo social possa se desenvolver.[78]

Conectando o *como* com o *quem*, a lógica da democracia deliberativa pode ser aplicada tanto no âmbito da representação tradicional quanto em outros espaços de participação e decisão. Isto é: tanto os parlamentares e demais agente públicos teriam um dever de deliberar, por meio da apresentação de razões e da discussão, antes do momento da tomada de decisão, como também os cidadãos em geral nos espaços de participação existentes. Nada obstante, parece haver uma natural aproximação entre as ideias de maior deliberação e de maior participação, de modo que não é incomum que os autores sustentem ambos os pontos – como se deve decidir e quem deve decidir – em conjunto.[79]

Em terceiro lugar, quanto ao *conteúdo* das decisões obrigatórias e vedadas em uma democracia, ou *o que* pode ou não ser objeto de decisões majoritárias (independentemente de quem tome tais decisões), há diferentes concepções sobre a matéria e, por isso mesmo, os países adotam sistemas diversos do ponto de vista técnico-jurídico. Do ponto de vista interno, a maior parte dos países democráticos conta hoje com Constituições em alguma medida rígidas e encarregou o Judiciário

---

[77] NINO, 1996. Nino faz uma interessante apresentação das concepções de vários autores em dois grandes grupos: um primeiro, cuja ênfase seria a agregação e negociação dos interesses e preferências das pessoas, que não seriam afetados pela deliberação (p. 104 e ss.), e um segundo grupo, que sustenta que a democracia, para ser justificada, deveria ser (ou seria) um mecanismo que transformaria os interesses originais das pessoas (p. 132 e ss.). A perspectiva do próprio Nino é diversa de ambas. O autor sustenta uma concepção dialógica de democracia que teria um valor epistêmico já que, presentes determinadas condições nas quais todos tenham oportunidade de participar, a democracia seria o melhor procedimento para gerar decisões moralmente corretas.

[78] Sobre o tema, dentre outros, v. RAWLS, 1971; 1993; 1995; HABERMAS, 1995; 1996; 1996-a.

[79] Roberto Gargarella, por exemplo, identifica na democracia deliberativa duas notas essenciais: (i) a aprovação das decisões públicas suceda um amplo processo de discussão coletiva; e (ii) em princípio, devem intervir no debate todos aqueles potencialmente afetados pelas decisões em questão (GARGARELLA, 2008).

de exercer o controle de constitucionalidade dos atos das maiorias, incluindo do Legislativo.

Ou seja: por meio da rigidez constitucional atribui-se *status* superior a determinados conteúdos em face das normas ordinárias e autorizou-se o controle dessa hierarquia por meio de mecanismos judiciais. No plano internacional, entretanto, embora a hierarquia constitucional tenha sido amplamente adotada, a figura das cláusulas pétreas não é tão frequente, de modo que, em tese, e diferentemente do que acontece no Brasil, maiorias qualificadas podem alterar praticamente todo o texto constitucional.[80]

Do ponto de vista global, o desenvolvimento do Direito Internacional dos direitos humanos e as estruturas supranacionais de proteção desses direitos dão corpo a um outro conjunto de limites às maiorias internas. Como se mencionou no início deste estudo, para além das normas, existem hoje Cortes e Comitês encarregados, cada um em sua esfera de competência, de garantir a observância de tais previsões do Direito Internacional. Mesmo que as decisões das Cortes internacionais e as orientações dos comitês não tenham a mesma eficácia jurídica das decisões das Cortes internas, ainda assim elas corroboram essa noção teórica amplamente difundida de que as decisões das maiorias submetem-se a limites materiais.

Nesse contexto, e seja qual for a fonte dessas limitações do ponto de vista normativo, há certo consenso teórico no sentido de que alguns conteúdos são considerados essenciais à própria existência da democracia, ainda que haja infindo debate acerca do sentido exato de cada um deles nas mais diversas circunstâncias. Seja como for, uma lista elementar desses conteúdos certamente incluiria as regras básicas de funcionamento da própria democracia e a proteção dos direitos fundamentais, cláusula que poderia ser desdobrada para enumerar a garantia das liberdades, do mínimo existencial, dos direitos políticos, dos direitos das minorias, da liberdade de crítica aos governantes, além de eleições periódicas livres e de publicidade dos atos do Poder Público.[81]

Por fim, *para que* serve a democracia? A questão pode ser examinada ao menos sob duas perspectivas. No âmbito da ordenação de uma sociedade política estatal, a democracia é um meio de tomada

---

[80] VIEIRA, 2011; BRANDÃO, 2008.
[81] Sobre os direitos fundamentais e os direitos das minorias em particular, a ideia básica é a de que não há democracia se as pessoas não forem livres e iguais para refletirem, manifestarem-se e serem ouvidas no espaço público. O ponto é referido por diferentes concepções, como as de ELY, 2002; HABERMAS, 1997.

de decisões que se liga diretamente com a realização da autonomia pública e da igualdade das pessoas. Assim, sob a ótica do indivíduo, a democracia em si mesma serve para viabilizar a realização, no espaço público, desses direitos individuais e da autodeterminação pública de cada indivíduo e de todos.[82]

Essa primeira perspectiva não se ocupa propriamente dos resultados produzidos pelas decisões tomadas democraticamente, mas apenas do procedimento democrático em si, e há autores que vislumbram nesse aspecto o valor central da democracia. Dito de outro modo, a democracia serve – e esse é o seu valor intrínseco – para a realização da igualdade e da autonomia pública das pessoas, independentemente dos resultados concretos que as decisões tomadas no contexto de sistemas democráticos produzam.[83]

Uma segunda perspectiva procura identificar para que serve a democracia tendo em vista os fins que as decisões tomadas devem promover. Há, é claro, uma certa tensão entre as concepções que visualizam a democracia como um valor em si e aquelas que se ocupam de tentar legitimá-la por seus resultados. Parte dos autores tenta conciliar essas duas visões sustentando que o debate sobre os resultados, sem prejuízo de reconhecer-se o valor intrínseco da democracia, é útil para reforçar sua legitimidade. Isso porque seria possível demonstrar que a democracia é capaz de produzir melhores resultados que as alternativas ditatoriais. Trata-se, portanto, de uma abordagem descritiva que, a partir de metodologia empírica, se ocupa do levantamento desses resultados.[84]

Sob uma perspectiva teórica, todavia, a pergunta *para que serve* a democracia se aproxima muito da questão *para que serve* o próprio Estado. O debate sobre os fins do Estado é multissecular, como se sabe, e identifica categorias que não assumem uma identificação necessária entre Estado e Democracia. Assim, os compêndios sobre o tema vão descrever, por exemplo, Estados cujos fins são a afirmação e difusão de uma determinada convicção religiosa, ou de uma determinada

---

[82] Declaração Universal dos Direitos Humanos: "Artigo 21º: 1. Toda a pessoa tem o direito de tomar parte na direcção dos negócios, públicos do seu país, quer directamente, quer por intermédio de representantes livremente escolhidos. 2. Toda a pessoa tem direito de acesso, em condições de igualdade, às funções públicas do seu país. 3. A vontade do povo é o fundamento da autoridade dos poderes públicos: e deve exprimir-se através de eleições honestas a realizar periodicamente por sufrágio universal e igual, com voto secreto ou segundo processo equivalente que salvaguarde a liberdade de voto".

[83] MALIANDI, 1996.

[84] SEN, 2006.

ideologia política, por meio da violência se necessário e sem qualquer consideração a direitos e liberdades individuais, não reconhecidos pelo Estado no particular.[85] O registro é importante pois continuam a existir exemplos históricos de Estados que adotam essa concepção acerca dos seus fins.[86]

Assumindo, porém, que os Estados são (ou pretendem ser) democráticos e adotam a centralidade do ser humano em relação ao Estado – isto é: o Estado existe para servir o homem e não o homem para servir o Estado –, a resposta à pergunta *para que* serve a democracia envolverá necessariamente a proteção, o respeito e a promoção dos direitos fundamentais das pessoas. E isso tanto sob a perspectiva do valor intrínseco da democracia – já que igualdade e autonomia pública são direitos fundamentais – quanto sob a ótica dos resultados que as decisões democráticas devem produzir, que igualmente se vinculam à proteção dos direitos.

É certo que essa resposta é bastante genérica e admitirá muitas variações. Para determinadas correntes políticas, a democracia deve servir para garantir as liberdades, de modo que cada um possa desenvolver seu projeto de vida boa. Para outros, a democracia serve não apenas para garantir as liberdades, mas também a dignidade humana, adotando-se um princípio solidarista capaz de assegurar proteção contra as intempéries a que as pessoas podem estar sujeitas por meio do aparato estatal. Outras possibilidades existem e desdobram-se em uma multiplicidade de opções no que diz respeito a como se deve garantir as liberdades e/ou a dignidade humana.[87]

As respostas à questão *para que* serve a democracia se entrelaçam em alguma medida com o tema dos *conteúdos* necessários ou vedados às maiorias. Uma concepção mais solidarista acerca dos fins da democracia tenderá a excluir da apreciação da maioria conteúdos que viabilizam esse resultado, como a previsão de direitos sociais e suas fontes de custeio. O mesmo não acontecerá caso se atribua ao Estado papéis mais limitados, que ampliam assim o espaço próprio de deliberação das maiorias e restringem os conteúdos obrigatórios a que elas devem se submeter. Esse é um tema corrente, como se sabe, no debate entre

---

[85] V. JELLINEK, 1921; ZIPPELIUS, 1997.
[86] É o caso dos Estados islâmicos, por exemplo, que têm por fim institucional a difusão dessa convicção religiosa.
[87] Para uma discussão jurídica sobre diferentes concepções acerca da dignidade humana, v. SARLET, 2015; BARROSO, 2012-a; TEPEDINO; SHREIBER, 2008.

constitucionalismo e democracia e, *a fortiori*, nas discussões sobre os limites e possibilidades da jurisdição constitucional.[88] Concluída a digressão sobre a democracia, cabe agora examinar as duas perguntas iniciais: o que fomenta a democracia e em que medida o Direito Constitucional, em geral, e a jurisdição constitucional, em particular, podem ou não contribuir para esse desiderato?

Retomando as quatro perspectivas do debate democrático já identificadas – quem decide, como decide, o que decide, e para que decide –, parece consistente afirmar, em primeiro lugar, que o aprimoramento do sistema representativo é importante para o fomento da democracia, embora não se vá tratar desse tema neste estudo. Em segundo lugar, e ainda sob a perspectiva do *quem,* também se pode afirmar que mais participação, isto é, mais participantes no processo de discussão e decisão pública, em tese, fomenta a democracia.

A cláusula "em tese" se refere, em primeiro lugar, aos riscos historicamente associados seja ao excesso de participação, seja a determinados tipos de participação e, em segundo lugar, à necessidade de uma certa concordância prática com os outros elementos da democracia. Haverá de existir um ponto ótimo entre participação, apresentação de razões e debate, por exemplo, sendo fácil imaginar que um grande número de participantes pode inviabilizar o debate e qualquer processo deliberativo real. De outra parte, mais participação precisará conviver com os conteúdos materiais que limitam as decisões que esses participantes poderão tomar e com o tempo no qual uma decisão precise ser tomada.[89]

Seja como for, e ciente dos riscos, ainda assim parece consistente afirmar que mais participação potencialmente fomentará a democracia. Além do incremento numérico dos participantes, o fomento da democracia no contexto de mais participação dependerá também das condições desse processo participativo, que perpassam, por exemplo,

---

[88] MENDES, 2008; VITAL MOREIRA, 1995; VIEIRA, 1994, p. 24-25: "A Constituição de 1988 estabeleceu em seu art. 1º que o Brasil é um 'Estado Democrático de Direito'. A conciliação dessas distintas concepções políticas não se dá sem ambiguidades, principalmente se tomarmos democracia, sem seu significado meramente procedimental, enquanto governo da maioria, e o Estado de Direito, em seu sentido substantivo, enquanto governo das leis, não apenas no sentido de leis positivas, mas de leis justas. A busca de uma composição empírica deste antagonismo teórico parece ser a principal meta do constitucionalismo moderno e contemporâneo. (...) Quanto mais prevalecer a regra da maioria como forma de expressão da vontade política, menores serão as atribuições de um tribunal de caráter constitucional. Em sentido inverso, quanto maior for o rol de princípios e direitos colocados pela Constituição a salvo das decisões majoritárias, mais amplas serão as atribuições de um tribunal constitucional".

[89] NINO, 1996, p. 167: "De este modo, la democracia puede definirse como un proceso de discusión moral sujeto a un límite de tiempo".

o nível de informação disponível para os participantes, sua compreensão dos problemas e das opções, os meios possíveis de participação e sua influência na decisão final. Em boa parte, o tema das condições do processo de participação se comunica com a questão do *como* as decisões são tomadas, sobre o que se tratará adiante.

O Direito Constitucional, e ainda mais o Direito Administrativo, tem se ocupado de forma intensa e relevante do tema da ampliação dos espaços de participação nos processos decisórios levados a cabo pela Administração Pública[90] e também pelo Judiciário.[91] A Lei nº 9.784/99 (Lei do Processo Administrativo no plano federal), por exemplo, prevê a participação tanto de interessados diretos nos processos administrativos quanto da sociedade em geral por meio de consultas e/ou audiências públicas. Várias disposições legais autorizam hoje de forma expressa a intervenção de *amicus curiae* em processos judiciais,[92] e tais comandos são interpretados, com razão, de forma exemplificativamente, admitindo-se a participação de pessoas ou entidades representativas em feitos que tenham especial relevância por conta de sua repercussão sobre os grupos sociais.

Saltando por um instante o *como* – que será o objeto específico deste estudo – para tratar do *o que* se pode deliberar em uma democracia, isto é: dos limites materiais à deliberação, e do *para que* serve a democracia, parece consistente afirmar também que garantir o respeito, a proteção e a promoção dos conteúdos que se considere devem estar a salvo da deliberação majoritária por sua relevância, e porque eles constituem o propósito último de um Estado democrático, fomentará a democracia. Simultaneamente, garantir os procedimentos que asseguram a autodeterminação e o autogoverno é indispensável em uma democracia.

Mas o que significa garantir o respeito, a proteção e a promoção desses conteúdos? E como o Direito Constitucional poderia contribuir para tanto? O ponto já foi abordado sob a perspectiva das possibilidades da jurisdição na promoção dos direitos fundamentais. Ora, o Direito em geral, e não apenas o Direito Constitucional, se ocupa cotidianamente de garantir que tais normas não sejam violadas por agentes privados em geral e também por eventual ação ilegal do próprio Estado. Todos os dias decisões judiciais são proferidas para proteger esses conteúdos.

---

[90] ARAGÃO, 2006; MOREIRA NETO, 1992.
[91] VALLE, 2012; MIRANDA NETTO; CAMARGO, 2010.
[92] Há previsões expressas sobre a figura do *amicus curiae* em relação à ADI e à ADC (Lei nº 9.868/99), à ADPF (Lei nº 9.882/99), e o CPC/2015 traz agora uma regra geral sobre o assunto (art. 138)..

Até porque, direta ou indiretamente, boa parte das normas jurídicas em vigor tem por objetivo garantir o respeito, a proteção ou a promoção dos direitos fundamentais, do funcionamento eleitoral livre, dos direitos das minorias políticas, da liberdade de crítica aos governantes e da publicidade dos atos do Poder Público. O tema se torna mais sensível, claro, quando os atos considerados violadores desses conteúdos pelo Poder Judiciário são ações ou omissões do Legislativo ou do Executivo no contexto de suas competências próprias. Trata-se aqui, em última análise, da tensão entre jurisdição constitucional e democracia majoritária já referida.

Na maior parte dos países, para além das opções concretas feitas pelo constituinte e pelo legislador sobre a matéria, essa eventual tensão entre jurisdição constitucional e democracia majoritária tem sido mediada pela ideia de que as Cortes constitucionais (ou o Judiciário como um todo, no caso de um sistema de controle de constitucionalidade difuso) atuam em favor da democracia, e não contra ela. Daí atribuir-se à jurisdição constitucional dois papéis centrais, ambos relacionados com a promoção da democracia: a garantia das regras que asseguram a participação política e o funcionamento do próprio sistema democrático e a proteção dos direitos fundamentais.[93] A aproximação com os conteúdos obrigatórios da democracia mencionados é imediata. Ou seja: garantir o respeito, a proteção e a promoção desses conteúdos alinha a jurisdição constitucional com a democracia, e não contra ela.

É certo que a questão não é tão simples assim. A definição do que esses conteúdos significam em cada caso, sobretudo quando o debate envolve a validade do ato de um outro Poder, pode ensejar muitas complexidades. A Corte constitucional estará protegendo o funcionamento do sistema democrático ao invalidar, por exemplo, normas que pretendam inviabilizar eleições, impedir candidaturas ou a manifestação crítica em face de candidatos, ou ainda que criem óbices relevantes à existência da oposição política. É fácil enunciar a tese, mas a dinâmica, longe das hipóteses extremas, mostra-se muito mais complexa. Por exemplo: como devem ser interpretadas as inelegibilidades e as condições de elegibilidade? Restritivamente, como sugeriria a garantia de abertura do processo democrático, ou não (tendo em conta a realização de outros fins constitucionais)? Qualquer cláusula de barreira é incompatível com a democracia?

---

[93] A assertiva remonta e de certo modo desenvolve, sob a ótica da jurisdição constitucional, o famoso art. 16 da Declaração dos Direitos do Homem e do Cidadão de 1789: "Qualquer sociedade na qual a garantia dos direitos não está em segurança, nem a separação dos poderes determinada, não tem Constituição". Sobre o ponto, dentre muitos, v. LAVILLA, 1997.

A questão não fica mais simples no plano do respeito, proteção e promoção dos direitos fundamentais. Frequentemente posições opostas acerca de determinado tema no âmbito da sociedade invocam em suporte de suas teses o argumento dos direitos fundamentais. O exemplo do debate em torno da descriminalização do aborto é suficiente para demonstrar o ponto. Até porque, o sentido e alcance do que são direitos fundamentais é construído e pode ser conduzido retoricamente por quem o enuncia nas direções mais diversas. Um outro exemplo talvez menos polarizado (ou não): o aumento de tributos interfere com o direito de propriedade, mas a redução tem impacto sobre o custeio de políticas destinadas a fomentar outros direitos. Caberia ao Judiciário rever o tema? Difícil responder com simplicidade a tais perguntas.

Interessantemente, a forma pela qual o Judiciário tem procurado lidar com essas complexidades é justamente pelo aprimoramento do *como* são tomadas as decisões judiciais.[94] Nesse sentido se tem enfatizado e ampliado o dever de fundamentação das decisões judiciais, a participação, o debate e a deliberação, sobretudo daquelas decisões que interferem com o espaço tradicionalmente ocupado pelos demais Poderes e ou que cuidem de matérias acerca das quais há desacordos morais ou polarizações na sociedade.[95] E nesse ponto cabe retornar ao tema do *como* as decisões devem ser tomadas em uma democracia, apenas que o objeto específico das reflexões deste estudo serão as decisões tomadas pelas instâncias majoritárias, e não propriamente pelo Judiciário.

Parece correto afirmar que a democracia será fomentada uma vez que a edição de atos pelo Poder Público que afetem a vida das pessoas – quaisquer atos – seja precedida da apresentação de razões e

---

[94] AARNIO, 1991, p. 29: "Como se ha mencionado, el decisor ya no puede apoyarse en una mera autoridad formal. En una sociedad moderna, la gente exige no sólo decisiones dotadas de autoridad sino que pide razones. Esto vale también para la administración de justicia. La responsabilidad del juez se ha convertido cada vez más en la responsabilidad de justificar sus decisiones. La base para el uso del poder por parte del juez reside en la aceptabilidad de sus decisiones y no en la posición formal de poder que pueda tener. En este sentido, la responsabilidad de ofrecer justificación es, específicamente, una responsabilidad de maximizar el control público de la decisión. Así pues, la presentación de la justificación es siempre también un medio para asegurar, sobre una base racional, la existencia de la certeza jurídica en la sociedad".

[95] Sobre o tema, v. BARROSO, 2012-b; ALEXY, 2005; GUTMANN; THOMPSON, 1996. Cabe apenas registrar que não se está de acordo com a ideia de que essa ampliação da motivação das decisões judiciais atribuiria legitimidade ampliada ao Judiciário para assumir maiores competências em face do espaço das instâncias majoritárias. O ponto não é relevante para este estudo, de modo que não será desenvolvido de forma específica. De qualquer forma, para uma visão crítica da atuação deliberativa das Cortes, v. SEN, 2013; SILVA, 2009-a; MENDES, 2008.

informações, debate e deliberação. É nesse contexto, portanto, que se insere o devido procedimento na elaboração normativa (DPEN). Não é necessário depositar nesses procedimentos de apresentação de razões e informações expectativas excessivas ou idealizadas, nem assumir que a deliberação terá potenciais transformadores, nem ainda imaginar que o pluralismo – real – poderia ser superado pelo diálogo e o consenso atingido. Como se verá, nenhuma dessas premissas é assumida neste estudo, bem ao revés.[96]

De qualquer modo, em uma perspectiva mais modesta e que se entende mais adequada, a apresentação de razões e informações sobre temas que se considere relevantes acerca de uma proposição normativa tem o condão, em primeiro lugar, de induzir a uma reflexão específica sobre eles e expor publicamente as conexões lógicas subjacentes à proposta. A publicidade nesses termos já pode ter um efeito inibidor importante de abusos.[97] Além disso, a apresentação de razões e informações tem o potencial de gerar contrarrazões, críticas, reflexão, esclarecer ou ao menos explicitar as eventuais complexidades técnicas envolvidas no problema[98] e iluminar as forças e as fraquezas dos argumentos.[99]

---

[96] GAUS, 2011, p. 7819, 7826, 7829: "A current fascination in contemporary political theory is "deliberative democracy" – a diverse family of views favoring enlarging the scope of democratic decision making based on widespread public deliberation aiming at consensus. In this view the regulative ideal "is agreement of conviction on the basis of public reasons uttered as assessed in public discourse". Even Rawls came to embrace some version of this doctrine. Apparently we are still held captive by the highly idealized picture in our mind's eye of the Athenian polis: why can't we again be like that? (Was it ever like that?) (...) Deliberative democracy supposes that our differences in evaluative standards are, as it were, only on the surface. Once we reason together and talk things through, deliberative democrats hold that our value orderings will be transformed. The range of disagreement will so radically narrow that the problems of social commensuration will become fairly insignificant, if not vanish altogether. Surely, though, this is a fantastic claim; in the ende deliberative democrats acknowledge that we must cut off discussion and take a vote but then the majority is subjugating others to their judgment in the name of public reason – reason that is not shared by the dissenting minority".

[97] A publicidade facilita o controle e constrange o uso eventual de argumentos que claramente não são de interesse público. V. DEVINS, 2001, p. 1213 et seq.

[98] GRUNWALD, 2005, p. 229: "It is not quite clear how we could deal with the "experts' dilemma" adequately (BECHMANN, HRONSZKY, 2002). From the perspective of democracy, the essential point is that democratic formation of an informed opinion and decisionmaking may not be determined by a group of experts writing scientific advisory reports. For that reason, expert opinions have to disclose their premises and presuppositions as transparently as possible (LÜBBE, 1997). Divergent judgements can be traced back to incompatible premises and normative preconceptions, which should be expressed openly, so that they don't prejudice democratic decisions subliminally or by virtue of being the premises of experts. If premises and normative preconceptions are made explicit, a corresponding public democratic discussion of these premises can take place. This is a question of "ridding" the experts' reports of value judgements that are not supported by expert knowledge, and of a "neutralization of the experts" (van den Daele and Döbert, 1995). Exactly this process is to be understood under "democratizing expertise" in the following".

[99] VERMEULE; GARRETT, 2001, p. 1291 et seq.

Em terceiro lugar, a existência de um procedimento aberto no qual razões e informações sejam discutidas publicamente aumenta não apenas o controle social sobre a atuação do Poder Público, mas também a percepção da legitimidade das decisões tomadas e a adesão da população a elas. Com efeito, há considerável evidência no sentido de que as pessoas tendem a aderir mais a normas quando razões foram apresentadas e discutidas para sua edição no âmbito de um procedimento aberto e considerado razoável, mesmo que as pessoas não concordem com seu conteúdo. Ou seja: parece consistente afirmar que a apresentação de razões e informações pelos agentes públicos tem o potencial de fomentar o debate público e incrementar a confiança das pessoas no sistema democrático.[100]

O que se acaba de afirmar não significa que a apresentação de razões e informações pelos agentes públicos acerca de seus atos – por fundamental que seja, como se demonstrará ao longo do texto – será capaz de produzir ampla mobilização social para a participação e o debate políticos. Há muitas outras razões subjacentes ao desinteresse político que provavelmente não responderão a essa espécie de estímulo. Mas não é necessário assumir essa consequência que, embora possível, não parece provável. A dinâmica da democracia não depende de a população como um todo estar permanentemente engajada em todas as questões públicas, até porque isso seria inviável. É natural que pessoas e grupos se interessem por diferentes temas, pelas razões as mais variadas, e atuem como amplificadores dos debates ou *short-cuts* para o restante da população ou segmentos dela.[101] A apresentação de razões e informações e a oportunidade de debate e participação podem mobilizar, em cada momento, diferentes grupos, e isso já será relevante para fomentar a democracia.

De outra parte, a exigência de que os agentes públicos apresentem publicamente as razões e informações subjacentes a seus atos, conteúdo básico do devido procedimento na elaboração normativa (DPEN), decorre do sistema constitucional brasileiro, e não apenas do seu potencial de fomentar o debate democrático. Tanto os direitos fundamentais dos destinatários do ato do Poder Público quanto os princípios que

---

[100] Para evidências empíricas da maior adesão da população na hipótese de um procedimento de deliberação transparente e informado, vale conferir SMITH; TYLER, 1996; e LIND; TYLER, 1998.

[101] BARCELLOS, 2008; e BUGARIN; VIEIRA; GARCIA, 2003. Para uma perspectiva mais empírica sobre o fenômeno, vale conferir: HARDIN, 2006; KINDER, 2006; POPKIN, 2006; SOMIN, 2006; WAWRO, 2006; BENNETT, 2006; CONVERSE, 2006; SCHACTER, 2006; IVENGAR, 1990.

estruturam o Estado brasileiro exigem a apresentação de explicações prévias para os atos estatais, na medida em que a atividade pública se exerce por delegação e demanda justificação. Paralelamente ao ponto acerca do potencial de fomento sobre o funcionamento da democracia, portanto, trata-se de uma exigência constitucional, como se verá nos capítulos que se seguem.

Com efeito, do ponto de vista teórico, parece apenas natural que os agentes públicos, como regra, devam expor as razões que os levaram a conceber determinadas propostas ou atos, e as informações que subsidiariam seu raciocínio, de modo a permitir o debate público sobre elas. E o Direito Constitucional tem um papel a desempenhar na concretização desse dever.[102] A circunstância de um agente público ter sido eleito, como se discutirá adiante, não significa que ele possa tomar decisões injustificáveis ou que ele não esteja obrigado a justificá-las. Não parece correto afirmar que a investidura pelo voto dispensaria por si só as razões.[103]

Se é certo que o Judiciário sempre precisou apresentar razões para suas decisões, o mesmo não é verdade para os órgãos majoritários. Em geral, continua a não se considerar exigível que eles apresentem de forma especialmente explicada as razões subjacentes às suas propostas e decisões. O Poder Executivo, por exemplo, encaminha um projeto de lei ao Congresso sobre tema da maior relevância, acompanhado de apenas poucos parágrafos genéricos à guisa de "Exposição de Motivos". Que informações existem sobre o problema que se quer resolver? Que razões justificam, na avaliação do Poder Executivo, o projeto apresentado? Frequentemente não se sabe. E à não apresentação dessas razões – que muito provavelmente existem ou deveriam existir – não é associada qualquer consequência jurídica.

No caso da Administração Pública, a doutrina administrativista tem sido bem-sucedida em exigir que atos administrativos vinculados ou discricionários (e particularmente no caso destes últimos) sejam motivados, demonstrando tanto sua adequação à lei a que se subordinam (ou à juridicidade, de forma mais geral) quanto as circunstâncias que os justificam. Ocorre que a exigência de motivação dos atos administrativos sempre esteve relacionada à possibilidade de controle desses

---

[102] Como teve, e tem, aliás, em relação aos deveres de motivação já desenvolvidos em relação às decisões judiciais e aos atos administrativos, sobre o que se tratará no texto.

[103] OLIVER-LALANA, 2013, posição 3517: "rational lawmaking is impossible without arguments –, this presupposes that lawmakers publicly state and exchange reasons for what they decide:".

atos por parte do Poder Judiciário. Desenvolveu-se inclusive, como se sabe, a chamada "teoria dos motivos determinantes", por força da qual o administrador, para além dos parâmetros legais, se vincula ao motivo declarado, de modo que o ato será considerado inválido uma vez que se verifique, por exemplo, que o motivo não é verdadeiro. Ou seja: nesse contexto, as razões parecem se dirigir, sobretudo, ao Judiciário e ao controle da juridicidade dos atos administrativos.[104]

Talvez por conta dessa conexão entre razões apresentadas pelos outros Poderes e controle judicial parece ter se desenvolvido a ideia, equivocada, de que haveria uma comunicação necessária entre elas. E por isso, os atos "puramente" políticos (ou predominantemente políticos) dos demais Poderes não precisariam ser fundamentados, já que não seriam controláveis pelo Poder Judiciário. Parece um equívoco, porém, associar a necessidade de o Executivo e o Legislativo[105] justificarem suas decisões "políticas" apenas à possibilidade de controle judicial dessas decisões e dessas razões.

Na realidade, o destinatário principal dessas razões e informações não deve ser realmente o Poder Judiciário ou o controle judicial, como se discutirá mais adiante.[106] Em uma democracia plural, imaginar que a apresentação de razões por parte dos agentes públicos só será pertinente se for possível exercitar controle jurisdicional sobre seu conteúdo não parece fazer sentido. O raciocínio parece supor que haveria sempre razões certas e erradas, e que não há vida em uma sociedade democrática para além do Judiciário e dos controles operados pelo Direito. Não é o caso.

Em uma democracia, para além do controle jurídico dos atos dos agentes públicos, existe o controle social que se desenvolve de muitas maneiras, entre muitas pessoas e grupos, valendo-se inclusive de argumentos jurídicos no contexto de outras lógicas argumentativas. Não apenas há o controle e a pressão entre os vários Poderes e seus órgãos, entre a maioria e a minoria dentro dos espaços estatais, como também entre os poderes públicos e os movimentos sociais, as ONGs,

---

[104] OTERO, 2003. Sobre o tema específico dos motivos determinantes no âmbito do Direito Administrativo brasileiro, v. DI PIETRO, 2014, p. 220: "teoria dos motivos determinantes, em consonância com a qual a validade do ato se vincula aos motivos indicados como seu fundamento, de tal modo que, se inexistentes ou falsos, implicam a sua nulidade. Por outras palavras, quando a Administração motiva o ato, mesmo que a lei não exija a motivação, ele só será válido se os motivos forem verdadeiros".

[105] E do próprio Judiciário no âmbito de suas competências atípicas e de outros órgãos e entidades públicos igualmente.

[106] V. WINTGENS, 2002.

os sindicatos, o empresariado dos diferentes setores, a OAB, o CRM, as igrejas, os grupos de pressão em geral, a imprensa, etc., e entre todos eles reciprocamente, dependendo dos temas em debate e dos eventuais interesses.[107] Não há nada de novo nessa descrição, por evidente. Trata-se da rotina de um sistema democrático em uma sociedade plural.

Assim, exigir a apresentação de razões para atos dos outros Poderes não precisa – e em muitos casos não deve – conduzir ao controle judicial do mérito dessas razões, mas apenas ao controle de sua existência. A simples explicitação dessas razões e informações por parte dos agentes públicos já será importante para fomentar o debate público, a deliberação e, *a fortiori*, *a* democracia. Assim, não parece controversa a assertiva de que a democracia será fomentada uma vez que os espaços majoritários, que já representam a população pela via eleitoral, apresentem ao espaço público as razões de suas propostas e decisões. E o Direito Constitucional tem um papel a desempenhar nesse contexto, como se passa a discutir.

---

[107] V. MAINWARING; WELNA, 2003.

CAPÍTULO IV

DIREITO CONSTITUCIONAL A UM DEVIDO PROCEDIMENTO NA ELABORAÇÃO NORMATIVA: DIREITO À JUSTIFICATIVA

4.1 O direito constitucional a um devido procedimento na elaboração normativa

O capítulo II procurou demonstrar que o respeito, proteção e promoção dos direitos fundamentais, sobretudo dos mais pobres, dependem da existência de um Estado sustentável e equitativo de direitos e que, sem prejuízo dos relevantes papéis a cargo do Judiciário, os protagonistas desse Estado são as instâncias majoritárias. Daí porque se considera indispensável que o Direito Constitucional volte a refletir sobre a estrutura e funcionamento dos Poderes Legislativo e Executivo,[108] e que essa reflexão se concentre no sentido de tentar fomentar a fortalecer a democracia no âmbito desses espaços político-majoritários.

Já no capítulo III, discutiu-se um pouco sobre o que pode significar a ideia de fomento à democracia e alguns grandes temas foram suscitados, em relação aos quais o debate jurídico-constitucional parece ter algo a contribuir a fim de fortalecer o funcionamento da democracia. Um desses temas envolve *como* as decisões devem ser tomadas em uma democracia, e o que se pretende aqui é sustentar que, em relação a um aspecto específico desse *como* – a saber: a apresentação de razões

---

[108] Por Executivo entenda-se, de forma mais ampla, a Administração Pública como um todo com seus órgãos e entidades.

e informações por aquele que propõe iniciativas normativas –, o Direito Constitucional tem algo de concreto a dizer.

O que se sustenta aqui é que, considerado o sistema constitucional em vigor no Brasil, existe um direito difuso a um devido procedimento de natureza procedimental toda vez que algum órgão estatal – Legislativo e Executivo, ou qualquer outro – se ocupe da elaboração de normas. O conteúdo essencial desse *due process*, que será detalhado e aprofundado adiante, envolve o dever do proponente da norma de apresentar, de forma pública, as razões pelas quais considera que a tal norma deve ser editada e as informações que as fundamentam.

Por proponente da norma, já se pode adiantar, entende-se aquele que apresenta uma proposição normativa, que será objeto de discussão e deliberação por algum colegiado, e igualmente aquele que por alguma razão tem competência para editar diretamente normas jurídicas. Quanto ao conteúdo da justificativa, e como se verá, ela deve conter razões e informações e abordar necessariamente três temas básicos: qual o problema que a norma pretende resolver, qual o resultado final esperado com sua execução e quais os custos e impactos antecipados em consequência da norma. Eventualmente esse procedimento deverá também incluir a participação de interessados e o contraditório dessas razões e dessas informações.

A criação do direito sujeita-se atualmente a três conjuntos de disposições constitucionais. Um primeiro grupo de regras define quem é competente para editar normas sobre determinado assunto considerados (i) os três entes federativos (União, Estados, Distrito Federal e Municípios) e, no âmbito de cada ente competente, (ii) quem – o Legislativo ou o Executivo – pode tratar da matéria e em que extensão. Este segundo aspecto da questão envolve saber se o tema está sujeito a reserva de lei material ou meramente formal e/ou a reserva de lei absoluta ou relativa. Assim, por exemplo, a Constituição de 1988 prevê que compete à União legislar sobre Direito Penal (art. 22, I), sendo que a matéria apenas pode ser tratada por lei formal e não por meio de medida provisória (art. 62, §1º, I, a), entendendo-se que cabe à lei disciplinar tanto quanto possível todos os aspectos da matéria (reserva de lei absoluta).[109]

Além das regras que definem quem é competente para editar normas, há ainda um segundo conjunto de previsões constitucionais

---

[109] Sobre as distinções entre reserva de lei formal e material, absoluta e relativa, v. BARROSO, 1997; XAVIER, 1973.

que descreve o processo legislativo: quem pode iniciá-lo em diferentes circunstâncias, o quórum para diferentes deliberações e a dinâmica entre as duas Casas Legislativas, no âmbito federal, as hipóteses de veto, sanção, promulgação e publicação. Assim, a iniciativa de projetos de lei sobre alguns assuntos é reservada a determinadas instituições ou autoridades (*e.g.*, o Presidente da República, o Supremo Tribunal Federal, etc.), ao passo que em relação a outros temas não existe essa restrição. Alguns assuntos devem ser objeto, *e.g.*, de lei complementar, que exigirá um quórum qualificado; outros seguem o procedimento das leis ordinárias.

Por fim, um terceiro conjunto de previsões constitucionais que incide sobre a criação do direito diz respeito ao conteúdo das normas a serem criadas – por quem quer que seja competente e observado o processo legislativo próprio – e os limites que elas devem observar. Para além dos aspectos formais de competência e processo legislativo, o conteúdo dos atos normativos não poderá contrariar o que dispõe a Constituição, sob pena de invalidade. Porém, respeitados os limites impostos pela Constituição, caberá ao órgão competente definir o conteúdo da norma como lhe pareça melhor, o que é natural e desejável em uma democracia plural. Nesse sentido, por exemplo, a Constituição define algumas regras em matéria de Direito Penal – condutas que não podem ser criminalizadas, penas que não podem ser adotadas, etc. –, mas o Congresso Nacional dispõe de ampla liberdade para editar normas sobre a matéria.

Pois bem. O devido procedimento na elaboração normativa (DPEN) pretende ser um quarto conjunto de regras aplicáveis à criação do direito, paralelo aos outros três já descritos. Ele não se ocupa de limitar o conteúdo possível da norma que a autoridade competente pode vir a editar. Para isso existem os mecanismos de controle de constitucionalidade que poderão incidir sobre a norma afinal editada. O objetivo do DPEN é procedimental. Ele visa a fomentar a produção de razões e o debate acerca delas no espaço público. Trata-se de exigir que o proponente de uma norma – por exemplo, o Executivo ou um parlamentar ao encaminhar um projeto de lei – justifique sua proposta apresentando publicamente as razões e informações que, a seu juízo, a sustentam. Observe-se desde logo um ponto importante que será retomado adiante sobre o sentido desse devido procedimento na elaboração normativa.

No sistema constitucional brasileiro, o Judiciário pode considerar uma norma inconstitucional por avaliar que seu conteúdo é claramente irrazoável ou desproporcional e há muitos exemplos nesse sentido.

A exigência de que a elaboração normativa observe o devido procedimento na elaboração normativa não significa uma ampliação desse poder de declarar inválidas normas pelo Judiciário. Na verdade, é importante distinguir desde logo esses dois fenômenos: a norma editada, com seu conteúdo, e as razões e informações apresentadas por quem a propôs.

O direito a um devido procedimento na elaboração normativa não significa que caberá aos juízes avaliar o conteúdo ou o mérito das razões e informações que serão apresentadas, ou substituir a sua avaliação por aquela que terá sido feita pelo órgão competente. Ao Judiciário caberá apenas, como se discutirá ao longo deste estudo, controlar se as razões e informações em questão foram ou não apresentadas ao debate público. Quanto à norma que venha a ser editada, seu conteúdo poderá ser controlado nas mesmas circunstâncias admitidas hoje pelo sistema brasileiro de controle de constitucionalidade.

É verdade que a justificativa apresentada por quem apresentou a proposição normativa, bem como outros materiais produzidos ao longo das discussões que conduziram à sua edição, pode repercutir sobre a compreensão dessa norma e de seu conteúdo. Assim, esses materiais não serão indiferentes ou irrelevantes para o eventual controle de constitucionalidade do conteúdo da norma. Que peso ou relevância eles terão nesse contexto será objeto de exame ao longo deste estudo, particularmente quando se tratar da eficácia jurídica do DPEN.

O debate aqui proposto pode ser inserido no contexto mais geral do que se tem chamado em outras partes do mundo como legisprudência.[110] Ao mesmo tempo, o tema encontra paralelos e contatos com outros assuntos que cabe identificar de modo a distinguir o escopo do que se propõe aqui e seus limites. Um primeiro tema paralelo ao que aqui se discute, mas no qual não se pretende ingressar, envolve os debates sobre o que o Estado de Direito significa e exige.

Como se sabe, diferentes autores têm apresentado suas propostas de quais seriam essas exigências inerentes ao Estado de Direito, e algumas delas se dirigem a quem elabora a lei, não exatamente para impor-lhes determinados procedimentos, como se discute aqui, mas para indicar-lhes preocupações que deverão ser refletidas na legislação editada. É frequente, por exemplo, que os autores destaquem que o

---

[110] Muitos dos autores citados ao longo do texto identificam seus trabalhos sob essa temática geral. Na expressão de Wintgens (2006) a legisprudência seria uma teoria da legislação que se ocupa dos princípios para uma elaboração racional da legislação. Dentre esses princípios está justamente o da necessidade de justificação.

Estado de Direito exige que as leis sejam compreensíveis para as pessoas, que não sejam contraditórias, que não exijam de seus destinatários mais do que suas capacidades e habilidades permitem, etc. Outras exigências já não se concentram na elaboração das normas, mas sim no funcionamento do sistema jurídico, sobretudo no plano de sua aplicação. Nessa linha, por exemplo, discute-se a relação do Estado de Direito com o efetivo cumprimento, voluntário, pela maior parte dos destinatários, das normas em vigor, com a efetiva aplicação das normas jurídicas no caso de descumprimento, com a aplicação isonômica, e sem seletividade, das normas por parte do Judiciário e da Administração, dentre outras questões.[111]

O devido procedimento na elaboração normativa guarda uma relação importante com a discussão mais geral das exigências do Estado de Direito e o tema será inclusive retomado adiante quando se tratar da fundamentação do direito aqui em debate. O conceito de direito passa por algumas exigências substantivas, tais como, *e.g.*, sua compreensibilidade pelos destinatários e, *a fortiori*, e necessidade de fornecer explicações que permitam essa compreensão. Além disso, o Estado de Direito haverá de ser, necessariamente, um Estado democrático, de modo que parece consistente sustentar, como se fará, que o Estado de Direito exige de que quem propõe ou elabora normas a apresentação da justificativa correspondente. A verdade, porém, é que o direito constitucional ao devido procedimento na elaboração normativa se ocupa de uma discussão pontual nesse universo, e não tem a pretensão de abarcar todos os demais debates relevantes sobre o conteúdo e o sentido do Estado de Direito.

Um segundo conjunto de temas com os quais o direito constitucional a um devido procedimento na elaboração se comunica em alguma medida pode ser identificado de forma única pela expressão "legística." Trata-se de um conjunto de esforços, de natureza interdisciplinar, que ao menos desde a década de 1970 tem por objetivo incrementar a qualidade da legislação ao redor do mundo por meio de variados mecanismos.[112] Paralelamente às iniciativas nacionais, as instituições europeias têm se ocupado do tema por meio de acordos para a melhoria da legislação.[113] Desde

---

[111] RAZ, 2009; FULLER, 1969; HART, 1994. Para uma visão mais substantiva da noção de Estado de Direito, v. O'DONNELL, 2004. O ponto será retomado mais adiante no texto.
[112] ISSALYS, 2013.
[113] V., por exemplo, Interinstitucional agreement on better law-making (2003/C 321/01), *Official Journal of the European Union* C321, v. 46, 31 dec. 2003.

1995, a OCDE – Organização para Cooperação e Desenvolvimento Econômico (*OECD – Organisation for Economic Co-operation and Development*) divulga recomendações e diretrizes para a melhoria da qualidade da regulamentação governamental, além de desenvolver projetos de monitoramento junto aos países sobre esse tema.[114] Os debates identificados com a legística refletem no mínimo três preocupações principais: (i) o planejamento e a avaliação do impacto legislativo, tema com o qual o devido procedimento na elaboração normativa (DPEN) se vincula de forma mais direta; (ii) a compreensibilidade do texto da lei, sua redação e sua organização internas, bem como a identificação clara de suas relações com o sistema já existente quando de sua entrada em vigor; e (iii) a redução da quantidade de leis no sistema e sua ordenação, de modo a permitir sua apreensão e compreensão minimamente adequadas pelos cidadãos.[115] Um dos mecanismos frequentemente sugeridos pela legística é alguma modalidade de avaliação do impacto da legislação em debate – os chamados RIA (*Regulatory Impact Assessment*) – por meio do que se pretende conferir mais racionalidade[116] e transparência à elaboração normativa, assegurar que informações relevantes sejam consideradas e incrementar a participação da sociedade nesse processo, bem como acompanhar a execução das políticas públicas.[117] Mais recentemente sistemas de tecnologia da informação têm sido desenvolvidos para contribuir com a realização desses objetivos.[118]

Em geral, as discussões da legística se agrupam em dois grandes temas, a chamada legística material, que se ocupa de tentar incrementar a legitimidade democrática da lei, por meio de mecanismos de participação e transparência, e a sua capacidade de ser eficaz e de alterar a realidade, por meio de mecanismos de avaliação e acompanhamento. A legística formal, por seu turno, envolve a redação da legislação e de suas alterações, e em geral se corporifica por meio de manuais de redação, alteração e codificação da legislação.[119]

---

[114] Os vários documentos expedidos pela OCDE sobre o tema nas últimas décadas estão disponíveis em: http://www.oecd.org/gov/regulatory-policy/recommendations-guidelines.htm. Acesso em: 06 ago. 2015. Eles são identificados, em geral, por expressões como "better regulation policies" ou simplesmente "smart regulation".

[115] SOARES, 2007, p. 124-142.

[116] Que tipo de racionalidade os RIAs refletem dependerá das opções políticas que lhe estejam subjacentes. O ponto será retomado adiante.

[117] Sobre o tema, v. DE FRANCESCO et al, 2011; RADAELLI, 2009; OCDE, 2008.

[118] BIAGIOLI et al, 2007, p. 267-281.

[119] FLUECKIGER, 2010.

O direito constitucional ao devido procedimento na elaboração normativa não examina os aspectos tradicionalmente ligados à legística formal – isto é: os temas da clareza do texto normativo, sua inteligibilidade ou sistematicidade, ou a questão da quantidade de leis e sua ordenação. Isso não significa que tais temas não sejam relevantes e que, eventualmente, um texto normativo tão truncado e confuso não possa ser considerado inconstitucional por sua ininteligibilidade. Seja como for, esse ponto não será examinado neste estudo. De todo modo, mais debate sobre a produção normativa – que é a pretensão do DPEN – talvez incremente também a qualidade desses aspectos formais, aumentando a compreensão da lei e o acesso ao texto.

Também não se sugere aqui, sob a perspectiva da legística material, qualquer lista de quesitos, ou modelagem de avaliação e controle, ou manual de questões a serem avaliadas, analítico ou sintético, a ser seguido quanto ao conteúdo da justificativa a ser apresentada por quem elabora ou propõe a norma. Na sequência se vai apresentar apenas os três elementos que integram o conteúdo mínimo constitucional da justificativa a ser apresentada. Outros detalhamentos, ou mesmo o desenvolvimento mais analítico desses três elementos, e eventualmente de outros, já refletem e envolvem opções políticas que podem legitimamente variar e devem ficar a cargo de cada órgão que tenha competência para propor ou elaborar a norma. O ponto será discutido de forma específica mais adiante.

Por fim, de forma um tanto diversa da legística, o objetivo primeiro e central do devido procedimento na elaboração normativa (DPEN) proposto no presente estudo não é exatamente aprimorar a qualidade da legislação em todos os aspectos mencionados. Também não se está a fazer uma afirmação causal, no sentido de que a adoção do devido procedimento na elaboração normativa terá como resultado esse incremento global da qualidade da legislação.

Como já referido, o DPEN está ligado às exigências democráticas (nesse sentido é correto afirmar que ele pretende incrementar esse aspecto da qualidade da legislação), a outras previsões estruturantes do Estado brasileiro, ao direito fundamental de receber justificativas e aos direitos fundamentais como um todo. É provável (e assim se espera, a rigor) que a apresentação de justificativas por quem quer que proponha normas, sem prejuízo de outras eventuais recomendações e das técnicas sugeridas pela legística, efetivamente incremente a qualidade da legislação como um todo, sob diferentes perspectivas. Não há, porém, garantias e esse não é o foco primário do devido procedimento na elaboração normativa. Assim, o debate em torno do direito de receber justificativas como elemento do devido procedimento na elaboração normativa se comunica com a discussão da legística, mas não se confunde com ela.[120]

Cabe fazer o registro de que preocupações semelhantes às discutidas aqui têm sido igualmente objeto de debate em outras partes do mundo. A ideia de um *due process of lawmaking*[121] – isto é: determinadas exigências de fundamentação e inclusive de instrução do processo legislativo – tem sido objeto de discussão nos Estados Unidos desde a década de 1970 e a Suprema Corte em várias ocasiões se ocupou do tema em alguma medida.[122] Na Europa e Canadá, também a partir dos anos 1970, a abordagem da questão se deu a partir da necessidade de estudos prévios de avaliação de impacto da legislação e da regulamentação.[123]

Na maior parte dos países esses diferentes debates se desenvolvem por força da interpretação da própria Constituição ou de outros textos normativos, ou ainda por exigências criadas por normas infraconstitucionais. Vale o registro, porém, de que há exemplos de constitucionalização do tema. A Constituição suíça prevê expressamente que o Parlamento deverá exigir que a eficácia das medidas propostas pelo Executivo seja avaliada[124] e a Constituição espanhola requer igualmente que os projetos de lei encaminhados pelo Executivo ao Congresso sejam acompanhados de exposição de motivos e dos antecedentes necessários para avaliação da questão.[125] A Constituição francesa prevê que lei orgânica deve dispor sobre as condições para apresentação de projetos de lei perante a Assembleia Nacional ou o Senado, sendo certo que a lei em questão foi editada e encontra-se em vigor no país.[126]

---

[120] V. Manuel Atienza é um dos autores que procura fazer uma interessante síntese integrativa de diferentes preocupações e perspectivas acerca das racionalidades da legislação. Sobre o ponto, v. ATIENZA, 1989.

[121] Na tradição norte-americana, a expressão *due process of lawmaking* remonta ao texto de 1976 de LINDE, Hans (Due Process of Lawmaking).

[122] FRICKEY; SMITH, 2001; BRYANT; SIMEONE, 2001.

[123] Curiosamente, em alguns países o tema específico da publicidade a ser dada a esses estudos e materiais envolve discussões diversas, de modo que nem sempre se considera exigível que os estudos de avaliação produzidos sejam públicos. V. ISSALYS, 2013; RADAELLI, 2004.

[124] The Constitution of the Swiss Confederation: "Article 170. Evaluation of Efficacy. The Federal Parliament shall ensure that the efficacy of measures taken by the Federation is evaluated".

[125] Constitución Española: "Artículo 88. Los proyectos de ley serán aprobados en Consejo de Ministros, que los someterá al Congreso, acompañados de una exposición de motivos y de los antecedentes necesarios para pronunciarse sobre ellos".

[126] Constitution de la République française: "Article 39. La présentation des projets de loi déposés devant l'Assemblée nationale ou le Sénat répond aux conditions fixées par une loi organique".

CAPÍTULO IV
DIREITO CONSTITUCIONAL A UM DEVIDO PROCEDIMENTO NA ELABORAÇÃO NORMATIVA: DIREITO À JUSTIFICATIVA

Antes de concluir este tópico, cabe fazer uma breve nota acerca da opção de utilizar-se a expressão *devido procedimento* para identificar o direito de que se cuida. Do ponto de vista histórico, e na tradição anglo-saxã, o *devido processo legal* consolidou-se como uma garantia de que a ação estatal, que inicialmente concentrava-se na cobrança de tributos e na aplicação de sanções, seguiria um procedimento – um devido processo – destinado a garantir os direitos dos afetados. Esse era, e continua a ser, o sentido do chamado devido processo legal procedimental. Com a expansão da atuação estatal, sobretudo do seu papel normativo e regulador, a ideia de devido processo legal também se expandiu, incorporando um segundo sentido, sem prejuízo do primeiro, comumente chamado de devido processo legal substantivo ou de razoabilidade. Ideia similar desenvolveu-se no mundo germânico a partir das noções de Estado de Direito e de proporcionalidade.

A noção básica subjacente ao conceito de devido processo é a de que toda ação estatal tem limites e precisa justificar-se, pois um mínimo de respeito é devido aos seus destinatários. Assim, é até possível que seja aplicada uma pena de prisão, mas um procedimento deverá ser observado e uma decisão motivada deve ser produzida. É até possível que uma lei restringindo liberdades seja editada, mas ela não pode ser irracional ou absurda. É certo que as exigências dirigidas a diferentes órgãos estatais nesse particular serão diferentes, mas nenhum deles pode praticar atos de forma aleatória, incompreensível, ilógica ou injustificável.

É nesse contexto, portanto, que se desenvolve a ideia de um devido procedimento exigível na elaboração normativa. Os órgãos competentes para elaborar normas são também órgãos estatais, e embora o voto lhes confira uma ampla legitimidade para tomar decisões no âmbito da democracia, não lhes atribui um cheque em branco por força do qual tais decisões poderiam ser tomadas sem a apresentação de justificativas. Os órgãos competentes para elaborar normas são livres para dispor sobre o que acharem por bem e como acharem por bem, respeitados os limites de competência e de conteúdo previstos na Constituição. Não serão livres, porém, para não apresentarem as razões para suas propostas, quaisquer que sejam elas.

Na realidade, o Conselho Constitucional examinou a constitucionalidade da referida lei orgânica em 2009 e considerou-se substancialmente compatível com a Constituição (Décision n. 2009-579 DC du 9 avril 2009. Disponível em: http://www.conseil-constitutionnel.fr/decision/2009/2009-579-dc/decision-n-2009-579-dc-du-09-avril-2009.42539.html. Acesso em: 30 jul. 2015.

Nos capítulos seguintes se vai discutir quais os fundamentos constitucionais do direito ao devido procedimento na elaboração normativa, seu conteúdo específico, seus destinatários e as modalidades de eficácia jurídica a ele associadas. Antes, porém, parece importante fazer uma nota sobre circunstâncias específicas do sistema político brasileiro que tornam especialmente relevante as discussões em torno do devido procedimento na elaboração normativa.

4.2 Por que um direito constitucional a um devido procedimento na elaboração normativa no Brasil?

A ideia subjacente ao direito constitucional a um devido procedimento na elaboração normativa se liga de forma geral, e como já anunciado, aos desafios enfrentados pela democracia majoritária contemporânea, que demandam a reflexão do Direito Constitucional, e à necessidade de construção de um Estado capaz de promover de forma equitativa e sustentável os direitos, que depende do funcionamento adequado da democracia. No tópico seguinte se vai discutir de forma mais detalhada os fundamentos propriamente constitucionais do devido procedimento na elaboração que decorrem tanto da centralidade dos direitos fundamentais quanto das opções básicas feitas pelo constituinte acerca da estrutura do Estado brasileiro. Há, no entanto, algumas características próprias da realidade política brasileira que tornam ainda mais relevante, e urgente, a discussão em torno do devido procedimento na elaboração normativa e merecem um registro, ainda que breve.

Em primeiro lugar, assim como boa parte do mundo, o Brasil tem experimentado um relevante crescimento da atuação normativa de órgãos e entidades diversos do Poder Legislativo, em particular do Executivo, mas também do Poder Judiciário. Além dos decretos presidenciais, portarias e resoluções ministeriais, o Brasil convive com normas expedidas rotineiramente, por exemplo, pelo Conselho Monetário Nacional, Conselho Nacional de Seguros Privados, IBAMA, Banco Central, Agências Reguladoras variadas, Conselho Nacional de Justiça, Tribunais estaduais e da União, além de outros órgãos e entidades estaduais e municipais.

Independentemente do debate eventual em torno da validade de tais normas sob a ótica da legalidade, essa produção normativa raramente se sujeitará aos debates e à oposição que podem se verificar no âmbito do Poder Legislativo em geral, e de suas comissões em particular.

A despeito das críticas recorrentemente dirigidas ao Legislativo, a verdade é que as Casas Legislativas são concebidas para dar lugar ao dissenso, à crítica, à oposição, ao debate, tendo em conta, com a exceção do Senado, sua composição proporcional e a natural disputa política entre os diferentes partidos e parlamentares que as compõem. Além disso, a submissão dos projetos de lei às diferentes comissões internas que fazem parte do processo legislativo pode ensejar discussões mais específicas. Ou seja: em tese, a probabilidade de haver debate acerca de projetos de lei deliberados pelo Legislativo é maior do que no âmbito dos demais Poderes.

No caso dos órgãos e entidades do Executivo, não há maiores estímulos a que esse debate aconteça internamente, já que sua estrutura é hierarquizada e as relações de dependência institucional e política não facilitam o desenvolvimento de um ambiente de crítica e oposição. A possibilidade de críticas e sugestões fica por conta de mecanismos de participação dos interessados que sejam eventualmente utilizados, como acontece em algumas agências reguladoras.[127] A Lei nº 9.784/99 prevê, no âmbito da Administração Pública Federal, que a autoridade *poderá* abrir consulta pública e realizar audiência pública, quando a decisão a ser tomada envolva interesse geral e a matéria seja relevante.[128] A lei, porém, cria uma faculdade e também não há qualquer exigência de que seja dada publicidade aos materiais eventualmente ofertados pelos interessados.

A limitação desses mecanismos de participação no âmbito do Poder Executivo tem sido destacada pela doutrina. Participar tem, inevitavelmente, um custo em tempo, conhecimentos técnicos e trabalho, já

---

[127] V. BRUNA, 2003.
[128] Lei nº 9.784/99: "Art. 31. Quando a matéria do processo envolver assunto de interesse geral, o órgão competente poderá, mediante despacho motivado, abrir período de consulta pública para manifestação de terceiros, antes da decisão do pedido, se não houver prejuízo para a parte interessada. §1º A abertura da consulta pública será objeto de divulgação pelos meios oficiais, a fim de que pessoas físicas ou jurídicas possam examinar os autos, fixando-se prazo para oferecimento de alegações escritas. §2º O comparecimento à consulta pública não confere, por si, a condição de interessado do processo, mas confere o direito de obter da Administração resposta fundamentada, que poderá ser comum a todas as alegações substancialmente iguais. Art. 32. Antes da tomada de decisão, a juízo da autoridade, diante da relevância da questão, poderá ser realizada audiência pública para debates sobre a matéria do processo. Art. 33. Os órgãos e entidades administrativas, em matéria relevante, poderão estabelecer outros meios de participação de administrados, diretamente ou por meio de organizações e associações legalmente reconhecidas. Art. 34. Os resultados da consulta e audiência pública e de outros meios de participação de administrados deverão ser apresentados com a indicação do procedimento adotado".

que envolve, no mínimo, o exame dos materiais colocados à disposição pela Administração, sua compreensão e a elaboração de algum tipo de material em resposta, contendo as sugestões e críticas. Não é surpreendente, portanto, que a participação acabe se concentrando nos setores que têm interesses econômicos relevantes e que podem montar uma estrutura dedicada a participar desses debates.[129] No âmbito dos órgãos do Poder Judiciário, embora não haja propriamente uma estrutura hierárquica, não há sequer maiores práticas de abertura à participação dos interessados, de modo que o debate é essencialmente endógeno.[130]

Embora o crescimento de outras instâncias de produção normativa, para além do Legislativo, seja um fenômeno observado em muitos outros países, no caso brasileiro ele é agravado pelo amplo domínio do Poder Executivo sobre a produção legislativa do próprio Congresso Nacional e, a rigor, sobre o próprio Congresso Nacional. Como é corrente, o sistema de governo em curso no Brasil é identificado como presidencialismo de coalisão, pelo qual, de forma simples, o Presidente da República forma uma base de apoio parlamentar com múltiplos partidos, valendo-se de mecanismos variados de recompensa política com os partidos ou com os parlamentares. Essa base de apoio parlamentar é que viabiliza os planos e projetos do Executivo no âmbito do Congresso Nacional.[131]

No presidencialismo de coalisão brasileiro há, portanto, um bloco governista formado pelo Executivo e por sua base de apoio. Os controles recíprocos próprios do presidencialismo não se desenvolvem entre Executivo e Legislativo, mas entre maioria e minoria, isto é, entre Governo e Oposição. Eventualmente outros agentes – como o Tribunal de Contas, o Ministério Público e até o Poder Judiciário – podem desempenhar um papel de *veto players* desse bloco majoritário.[132]

Ocorre que essa característica do sistema político brasileiro tem uma repercussão específica na produção normativa. Apenas para que se tenha uma ideia, de todas as leis publicadas de janeiro de 1999 a agosto de 2004, 79,45% foram de iniciativa do Poder Executivo. Além disso, a média de tempo de tramitação das propostas do Poder Executivo no período foi cerca de dez vezes menor (121,36 dias – com exclusão, para

---

[129] BAGATIN, 2010; ARAGÃO, 2006; MARQUES NETO, 2002.
[130] No âmbito do STF, por exemplo, as sessões administrativas são secretas (RISTF, art. 151) e o procedimento para alteração do regimento da Corte não conta com oportunidades de participação de agentes externos.
[131] Sobre o tema, v. ABRANCHES, 1988, LIMONGI; FIGUEIREDO, 1998, LIMONGI, 2006.
[132] TSEBELIS, 1997.

fins de cálculo, do projeto de Código Civil) que o tempo de tramitação médio dos projetos de autoria do próprio Legislativo (1.238,32 dias).[133] Considerado um intervalo maior, de 1995 a 2006, do total de 2.701 propostas levadas ao plenário da Câmara dos Deputados, 85,5% (2.310) tiveram origem no Executivo e apenas 14,5% (391) no Legislativo, e a média de tramitação é de 271,4 dias para proposições oriundas do Executivo e de 964,8 para aquelas originadas do Poder Legislativo.[134] Dados ainda mais abrangentes, apurados de 6 de outubro de 1988 a 31 de dezembro de 2007, chegam a conclusões semelhantes: foram transformadas em lei 3.071 proposições oriundas do Executivo, 644 de autoria do Legislativo e 139 do Judiciário, somando 3.854 leis, ou seja, o Executivo é responsável por cerca de 80% da produção legislativa.[135]

A evidência que esses dados revelam é simples: além da ampliação de competências normativas próprias, o Poder Executivo domina também a produção legislativa do país no plano federal, tanto em termos de quantidade quanto de velocidade. Seja como for, tais projetos, independentemente de serem oriundos do Poder Executivo, poderiam, ainda assim, ser objeto de amplo debate no âmbito do Congresso Nacional. Essa, porém, não é a conclusão que se apura dos dados disponíveis assumindo-se como indicadores (*proxy*[136]) da existência de debates a quantidade de emendas sofridas por um projeto e a sua submissão às comissões temáticas das Casas Legislativas.

Os dados revelam que os projetos originários do Executivo sofrem relativamente poucas emendas no âmbito do Congresso Nacional, sobretudo se comparados com os projetos de origem legislativa. Dos 2.310 projetos de iniciativa do Executivo aprovados de 1995 a 2006, apenas 28,1% foram objeto de emendas. De outra parte, das 391 proposições que tiveram origem no próprio Legislativo, quase 60% foram alteradas. Na verdade, do total de 1.389 projetos que não sofreram qualquer alteração do âmbito do Congresso Nacional, 88,6% tinham origem no Executivo e apenas 11,4% no próprio Legislativo.[137]

Quanto às comissões, de 1989 a 2001, cerca de 50% das leis aprovadas tramitaram sob regime de urgência, seja a urgência constitucional

---

[133] RODRIGUES, 2004.
[134] MOISÉS, 2011, p. 16-19.
[135] CARNEIRO, 2009, p. 62-64.
[136] Um *proxy*, do ponto de vista estatístico, é uma variável que, embora não seja em si o objeto que se deseja conhecer, é utilizada como forma de se aproximar de um fenômeno que não pode ser observado diretamente ou não é mensurável. V. CLINTON, 2004.
[137] MOISÉS, 2011, p. 22.

solicitada pelo Poder Executivo nos termos do art. 64 da Constituição, seja a urgência regimental, decidida pelo próprio Plenário das Casas.[138] De janeiro de 1999 a agosto de 2004, cerca de 85% dos projetos de lei oriundos do Executivo tramitaram em regime de urgência.[139] Em qualquer hipótese, o regime de urgência reduz de forma importante a participação das comissões ao longo da tramitação dos projetos de lei, limitando suas atividades, além de retirar delas sua competência conclusiva, já que os projetos em regime de urgência serão deliberados pelo plenário.[140]

No âmbito dos Estados, os dados existentes sugerem que os Governadores também controlam boa parte da agenda legislativa estadual.[141] Embora haja poucos estudos acerca da realidade dos Municípios, a tendência observada é igualmente no sentido de um Executivo forte, que domina a agenda das Câmaras de Vereadores.[142]

Algumas conclusões podem ser apuradas a partir dos elementos descritos e todas elas reforçam a necessidade e a conveniência de se discutir o tema de que se cogita neste estudo: o direito constitucional e o correlato dever de um devido procedimento na elaboração normativa que exija a apresentação de justificativas por aquele que proponha a edição de normas.

Em primeiro lugar, há um conjunto significativo de normas jurídicas que são editadas no país, com todos os seus efeitos próprios, que não passam pelo Legislativo. Seu processo de elaboração envolve oportunidades limitadas de debate e crítica, como se viu. O dever de a norma ser acompanhada por uma justificativa adequada – nos termos que serão discutidos adiante – é uma garantia mínima de que determinadas questões elementares serão consideradas e enfrentadas por quem quer que a esteja elaborando. O dever de apresentar justificativas é também um incentivo, pequeno, é verdade, para que algum debate se desenvolva, mesmo que após a edição da norma, seja no contexto de sua execução, seja à vista de sua alteração ou revisão.

Em segundo lugar, mesmo no âmbito do Poder Legislativo, o Poder Executivo domina a produção legislativa. Nada obstante, a evidência sugere que os debates nas Casas Legislativas em torno dos

---

[138] LIMONGI; FIGUEIREDO, 2004; AMORIM NETO, 2002.
[139] RODRIGUES, 2004.
[140] CF, art. 64, §2º; Regimento Interno da Câmara dos Deputados, art. 24, II, h; e Regimento Interno do Senado Federal, art. 375.
[141] TOMIO; RICCI, 2012.
[142] KERBAUY, 2005.

projetos oriundos do Poder Executivo são bastante limitados, seja porque eles são processados de forma mais célere, seja porque boa parte deles tramita em alguma forma de regime de urgência, seja porque, em consequência disso, as comissões não desenvolvem seus trabalhos normalmente,[143] seja porque tais projetos não são emendados. Nesse contexto, a obrigação de o Poder Executivo elaborar justificativa adequada que deverá acompanhar as proposições que encaminha ao Legislativo, nos três níveis federativos, poderá ser um mecanismo importante para auxiliar o debate e o desenvolvimento dos próprios trabalhos parlamentares.

Duas observações finais parecem relevantes. O Poder Executivo, ao encaminhar projetos de lei e medidas provisórias ao Legislativo, as faz acompanhar de alguma forma de mensagem ou exposição de motivos. Interessantemente, ao menos desde 2002, o Chefe do Poder Executivo editou norma (Decreto nº 4.176/02) detalhando as várias questões que devem ser examinadas no âmbito do Poder Executivo federal quando da elaboração de uma proposta normativa, e cuidando igualmente da exposição de motivos que deve acompanhar as proposições resultantes. Nada obstante, o decreto referido raramente foi observado.[144] O Decreto nº 4.176/02 foi revogado pelo Decreto nº 9.191/17, que continua a disciplinar o tema de forma razoavelmente analítica.

É verdade que algumas exposições de motivos veiculam informações e razões específicas, que ajudam a compreensão da lógica subjacente à medida pretendida. Muitas outras, porém, contêm apenas generalidades aplicáveis a praticamente qualquer projeto. E não é incomum, no caso de projetos ou medidas provisórias que versam sobre vários temas,[145] que a mensagem ou exposição de motivos aborde apenas algumas das normas propostas, nada dizendo sobre as demais. Ou seja: a prática vigente está longe de atender o que se sustenta neste

---

[143] Alguns autores destacam que, além dos regimes de urgência, os trabalhos das Comissões são prejudicados também pelo excessivo número delas funcionando simultaneamente. Sobre o ponto, v. FERRI, 2007.
[144] MENEGUIN, 2010.
[145] Apesar do que dispõe a Lei Complementar nº 95/98: "Art. 7º O primeiro artigo do texto indicará o objeto da lei e o respectivo âmbito de aplicação, observados os seguintes princípios: I - excetuadas as codificações, cada lei tratará de um único objeto;". Como se sabe, o STF consolidou o entendimento no sentido de que o desrespeito às regras contidas na LC nº 95/98 constitui matéria infraconstitucional. V. STF, ADI 4350, Rel. Min. Luiz Fux, Dje 02.12.2014: "A COMPATIBILIDADE DAS NORMAS LEGAIS COM O TEXTO DA LC nº 95/98 ENCERRA CONTROVÉRSIA DE ÍNDOLE INFRACONSTITUCIONAL INSINDICÁVEL EM SEDE DE CONTROLE CONCENTRADO DE CONSTITUCIONALIDADE".

estudo como o conteúdo mínimo do devido procedimento na elaboração normativa.

Por fim, e retomando o que se discutiu nos capítulos II e III, os espaços majoritários, a saber, o Executivo, por seus vários órgãos e entidades, e o Legislativo, são e continuarão sendo os protagonistas da rotina democrática, aí incluída a produção normativa estatal, bem como a elaboração e implementação de políticas públicas para o respeito, proteção e promoção de direitos. Não adianta, portanto, fugir desses espaços político-majoritários, como se fosse possível substituí-los por outros mecanismos em uma democracia.

Nesse sentido, cabe ao Direito Constitucional, no limite de suas possibilidades, contribuir para o aprimoramento democrático do funcionamento dessas instituições estatais.[146] Uma série de reflexões jurídicas já têm sido desenvolvidas, por exemplo, acerca dos limites gerais da delegação de poder normativo do Legislativo a outros Poderes, sobretudo ao Executivo.[147] O poder normativo das agências reguladoras tem sido objeto de estudo e discussão.[148] Nada obstante, o processo de elaboração de normas no âmbito do Poder Legislativo

---

[146] A necessidade de o direito aproximar-se do tema já era observada por Victor Nunes Leal em 1960. LEAL, 1960, p. 7-8: "Capítulo dos estudos jurídicos que ainda exige acuradas pesquisas e meditações para uma adequada sistematização é o relativo à arte de fazer as leis. (...) Com tanto material à mão, urge, pois, que os juristas brasileiros mais qualificados (e muitos dêles têm tido oportunidade de redigir ou colaborar na redação de textos legais) procurem sistematizar os preceitos recomendáveis para a elaboração das leis, utilizando a própria e a experiência alheia".

[147] A doutrina e jurisprudência têm exigido que a delegação seja acompanhada de parâmetros e seja razoavelmente justificável à vista da natureza técnica e/ou dinâmica da matéria. Nesse sentido, vejam-se as seguintes decisões do STF: "O legislador local, como se vê, instituiu e nomeou uma vantagem remuneratória, delegando, porém, ao Executivo – livre de quaisquer parâmetros legais –, a definição de todos os demais aspectos de sua disciplina – a qual, acrescente-se, se revelou extremamente complexa –, incluídos aspectos essenciais como o valor de cada ponto, as pontuações mínima e máxima e a quantidade de pontos atribuíveis a cada atividade e função. Essa delegação sem parâmetro, contudo, penso eu, é incompatível com o princípio da reserva de lei formal a que está submetida a concessão de aumentos aos servidores públicos (CF, art. 61, §1º, II, a)" (STF, DJU 14 dez. 2001, RE 264289/CE, Min. Sepúlveda Pertence); em "Na verdade, como facilmente se percebe, não foi sem motivo que o Decreto-Lei nº 1.422/75 deixou de instituir, diretamente, a alíquota do salário-educação: considerou as dificuldades para a mensuração das despesas educacionais com o ensino primário e sua variabilidade, fatores esses incompatíveis com o caráter estático da disciplina legal (...). Portanto, a atribuição de competência ao Poder Executivo para fixar e alterar a alíquota do salário-educação, em razão da flutuação do custo atuarial do ensino fundamental, não era arbitrária, ilimitada, verdadeiro cheque em branco, como se alega, mas sujeita a condições (critério previsto em lei) e limites (custo atuarial do ensino fundamental) também previstos em lei" (STF, DJU 4 abr. 2003, RE 290079-6/SC, Rel. Min. Ilmar Galvão).

[148] ARAGÃO, 2006; BRUNA, 2003.

e do Poder Executivo propriamente dito tem recebido pouca atenção do Direito Constitucional.

O devido procedimento na elaboração normativa discutido neste estudo diz respeito a toda a elaboração normativa no âmbito do Estado, não apenas às espécies legislativas, mas o DPEN se aplica à elaboração legislativa também e especialmente. Nesse sentido, o que se pretende aqui é justamente contribuir para essa reflexão. Sem jurisdicizar o processo político, o objetivo do direito constitucional ao devido procedimento na elaboração normativa é garantir um procedimento, a saber, a exibição pública de uma justificativa que aborde determinados conteúdos mínimos. Nesse sentido, o devido procedimento na elaboração normativa promove a aplicação naturalmente limitada, mas ainda assim indispensável, de normas constitucionais fundamentais ao processo de elaboração de normas jurídicas pelo Estado brasileiro. No capítulo seguinte serão examinados justamente os fundamentos constitucionais dos quais decorre o direito constitucional a um devido procedimento na elaboração normativa.

CAPÍTULO V

FUNDAMENTAÇÃO DO DIREITO CONSTITUCIONAL A UM DEVIDO PROCEDIMENTO NA ELABORAÇÃO NORMATIVA

Exposto o conteúdo básico do direito constitucional a um devido procedimento na elaboração normativa, cabe agora demonstrar quais seus fundamentos. Isto é: por quais razões se sustenta que há um direito constitucional – e não uma mera conveniência política ou sugestão moral – a um devido procedimento na elaboração normativa (DPEN), exigível daqueles que propõem a edição de normas, nos termos que se exporá no capítulo VII sobre a eficácia jurídica desse direito.

A fundamentação que se apresenta na sequência tem dois eixos principais. O primeiro eixo parte da perspectiva da pessoa humana: o respeito a que ela faz jus e os direitos de que é titular, e com os quais os Estados democráticos e o brasileiro em especial estão comprometidos. Na perspectiva da pessoa humana, a fundamentação do DPEN decorre de dois argumentos distintos. Em primeiro lugar, do direito fundamental autônomo titularizado por cada pessoa de receber justificativas em relação aos atos de autoridades públicas que lhe afetem de algum modo. Em segundo lugar, o fundamento do DPEN é extraído dos demais direitos fundamentais, já que a ação estatal destina-se em última análise a assegurar o respeito, a proteção e a promoção dos direitos. Essa atividade deve ser levada tão a sério quanto são sérios seu objetivo e os direitos fundamentais em si: a necessidade de apresentar justificativas para a atividade estatal é um elemento essencial da diligência com que essa atividade deve ser desempenhada.

O segundo eixo parte de uma perspectiva diversa, ainda que correlata:[149] as opções acerca da organização do Estado adotadas pelo sistema constitucional brasileiro. Paralelamente ao fundamento do devido procedimento na elaboração normativa que decorre dos direitos da pessoa humana sob várias perspectivas, o certo é que a formatação do Estado brasileiro, e as opções acerca de como o poder político deve ser exercido, repercutem sobre a produção normativa e lhe impõe o dever de justificação. O que se vai demonstrar, portanto, é que o devido procedimento na elaboração normativa é uma decorrência lógica das opções constitucionais no particular, das mais gerais – como os princípios republicano, democrático, o Estado de Direito e a garantia do devido processo legal – às mais específicas, como as regras que tratam do próprio processo legislativo e da publicidade.

5.1 O direito fundamental a receber justificativas

As pessoas, todas elas e cada uma delas, são dotadas de dignidade e devem ser tratadas com respeito. Esse é um axioma filosófico e jurídico que dispensa maiores demonstrações e foi consagrado pela Constituição de 1988. Mesmo em situações dramáticas, como a do indivíduo condenado pela prática de um crime à privação de liberdade, a dignidade do indivíduo não desaparece e há um mínimo de condições que caracterizam o ser "tratado com respeito" e, portanto, constituem um direito desse indivíduo.[150] Pois bem: receber justificativas relativamente aos atos que nos afetam é um dos conteúdos essenciais do respeito a que cada indivíduo faz jus em decorrência de sua dignidade essencial como ser humano.

O tema do respeito em suas múltiplas dimensões tem ocupado as discussões religiosas, morais e filosóficas por séculos. Um dos aspectos desse debate envolve justamente saber o que exatamente o respeito a que cada ser humano significa e o que o correlato dever de respeitar o próximo exige. Imperativos gerais como "tratar cada pessoa como um fim, e não um meio" e "considerar como relevantes as perspectivas e interesses do outro" balizam em certa medida a noção de respeito.

---

[149] Por evidente que as opções sobre a organização do Estado estão diretamente relacionadas com os compromissos constitucionais com os direitos fundamentais, de modo que as duas perspectivas estão logicamente imbricadas.

[150] O chamado direito penal do inimigo é uma tentativa justamente de despersonalizar o condenado de modo a retirar-lhe essa dignidade essencial e o direito a ser tratado com respeito. Sobre o tema, confira-se JAKOBS; CANCIO MELIÁ, 2007; ZAFFARONI, 2007.

CAPÍTULO V

FUNDAMENTAÇÃO DO DIREITO CONSTITUCIONAL A UM DEVIDO PROCEDIMENTO NA ELABORAÇÃO NORMATIVA

Deles decorre, por exemplo, que não se deve causar dano a quem quer que seja, mas também que eventuais efeitos das ações pessoais sobre terceiros – mesmo que não caracterizem juridicamente um dano – sejam acompanhadas de uma nota, uma explicação, uma satisfação, que reconheça afinal a existência do outro e a circunstância de que seus interesses serão afetados.[151]

A necessidade de ser respeitado tem sido identificada pela psicologia como uma das necessidades humanas básicas. De acordo com a conhecida pirâmide de Maslow das necessidades humanas, receber o respeito dos outros integra as necessidades psicológicas básicas, que só são menos importantes que as necessidades fisiológicas e de segurança. Além de uma necessidade básica, receber respeito dos outros é essencial para o desenvolvimento da autocompreensão do indivíduo como alguém digno e respeitável, sob a forma de sua autoestima.[152] É certo que existem várias formas de manifestação de respeito, em diferentes circunstâncias, mas apresentar justificativas em geral é uma sinalização praticamente universal e multicultural de que existe uma relação de respeito entre as pessoas, sobretudo entre alguém que exerce autoridade e o subordinado.[153]

Em pesquisas feitas em várias partes do mundo sobre a percepção subjetiva de bem-estar das pessoas, a experiência de ser respeitado foi identificada com um dos fatores mais importantes associado a sentimentos positivos.[154] E esse bem-estar individual parece refletir na atuação social do indivíduo. Com efeito, estudos indicam que pessoas tratadas com respeito tendem a cooperar mais com o grupo ao qual pertencem. Ou seja: independentemente de considerações sobre a importância moral de tratar qualquer pessoa com o respeito, o que se observa é que, ao se perceberem alvo do respeito e consideração por parte do líder, as pessoas tendem a ser mais colaborativas e a se comprometerem com mais intensidade com o projeto do grupo.[155]

---

[151] DILLON, 2015; HILL, 2007; COMPARATO, 2006.

[152] MASLOW, 2012, p. 20-21.

[153] FORST, 2007, p. 209: "This is thus the most universal and basic claim of every human being, which other human beings or states cannot reject: the right to justification, the right to be respected as a moral person who is autonomous at least in the sense that he or she must not be treated in any manner for which adequate reasons cannot be provided".

[154] TAY; DINIER, 2011, p. 358: "Basic needs were the strongest predictor of life evaluations; respect and social needs were the strongest predictor of positive feelings;".

[155] DE CREMER, 2002, p. 1335: "The present research examined the effect of respect communicated by fellow group members on one's willingness to contribute to the group's welfare. Based on the procedural justice literature, it was expected that respect would communicate important relational information, consequently enhancing people's

Já reingressando em temas jurídicos, é interessante que mesmo em situações de ruptura social dramática, como é o caso, por exemplo, do fenômeno da demissão coletiva, as normas internacionais (e também a jurisprudência trabalhista brasileira) exigem que a empresa apresente justificativas aos funcionários a serem demitidos, explicando a necessidade dessa providência.[156] É certo que essa justificativa em particular poderá ser objeto de eventual apreciação por parte do Poder Judiciário, no contexto das discussões sobre a validade ou não da demissão coletiva. Sob a perspectiva imediata do indivíduo que foi demitido, porém, a justificativa vincula-se muito mais com uma manifestação de respeito da empresa para com seus ex-funcionários.

As pessoas, na realidade, são seres que dão explicações e querem recebê-las,[157] sendo certo que ser tratado com respeito está diretamente ligado a receber explicações para atos que afetem o indivíduo. Muitos momentos de protestos, revoltas e revoluções, sob realidades culturais diversas, envolveram justamente o clamor público por satisfações, justificativas, respeito.[158] Em resumo, apresentar justificativas é uma

---

motivation to promote the group's welfare. Using a public good dilemma, it was found that respect indeed motivated group members to contribute more to the group's welfare and that this was most pronounced among group members who felt least included (i.e., peripheral members) relative to group members who felt included (i.e., core members). These findings illustrate the importance of decision makers' concerns about viable and positive intragroup relationships in their decision to cooperate or not".

[156] O ponto é abordado na Convenção OIT 158, ratificada pelo Brasil, mas denunciada em 1996. A despeito de a convenção não encontrar-se em vigor no país, a jurisprudência brasileira considera a justificativa exigível no caso de demissão coletiva. Confira-se ROCHA; ANDRADE, 2013, p. 972: "Nessa ordem das ideias, pode-se concluir que, para ser considerada lícita a dispensa coletiva deve atender a requisitos mínimos. É necessário, primeiramente, que sejam apresentadas causas ou motivações (motivos econômicos, tecnológicos ou estruturais) que sejam capazes de colocar em risco a existência do empregador/empresa. Feita esta constatação, deverá então haver uma negociação prévia de como essa dispensa (se realmente tiver que ocorrer) será materializada. Caso esse acordo se inviabilize, que se recorra, então, ao dissídio coletivo. Ressalto também que tentativas de negociação após a dispensa dos empregados, não torna lícita a dispensa em massa".

[157] FORST, 2007, p. 13: "The classic definition of human beings as animal rationale, as beings endowed with reason, means that human beings are justifying, reason-giving beings".

[158] FORST, 2007, p. 205-206, 209: "Preceding all demands for concrete human rights, there is one basic right being claimed: the right to justification. (...) The demand springs up where people ask for reasons, for the justification of certain rules, law, and institutions, and where the reasons that they receive no longer suffice; it arises where people believe that they are treated unjustly as members of their culture and society and also as human beings. They may have no abstract of philosophical idea of what it means to be a 'human being', but in protesting they believe that there is at least one fundamental moral demand that no culture or society may reject: the unconditional claim to be respected as someone who deserves to be given justifying reasons for the actions, rules, or structures to which he or she is subject".

exigência do respeito devido aos indivíduos, de modo que é possível afirmar que há igualmente, e com ainda maiores razões, um direito a receber justificativas nas relações dos indivíduos com o Poder Público.[159] Três observações parecem importantes antes de prosseguir. Em primeiro lugar, a justificativa apresentada por quem quer que seja poderá sempre ser equivocada, falsa ou ter por objetivo enganar e manipular os destinatários das ordens. A apresentação de justificativas – por importante que seja – não nos livra da nossa humanidade e nem resolverá todos os problemas: os riscos continuam. No campo específico de interesse do presente estudo, esses riscos são minimizados, em um primeiro momento, pela existência de uma sociedade plural na qual qualquer justificativa apresentada pela autoridade, ou por quem quer que proponha a edição de normas, poderá ser objeto de todo tipo de crítica dos diferentes grupos da sociedade. Um dos objetivos do devido procedimento na elaboração normativa é justamente fomentar a possibilidade de existência desse debate. Em um segundo momento, esses riscos são controláveis em certa medida pelo Judiciário, por meio do controle de constitucionalidade do conteúdo da eventual norma que seja editada.

Em segundo lugar, o direito fundamental a receber justificativas que se está a expor aqui não significa ou exige que os destinatários da justificativa concordem com ela, mas apenas que, potencialmente, possam compreendê-la, ainda que discordando.[160] Ou seja: não se trata de um debate propriamente sobre a racionalidade inerente à justificativa, ou de controle de seu conteúdo, mas de dar e receber justificativas. Nesse sentido o direito a receber justificativas se aproxima do direito de ação no que toca a sua autonomia em relação ao direito material discutido no âmbito de uma demanda judicial. Também o direito a receber justificativas é autônomo em relação ao eventual debate acerca do mérito das explicações apresentadas.

Por fim, e em terceiro lugar, é certo que a relação dos indivíduos com o Estado e com as normas por ele editadas não é equiparável àquela que existe entre duas pessoas quaisquer, ou ainda àquela que se estabelece entre subordinados e seu chefe ou empresas e seus

---

[159] É possível identificar também um direito a receber justificativas no âmbito de outras relações em que há subordinação ou exercício de autoridade de algum tipo.
[160] FORST, 2007, p. 15: "Such reasons are also part of the public game of reasoning, but only insofar as the reasons that distinguish an action as rational can potentially be comprehended by other rational beings; they do not, however, require others' acceptance for their validity as good reasons".

funcionários, embora também nesses ambientes o respeito seja devido. Em uma democracia, como se verá, o indivíduo já não é súdito, mas cidadão, participante de um governo cuja autoridade deriva, em última análise, do conjunto de indivíduos. O ponto é importante porque, se mesmo no âmbito desses espaços, nos quais há claramente uma relação de subordinação, a exigência de apresentação de justificativas por parte de quem exerce autoridade se verifica, muito mais ainda em relação ao Poder Público no que diz respeito a sua atuação em geral e a sua atividade normativa em particular. Daí porque, no espaço das relações entre Estado e cidadãos, pode se falar de um direito fundamental a receber justificativas.[161]

Com efeito, é amplamente consolidada a regra de que a atuação do Estado juiz – isto é: as decisões judiciais – deve sempre ser motivada e, em alguma medida, caminha-se também para concluir que a ação do Estado-administrador, sobretudo quando pratique atos que afetem indivíduos em particular, deve igualmente contar com justificação adequada. Mas o que dizer da atividade normativa? Como visto, o direito a receber justificativas se relaciona com a circunstância de alguém ser afetado por um ato ou decisão. A pergunta que se coloca nesse contexto é simples: a atividade normativa afeta a vida das pessoas? A resposta, por evidente, é afirmativa.

As normas editadas pelo Poder Público, sejam leis formais ou atos infralegais, mas com conteúdo normativo, destinam-se justamente a conduzir de algum modo a conduta das pessoas. É para isso que elas são editadas, pois se nenhuma alteração precisasse se verificar no mundo dos fatos (e das condutas), provavelmente não seria editada norma alguma. Não há dúvida possível acerca dessa assertiva: as normas editadas pelo Poder Público existem para afetar a vida das pessoas.

Um critério de que se poderia cogitar para distinguir os atos normativos das decisões judiciais e dos atos administrativos concretos seria a circunstância de que estes últimos produzem de forma certa e razoavelmente imediata efeitos sobre a esfera jurídica de seus destinatários. As normas, por seu turno, podem ou não produzir efeitos sobre determinadas pessoas – já que eventualmente alguém jamais terá

---

[161] Na realidade, no âmbito das relações entre cidadão e Estado, além do direito de receber justificativas, há também um direito de participar da elaboração dos atos do Poder Público. Esse, porém, é um tema diverso, ainda que relacionado, e não será aprofundado neste estudo. Vale o registro, porém, no sentido de que o direito a um devido procedimento na elaboração normativa cria melhores condições para a participação dos cidadãos, já que lhes dá acesso às razões e informações consideradas pelos responsáveis pela propositura das normas.

contato, por exemplo, com uma norma penal – e esses efeitos, mesmo quando se verifiquem, não são necessariamente imediatos. A distinção resumida é em alguma medida real, mas não é relevante para o que se discute aqui. A simples possibilidade potencial que toda norma carrega de afetar a vida das pessoas já é suficiente para que o indivíduo tenha o direito a receber explicações sobre ela como decorrência do direito a ser tratado com respeito como pessoa dotada de dignidade. Não custa lembrar que o efeito ordinário que a norma pode produzir na vida das pessoas não é em geral o de uma sugestão gentil, mas de um comando cuja observância poderá ser garantida por meio da violência titularizada pelo Estado. Não se trata de uma bobagem ou de uma coisa qualquer.[162]

Ademais, a verdade é que as pessoas são afetadas pelas normas mesmo que não seja de forma direta por meio de um ato que as aplique levado a cabo pelo Judiciário ou pela Administração Pública. O sistema normativo de repressão penal, por exemplo, afeta a sociedade como um todo, inclusive aqueles que jamais serão alvo de uma investigação criminal. As normas urbanísticas e ambientais afetam a qualidade de vida de todas as pessoas, mesmo as que não são titulares de qualquer bem imóvel, por exemplo. A decisão de alocar recursos públicos em determinado serviço tem múltiplos efeitos, tanto no sentido de tornar o serviço mais disponível quanto de reduzir a oferta de outros, que terão acesso a menos financiamento. Não há necessidade de prosseguir na enunciação. As normas estatais são atos que afetam a vida das pessoas, direta ou indiretamente, e, portanto, elas têm o direito de receber explicações,[163] assim como acontece com outros atos do Poder Público. O registro de Victor Nunes Leal abordando o ponto merece ser transcrito:

> Capítulo dos estudos jurídicos que ainda exige acuradas pesquisas e meditações para uma adequada sistematização é o relativo à arte de fazer as leis. (...) Tal é o poder da lei que a sua elaboração reclama precauções severíssimas. Quem faz a lei é como se estivesse acondicionando materiais explosivos. As consequências da imprevisão e da imperícia não

---

[162] WALDRON, 2006, p. 19: "We argue for democracy in the light of what political systems do: They exercise power; they have an impact on people's lives; they bind whole communities; they impose costs and demand sacrifices. It is because of all this that we make demands about voting and enfranchisement: We say that each person is entitled to a vote, for example, because of the potential momentousness for him or her of the decisions that are being made".

[163] FORST, 2007, p. 194: "According to this principle, each member within a context of justice has a basic right to justification, that is, a right to adequate reasons for the norms of justice that are to be generally in force".

serão tão espetaculares, e quase sempre só de modo indireto atingirão o manipulador, mas podem causar danos irreparáveis.[164]

Além do impacto sobre a existência das pessoas produzido pelas normas, a lógica apresentada subjacente ao direito fundamental de receber justificativas aplica-se integralmente às relações entre o indivíduo e o Poder Público no contexto da elaboração normativa. Apresentar justificativas exigirá do responsável pelo ato – quem propõe ou edita uma norma jurídica que tem a pretensão de vincular toda a coletividade – o esforço de incluir os afetados em suas considerações. A autoridade precisará dedicar um tempo para elaborar a justificativa e para encaminhá-la de algum modo àqueles que serão afetados. Nesse processo, quem elabora a justificativa procura, em geral, demonstrar que o ato não é resultado de um voluntarismo puro, absurdo ou caprichoso, de modo a incrementar sua aceitação e minimizar as possíveis críticas e reações.[165] Esse esforço é uma exigência de tratar o outro com o respeito exigível por sua consideração de ser humano.

Do ponto de vista dos destinatários, a existência de uma justificativa comunica a ideia de que eles não são apenas máquinas que recebem comandos, mas pessoas dignas de respeito e seres pensantes. A existência de uma justificativa veicula ainda a noção de que, ao menos em tese, existe uma racionalidade subjacente à norma, de modo que seus efeitos sobre as pessoas podem ser justificáveis e, quem sabe, até razoáveis. As pessoas não são simples meios, jogados de um lado para o outro sem qualquer razão ou motivo. Aliás, em sentido similar com o que já foi observado em outras relações sociais, e como já referido, há estudos apontando que a apresentação de justificativas e razões para as normas no âmbito de um procedimento aumenta a adesão a elas por parte da população.[166]

---

[164] LEAL, 1960, p. 8.
[165] É possível, claro, que uma autoridade seja totalmente indiferente às reações dos destinatários de seus atos, mas o fenômeno será mais difícil em uma democracia. Ainda assim, a exigência da justificativa pode ao menos potencializar o chamado "efeito civilizador da hipocrisia". O ponto será discutido no capítulo VIII, item 8.1, ao tratar da crítica da inutilidade.
[166] TYLER, 2008, p. 717, 719: "Research by Tyler (2006b) demonstrates that perceptions of system legitimacy do shape everyday compliance with the law, which is a conclusion that is also supported by more recent studies (SUNSHINE; TYLER, 2003a; Tyler and Huo 2002). Futhermore, perceived legitimacy seems to have more influence on compliance than do subjecteve assessments of the likely risk of punishment. (...) The procedural basis of legitimacy is especially strong with respect to public opinion concerning political and legal institutions. Studies of Presidency (Tyler, Rasinski, and McGraw 1985), the

Por fim, é certo que a discussão acerca do respeito, proteção e promoção de todos os demais direitos passa em boa medida pelo tema, prévio, da apresentação de justificativas e, *a fortiori*, pelo direito a recebê-las. Por que determinados direitos serão restringidos? Alguma explicação deve ser apresentada. Por que outros estão sendo promovidos tão lentamente? Espera-se que haja razões plausíveis para isso. Por que se vai priorizar o atendimento de determinados direitos e não de outros? Receber explicações e razões para essas múltiplas opções integra o próprio conceito de justiça ou, mais precisamente, de ser tratado com justiça em relação aos direitos de forma ampla.[167] Na realidade, paralelamente aos demais direitos em si, há um direito fundamental autônomo à justificativa acerca das ações ou omissões estatais relativamente ao respeito, à proteção e à promoção dos direitos em geral.[168]

Em resumo, o direito de cada indivíduo de ser tratado com respeito decorre de sua dignidade. Um dos conteúdos essenciais do respeito a que cada indivíduo faz jus é o direito de receber justificativas em relação aos atos que irão afetá-lo ou o afetem. As normas produzidas pelo Poder Público afetam os indivíduos direta ou indiretamente, de modo que há um direito fundamental de receber justificativas acerca das ações estatais em geral e, em particular, na elaboração normativa. Esse, portanto, o primeiro fundamento do direito a um devido procedimento na elaboração normativa, ao qual se agregarão os demais fundamentos discutidos a seguir.

5.2 O respeito, a proteção e a promoção dos direitos fundamentais levados a sério

Um segundo fundamento constitucional do devido procedimento na elaboração normativa diz respeito à necessidade de os agentes

---

legislature (Hibbing and Theiss-More 1995; 2002), and the Supreme Court (Tyler and Mitchell 1994) all suggest that when citizens are evaluating government institution they focus primarily on the fairness of the procedures by which the institution makes policies and implements its decisions. Research on work organizations also suggests that perceived legitimacy has a strong procedural basis (TYLER; BLADER, 2000; 2005)".

[167] FORST, 2007, p. 191: "From the perspective of justice, it makes all the difference whether someone is denied particular goods or opportunities unjust(ifiab)ly".

[168] FORST, 2007, p. 194: "Within such a framework, therefore, a highest principle applies, which prevails normatively and criterially over other values referred to: the principle of reciprocal and general justification, according to which every claim to goods, rights or freedoms must be grounded reciprocally and generally, whereby one side may not project its reasons onto the other, but must discursively justify them".

envolvidos na atividade estatal levarem tão a sério quanto possível os direitos fundamentais. E isso porque as normas sempre afetam em alguma dimensão os direitos das pessoas. Logo, a elaboração normativa deve ser uma atividade cuidadosa, que considere de forma adequada os direitos fundamentais dos destinatários das normas a serem editadas. A assertiva corresponde, a rigor, a um truísmo que pode ser desenvolvido, de forma singela, nos termos que se seguem.

Como regra, as normas jurídicas criam obrigações, deveres e, portanto, restringem a liberdade: um direito fundamental. Se a previsão normativa veda ou impõe uma conduta, a liberdade anterior de praticá-la ou de não executá-la deixa de existir. De outra parte, é frequente que as normas criem serviços, estruturas estatais e, portanto, despesas públicas. Essas despesas serão custeadas pela sociedade pelo mecanismo mais frequente da tributação, o que restringirá o direito de propriedade das pessoas, também um direito fundamental. Mas as normas não atuam apenas restringindo os direitos e liberdades. Boa parte da atuação normativa estatal contemporânea, ainda que continue a produzir tais efeitos, busca garantir o respeito, a proteção e a promoção de direitos fundamentais em algum aspecto. Ou seja: as normas podem eventualmente restringir direitos e liberdades justamente no esforço de promover outros direitos.[169]

É possível concluir, nesse contexto, que as normas sempre afetam os direitos fundamentais, seja para garantir que eles sejam observados e promovê-los, seja restringindo seu exercício de algum modo, seja fazendo ambas as coisas. Mas o que significa levar a sério os direitos fundamentais e qual a relação dessa assertiva com o devido procedimento na elaboração normativa?

Os direitos fundamentais não são relevantes apenas como uma ideia teórica ou um debate acadêmico. Sua importância principal, inclusive como normas constitucionais dotadas de superioridade hierárquica, consiste em poderem ser efetivamente fruídos pelas pessoas reais ao longo de suas vidas. O ponto já foi destacado em outras partes deste estudo e constitui, na realidade, uma premissa importante do raciocínio aqui desenvolvido. Ora, a vida das pessoas sob uma perspectiva terrena dura por um tempo limitado e esse é o período no qual poderão ou não

---

[169] Os direitos fundamentais, como se sabe, têm muitas dimensões que se imbricam. Há aspectos individuais e coletivos, presentes e futuros, há tensões, e sinergias, por vezes a promoção de determinados direitos pode ter impactos negativos sobre outros, ao passo que em outras ocasiões a proteção de determinado direito produz um círculo virtuoso. Sobre o ponto, v. BARCELLOS, 2011, p. 200 et seq.

fruir os direitos que a ordem jurídica lhes assegura:[170] acontece que o tempo não para nem espera.

Embora a assertiva pareça óbvia, se as normas editadas para proteger determinado direito não os protegem, as pessoas concretas muito provavelmente não terão esse direito protegido (sobretudo as mais vulneráveis). Se essa norma for alterada apenas dez ou vinte anos depois (agora de forma bem-sucedida tendo em conta seus fins), terão se passado dez ou vinte anos da vida dessas pessoas durante os quais elas tiveram que conviver com seu direito violado. O mesmo se diga sob a perspectiva das restrições que uma norma crie. Se a restrição for injustificável, enquanto ela perdurar o direito da pessoa terá sido restringido, durante uma fração de sua vida, sem razão ou propósito. Embora muitas vezes a ação estatal incorra em tentativas e erros, essa circunstância deve decorrer de uma inevitabilidade das condições humanas e políticas, e não da eventual pouca diligência empregada na atividade de elaboração normativa.[171]

Por outro lado, o desrespeito a um direito dificilmente pode ser desfeito de fato (com a exceção possível, mas discutível, de direitos patrimoniais[172]): o tempo não volta. É possível que a situação se altere e, a partir de determinado momento da vida do indivíduo, seus direitos passem a ser protegidos, mas esse fato – embora altamente desejável – não faz desaparecer o desrespeito anterior. O preso que passou dez anos compartilhando uma cela e um mesmo vaso sanitário com outros sessenta encarcerados viveu essa realidade de forma inexorável. A reforma prisional que lhe assegure uma cela nas condições previstas pela Lei de Execuções Penais será maravilhosamente bem-vinda, mas não apagará o que aconteceu na experiência daquele indivíduo.[173]

Além disso, há direitos cuja fruição é especialmente sensível em determinados momentos da vida, de modo que o seu não atendimento, além de não poder ser desfeito, trará consequências permanentes.

---

[170] Para aqueles que acreditam em uma existência após a morte, a vida terrena será apenas uma fração da existência; para aqueles que não compartilham dessa crença, porém, a vida terrena corresponde à integralidade da existência humana.

[171] E também, naturalmente, da execução dessas normas.

[172] Mesmo no caso de direitos patrimoniais, a questão não é assim tão simples. O indivíduo que teve uma restrição inválida a seu direito de propriedade, por exemplo, enquanto seus filhos eram crianças, mesmo que receba uma indenização relevante 20 anos depois, não terá como usar aquele dinheiro como teria feito se a restrição não tivesse ocorrido. Oportunidades são perdidas e não há como restaurar o *status quo ante*, a despeito dos esforços da ordem jurídica.

[173] BARCELLOS, 2014a.

É o caso, por exemplo, da educação básica na idade própria e do atendimento de saúde infantil e materna, ou da moradia, sobretudo para crianças e adolescentes. Estudos têm apurado, por exemplo, que múltiplos episódios de diarreia em crianças até cinco anos – diretamente associados à falta de saneamento básico – têm impacto no seu desenvolvimento neurológico, com consequências permanentes para as capacidades cognitivas do indivíduo.[174] O tempo não para e a vida das pessoas não aguarda que as ações estatais para proteção e promoção de seus direitos "funcionem" afinal.

O que se quer demonstrar é que há uma seriedade dramática na atuação normativa do Estado por conta dessa conexão com os direitos das pessoas reais.[175] A elaboração de uma norma pode ser um dos passos capazes de proporcionar a sua efetiva fruição ou, ao contrário, pode apenas representar um gasto de dinheiro público – *rectius*: dinheiro das pessoas – sem grande proveito para a promoção dos direitos. É certo que depois de uma geração outra se seguirá, também titular de direitos, mas os indivíduos que morreram eram dotados de dignidade, quer tenham tido seus direitos respeitados e protegidos ou não. O que a Constituição pretende é que eles tenham seus direitos respeitados e protegidos.

Já se discutiu inicialmente que entre a ação normativa e a efetiva transformação da realidade verifica-se um processo complexo, composto de várias etapas e nem sempre inteiramente previsível. Uma lei não muda de imediato o mundo dos fatos e, por vezes, a despeito das melhores das intenções, seus efeitos não são aqueles que se esperava. A limitação do conhecimento humano e da capacidade de antecipação pode levar determinadas iniciativas normativas do Estado ao fracasso, daí a necessidade de constante monitoramento e eventual revisão.

Essa limitação das capacidades humanas que se reflete, como não poderia deixar de ser, na atividade do Estado não significa, porém, que o Poder Público possa agir de forma leviana e sem o esforço possível para que as normas editadas tenham as melhores condições de produzir os efeitos desejados. Levar a sério os direitos fundamentais é incompatível com uma atividade normativa aleatória ou displicente.[176] O devido

---

[174] LORNTZ et al, 2006; e NIEHAUS, 2002.

[175] Não apenas normativa, já que a atuação do Estado como um todo afeta direitos fundamentais.

[176] WALDRON, 2006, p. 23: "In view of the inherent importance of law and the interests and liberties that are at stake in their decision making, lawmakers have a duty to take care when they are legislating. (…) This principle has a number of implications. The general

procedimento na elaboração normativa e seus três conteúdos mínimos, que se vão discutir adiante, são, a rigor, uma exigência essencial dessa seriedade que deve envolver a atividade normativa do Poder Público. A atuação normativa estatal, a despeito de sua abstração e generalidade, diz respeito à vida das pessoas e a seus direitos reais e, de novo, o tempo que os indivíduos têm para fruírem seus direitos é o tempo de suas vidas e o tempo não para. Nesse sentido, o mínimo que se pode esperar de uma atuação diligente por parte de quem propõe uma norma é, como se verá, que se tenha apurado qual é o problema que a norma pretende solucionar, quais os resultados que ela pretende produzir – até para que se possa verificar ao longo do tempo se eles efetivamente estarão se produzindo – e quais os custos e impactos que se pode esperar da norma, caso editada.

Repita-se que, por vezes, a despeito de todo esse esforço de seriedade na elaboração normativa, as coisas não se passarão como se antecipava. O conhecimento sobre o problema era mais limitado do que se supunha, os efeitos pretendidos não se produziram como imaginado e impactos não antecipados se mostraram extremamente graves, exigindo reformulações da norma. Nada obstante, parece evidente que sem esse esforço inicial a chance de sucesso será sempre mais remota. Ou seja: os fracassos até poderão acontecer como resultado das limitações cognitivas humanas, mas não como resultado de uma displicência institucional. O mínimo que se espera diante da centralidade dos direitos fundamentais e dos efeitos que as normas produzem sobre esses direitos é que toda a seriedade possível seja atribuída ao processo de elaboração normativa. O devido procedimento na elaboração normativa constitui um conteúdo elementar desse esforço.

5.3 Os princípios constitucionais republicano e democrático

Um segundo conjunto de fundamentos para o direito constitucional ao devido procedimento na elaboração normativa, paralelo e complementar aos direitos fundamentais, decorre das opções constitucionais acerca da estrutura do Estado brasileiro. Um primeiro bloco dessas opções que se pretende examinar cuida dos princípios

---

duty of care in this regard means that those who in a position to modify the law have a responsibility to arrive at a sound view about what makes a legal change a good change or a bad change".

constitucionais republicano – ou de forma mais geral a opção pela República – e democrático. Eles serão discutidos em conjunto já que há uma clara conexão entre eles.

Não há necessidade de discorrer sobre a distinção entre monarquias e repúblicas como formas de governo distintas a partir dos três critérios que já se tornaram tradicionais: eletividade, periodicidade dos mandatos e responsabilidade política.[177] A distinção, como se sabe, tornou-se menos relevante com o tempo, já que muitas monarquias, paralelamente ao núcleo histórico e tradicional da família real, adotam amplas estruturas políticas e práticas republicanas.[178]

De toda sorte, esses três critérios que organizam do ponto de vista operacional as repúblicas – eletividade, periodicidade dos mandatos e responsabilidade política – decorrem de um pressuposto básico: a igualdade e a dignidade de todos os indivíduos. Porque todos são iguais e igualmente dignos, sua opinião terá o mesmo valor e peso para decidir sobre o que afeta a sociedade política.[179] Assim, respeitadas condições e procedimentos que garantam de forma permanente essa igualdade e essa dignidade, a tomada de decisões nesse ambiente seguirá a lógica majoritária. Reflexo disso é que os agentes públicos eventualmente encarregados de tomar decisões devem ser escolhidos pela maioria ou por critérios por ela definidos, devem poder ser substituídos e terão sempre responsabilidade política perante a população: nesse ponto, como é fácil perceber, a república se comunica com a democracia.[180]

Não há nenhuma novidade no que se afirmou e é certo que a relação dos agentes públicos com a população envolve, de um lado, a delegação do exercício do poder político e, de outro, um permanente dever de prestar contas dos atos praticados ou que se pretende praticar, bem como das decisões tomadas.[181] Essa lógica se aplica de forma

---

[177] BOBBIO, 1998; VERDU, 1977; JELLINEK, 1921.
[178] BARCELLOS, 2001.
[179] É certo que há outros espaços, diversos daquele próprio à sociedade política, nos quais as opiniões de determinadas pessoas valem mais que a de outras: é o caso da opinião dos pais acerca da criação de seus filhos, das pessoas acerca de suas próprias escolhas existenciais, dos técnicos e professores sobre suas áreas de conhecimento, etc.. Esse é um ponto delicado, pois envolve, na realidade, os limites temáticos do Direito oriundo do Estado. Mesmo no âmbito dos debates políticos, o conhecimento técnico pode ser especialmente relevante e não é igualmente compartilhado por todos: o ponto será discutido no texto adiante. Para um exame da questão sob a ótica da *expertise* acadêmica, v. POST, 2012.
[180] BARROSO, 2009a; ATALIBA, 1998; HESSE, 1998, p. 112 et seq.; CANOTILHO, 1997; e DALLARI, 1979.
[181] V. STF, MS 24.725-8, Rel. Min. Celso de Mello, DJ 09.12.2003: "Assiste, aos cidadãos e aos meios de comunicação social ('mass media'), a prerrogativa de fiscalizar e de controlar a

imediata aos agentes públicos em geral e, por evidente, àqueles que pretendam propor normas a serem expedidas pelo Poder Público. As normas são atos do Poder Público da maior relevância e já se discutiu sua gravidade e repercussão. Sua elaboração e expedição veiculam claro exercício de poder político delegado por parte do povo e, por isso mesmo, demandam justificação minimamente adequada, na linha do devido procedimento na elaboração normativa discutido aqui.

A igualdade que conduz à república conduz igualmente à democracia,[182] na medida em que a Constituição explicita essa dupla opção ao afirmar que a República Federativa do Brasil é um Estado Democrático de Direito. No capítulo III discutiram-se brevemente algumas concepções de democracia e não há necessidade de retomar o debate teórico aqui. Basta o registro de que, ao lado de concepções que concentram apenas no voto dos eleitores e dos representantes a dinâmica democrática, há aquelas que agregam a esse critério decisório outros elementos, sendo dois especialmente importantes.

Em primeiro lugar, a democracia demandaria uma expansão permanente, tanto quanto possível, dos participantes nos debates que antecedem a tomada de decisões públicas, ou mesmo, em alguns casos, na tomada de decisão em si. Em segundo lugar, a democracia exigiria igualmente, para além da ampliação dos participantes, a apresentação de razões e contrarrazões por eles, no contexto de um esforço dos vários envolvidos no sentido de convencer os demais ou ao menos de esclarecer as várias posições existentes. A decisão final, portanto, já não resultaria apenas da agregação de posições previamente definidas, mas de uma reflexão coletiva e, sobretudo, justificada,[183] ainda que a regra majoritária continue fundamental, já que o consenso dificilmente é viável em uma sociedade que realmente respeita o pluralismo. Essas concepções, como já referido, são identificadas comumente como democracia participativa e deliberativa (a segunda expressão por vezes englobando a primeira).

---

destinação, a utilização e a prestação de contas relativas a verbas públicas. (...) Não custa rememorar que os estatutos do poder, numa República fundada em bases democráticas, não podem privilegiar o mistério, eis que a legitimidade político-jurídica da ordem democrática, impregnada de necessário substrato ético, somente é compatível com um regime do poder visível, definido, na lição de Bobbio, como 'um modelo ideal do governo público em público'. Ao dessacralizar o segredo, a nova Constituição do Brasil restaurou o velho dogma republicano e expôs o Estado, em plenitude, ao princípio democrático da publicidade, cuja incidência – sobre repudiar qualquer compromisso com o mistério – atua como fator de legitimação das decisões e dos atos governamentais".

[182] KELSEN, 2000.
[183] V. TREMBLAY, 2001.

É fácil perceber que essas concepções mais participativas e deliberativas da democracia são alimentadas sobretudo pela influência dos direitos fundamentais sobre a dinâmica de funcionamento do Estado. Assim, e como já se viu, as pessoas, como titulares de uma dignidade que exige que elas sejam tratadas com respeito pelos demais, têm o direito de receber justificativas acerca dos atos que eventualmente as afetem, e devem igualmente poder influenciar a formação desse ato. É impossível dissociar os dois fenômenos que se imbricam mutuamente.

Vale o registro de que mesmo antes de a democracia estar tão intimamente ligada à ideia de igualdade e, *a fortiori*, de soberania popular, bem como ao axioma da dignidade, já se identificava uma ligação lógica e operacional entre a representação política e o debate de ideias. Com efeito, uma das justificativas da democracia representativa era justamente a necessidade de viabilizar uma discussão adequada e, ao fim, a deliberação acerca das questões públicas, debate esse que o povo, coletivamente considerado, não teria condições de levar a cabo. Interessantemente, portanto, mesmo a democracia representativa clássica, em suas várias vertentes, acaba por trazer em si a ideia de que seu ofício não se esgota no voto, que é o momento final de deliberação, mas envolve o debate anterior no âmbito dos colegiados.[184]

Do ponto de vista da Constituição de 1988, é certo que um dos conteúdos essenciais da democracia é o exercício do voto secreto, universal e periódico com igual valor para todos por parte dos cidadãos.[185] Em um segundo momento, a rotina democrática se estrutura em torno das deliberações majoritárias dos corpos legislativos no âmbito da União, Estados, Distrito Federal e Municípios,[186] para além das competências atribuídas aos demais órgãos e entidades estatais. Entretanto, as opções constitucionais no que diz respeito à democracia não se esgotam no voto e uma série de previsões incluídas no texto reflete o ponto.

A opção constitucional no sentido de financiar, ao menos em parte, a propaganda eleitoral concedendo aos partidos acesso gratuito ao rádio e à televisão reflete a importância que a Constituição conferiu à exposição de ideias no contexto eleitoral (independentemente, é claro,

---

[184] HAMILTON; JAY; MADISON, 1993; JELLINECK, 1921, p. 536-537.
[185] Constituição de 1988: "Art. 14. A soberania popular será exercida pelo sufrágio universal e pelo voto direto e secreto, com valor igual para todos, e, nos termos da lei, mediante:" e "Art. 60, §4º Não será objeto de deliberação a proposta de emenda tendente a abolir: (...) II - o voto direto, secreto, universal e periódico;".
[186] Constituição de 1988: "Art. 47. Salvo disposição constitucional em contrário, as deliberações de cada Casa e de suas Comissões serão tomadas por maioria dos votos, presente a maioria absoluta de seus membros".

do uso concreto que seja feito desse recurso público pelos partidos).

A extensão da imunidade material conferida aos parlamentares – que não inclui apenas seus votos, mas opiniões e palavras – vai no mesmo sentido, assim como a previsão constitucional das comissões no âmbito das casas legislativas, cujo objetivo é justamente promover um debate específico sobre os projetos em discussão, tema ao qual se voltará adiante.

Paralelamente, a Constituição pretende de forma específica que ações estatais de caráter permanente se desenvolvam de forma democrática. Para isso, a Constituição indica a necessidade de serem criados espaços de debate e discussão – ou seja: de apresentação de razões e contrarrazões, críticas e argumentos – e garante a participação da sociedade ou de grupos específicos nesses espaços. É o que acontece, por exemplo, em relação às políticas relacionadas com a seguridade social,[187] a assistência social,[188] a educação,[189] a saúde[190] e a cultura,[191] bem como com a política agrícola.[192]

---

[187] Constituição de 1988: "Art. 194. A seguridade social compreende um conjunto integrado de ações de iniciativa dos Poderes Públicos e da sociedade, destinadas a assegurar os direitos relativos à saúde, à previdência e à assistência social. Parágrafo único. Compete ao Poder Público, nos termos da lei, organizar a seguridade social, com base nos seguintes objetivos: (...) VII - caráter democrático e descentralizado da administração, mediante gestão quadripartite, com participação dos trabalhadores, dos empregadores, dos aposentados e do Governo nos órgãos colegiados. (Redação dada pela Emenda Constitucional nº 20, de 1998)".

[188] Constituição de 1988: "Art. 204. As ações governamentais na área da assistência social serão realizadas com recursos do orçamento da seguridade social, previstos no art. 195, além de outras fontes, e organizadas com base nas seguintes diretrizes: (...) II - participação da população, por meio de organizações representativas, na formulação das políticas e no controle das ações em todos os níveis".

[189] Constituição de 1988: "Art. 206. O ensino será ministrado com base nos seguintes princípios: (...) VI - gestão democrática do ensino público, na forma da lei;".

[190] Constituição de 1988: "Art. 198. As ações e serviços públicos de saúde integram uma rede regionalizada e hierarquizada e constituem um sistema único, organizado de acordo com as seguintes diretrizes: (...) III - participação da comunidade".

[191] Constituição de 1988: "Art. 216-A. O Sistema Nacional de Cultura, organizado em regime de colaboração, de forma descentralizada e participativa, institui um processo de gestão e promoção conjunta de políticas públicas de cultura, democráticas e permanentes, pactuadas entre os entes da Federação e a sociedade, tendo por objetivo promover o desenvolvimento humano, social e econômico com pleno exercício dos direitos culturais. (Incluído pela Emenda Constitucional nº 71, de 2012) §1º O Sistema Nacional de Cultura fundamenta-se na política nacional de cultura e nas suas diretrizes, estabelecidas no Plano Nacional de Cultura, e rege-se pelos seguintes princípios: Incluído pela Emenda Constitucional nº 71, de 2012 (...) X - democratização dos processos decisórios com participação e controle social; Incluído pela Emenda Constitucional nº 71, de 2012".

[192] Constituição de 1988: "Art. 187. A política agrícola será planejada e executada na forma da lei, com a participação efetiva do setor de produção, envolvendo produtores e trabalhadores rurais, bem como dos setores de comercialização, de armazenamento e de transportes, levando em conta, especialmente:".

A Constituição assegura a participação dos trabalhadores e empregadores nos colegiados de órgãos públicos nos quais seus interesses sejam objeto de deliberação e decisão[193] e prevê que a lei deve regular formas de participação do usuário na Administração Pública direta e indireta.[194] Tanto o Fundo de Combate à Erradicação da Pobreza quanto os Fundos de Combate à Pobreza previam, no plano constitucional, participação de representantes da sociedade civil em seus conselhos e órgãos de gestão.[195]

Independentemente do debate teórico, como se vê, parece tranquilo concluir que a opção constitucional em matéria de democracia agrega ao seu conteúdo essencial, para além do voto, tanto a ampliação dos participantes quanto, sobretudo, a apresentação de razões por parte deles.[196] E, se é assim, e se a apresentação de razões por parte dos agentes públicos é inerente à democracia, as instituições e as práticas públicas em um Estado democrático devem ser concebidas e desenhadas de forma a contribuir para esse resultado.[197]

---

[193] Constituição de 1988: "Art. 10. É assegurada a participação dos trabalhadores e empregadores nos colegiados dos órgãos públicos em que seus interesses profissionais ou previdenciários sejam objeto de discussão e deliberação".

[194] Constituição de 1988: "Art. 37. §3º A lei disciplinará as formas de participação do usuário na administração pública direta e indireta, regulando especialmente:".

[195] Constituição de 1988: "Art. 79. É instituído, para vigorar até o ano de 2010, no âmbito do Poder Executivo Federal, o Fundo de Combate e Erradicação da Pobreza, a ser regulado por lei complementar com o objetivo de viabilizar a todos os brasileiros acesso a níveis dignos de subsistência, cujos recursos serão aplicados em ações suplementares de nutrição, habitação, educação, saúde, reforço de renda familiar e outros programas de relevante interesse social voltados para melhoria da qualidade de vida. (Incluído pela Emenda Constitucional nº 31, de 2000) (Vide Emenda Constitucional nº 42, de 19.12.2003) (Vide Emenda Constitucional nº 67, de 2010). Parágrafo único. O Fundo previsto neste artigo terá Conselho Consultivo e de Acompanhamento que conte com a participação de representantes da sociedade civil, nos termos da lei. (Incluído pela Emenda Constitucional nº 31, de 2000)" e "Art. 82. Os Estados, o Distrito Federal e os Municípios devem instituir Fundos de Combate á Pobreza, com os recursos de que trata este artigo e outros que vierem a destinar, devendo os referidos Fundos ser geridos por entidades que contem com a participação da sociedade civil. (Incluído pela Emenda Constitucional nº 31, de 2000)".

[196] FORST, 2007, p. 186: "What is, finally, the "ultimate ground" of deliberative democracy? As opposed to liberal and communitarian answers, which imply an instrumental understanding of democracy as either one possible or the only means to realize liberal principles or communal values, the ground of deliberative democracy is the basic moral right to justification which – when applied to a political context – calls for an institutionalization of forms of reciprocal and general justification. Thereby, it justifies and models as well as transcends and limits democratic institutions. Democracy is the only appropriate, though never fully appropriate, political expression of the basic right to justification and of mutual respect between persons".

[197] FORST, 2007, p. 181: "Political institutions in a narrower sense, most importantly parliamentary decision-making bodies, also have to be "designed" so that the "force" of the better argument can become a real political force".

Em síntese, em uma república, os agentes públicos exercem um poder delegado e devem prestar contas dos atos praticados ou que pretendem praticar e que tenham repercussão sobre a vida das pessoas. A elaboração e a expedição de normas – cujo impacto sobre a esfera jurídica dos indivíduos é da sua própria natureza – veiculam claro exercício de poder político delegado por parte do povo e, por isso mesmo, demandam justificação minimamente adequada, na linha do devido procedimento na elaboração normativa.

Ademais, se a apresentação de razões é uma exigência essencial da democracia, o devido procedimento na elaboração normativa é uma especificação relativamente básica dessa exigência no contexto da elaboração normativa. Isto é: a exigência de que aquele que propõe normas apresente a justificativa correspondente, que deverá trazer razões e informações que fundamentem a proposta, tendo em conta o problema que se pretende enfrentar, os resultados ao final esperados, e os custos e impactos antecipados.

5.4 Princípios do Estado de Direito e do devido processo legal

O devido procedimento na elaboração normativa encontra fundamento também em um segundo bloco de opções constitucionais acerca do funcionamento básico do Estado brasileiro: trata-se do princípio do Estado de Direito e da garantia do devido processo legal, temas que não se confundem, mas se aproximam de forma relevante e, por isso, serão tratados de forma conjunta.

O Estado recriado pela Constituição de 1988 é um Estado Democrático de Direito, nos termos do seu art. 1º. Mas o que significa isso? O aspecto democrático do Estado de Direito já foi mencionado e se ocupa de como o Direito será criado. Não se admite, portanto, que uma autoridade ou qualquer outra estrutura, que não possa ser descrita como democrática, simplesmente crie o Direito. Já se viu que esse *como* abarca vários desenvolvimentos possíveis, desde o voto majoritário, passando por mecanismos de ampliação da participação e pelo debate de razões. Seja como for, não é qualquer Direito que atende ao Estado de Direito, mas apenas aquele criado de forma democrática. Superado esse aspecto da expressão, o que significa afinal o Estado de Direito e qual sua relação possível com o devido procedimento na elaboração normativa?

Existe amplo debate no âmbito da filosofia e da teoria jurídicas sobre o que exatamente significa e exige o Estado de Direito ou o *rule of law*, conceitos que podem ser aproximados para os fins do argumento aqui em vista.[198] De forma simplificada, é possível identificar duas grandes visões sobre o tema: uma que postula uma visão mais restrita e predominante formal e procedimental para o Estado de Direito e outra que, sem prejuízo de acolher esses elementos formais e procedimentais, agrega ainda considerações substantivas. Essas visões divergem quanto ao conteúdo – mais abrangente ou mais limitado – e, de certo modo, essa divergência decorre da função que os autores atribuem ao princípio.[199]

Para alguns autores, uma vez que se incluam conteúdos materiais no Estado de Direito – como, por exemplo, a proteção dos direitos fundamentais, a redução das desigualdades, etc. –, o conceito perderia especificidade e funcionalidade, pois passaria a significar basicamente tudo o que se pretende que os Estados democráticos contemporâneos venham a proporcionar como resultado de sua ação. Seu conteúdo essencial restaria perdido ou significativamente diluído. De outra parte, outros autores sustentam que uma visão formal e limitada do Estado de Direito reforçaria a percepção equivocada, e por vezes manipulativa, de uma suposta neutralidade do aparato estatal e jurídico, reforçando injustiças, discriminações e violações a direitos. Assim, seria indispensável conectar aos elementos formais do Estado de Direito também pressupostos materiais essenciais.[200]

Mas quais seriam esses elementos formais do Estado de Direito? As listas apresentadas pelos autores oscilam um pouco, mas há certo consenso em torno de alguns elementos: (i) as pessoas como um todo e também o Poder Público devem se submeter à lei e obedecê-la; (ii) a lei deve ser efetivamente capaz de guiar a conduta das pessoas; (iii) como decorrência de (ii), a lei deve ser prospectiva, razoavelmente estável, geral, clara e compreensível; e (iv) um Judiciário independente, e ao qual o acesso deve ser facilitado, deve assegurar o cumprimento da lei.

Mesmo os autores que sustentam uma concepção formal do Estado de Direito reconhecem a importância dos qualificadores da lei referidos, como as ideias de clareza, generalidade (que se conecta de certo modo com a de igualdade) e compreensibilidade. É relevante observar que embora tais elementos possam ser descritos sob uma perspectiva formal, eles carregam considerável conteúdo substantivo.

---

[198] Para os fins deste estudo Estado de Direito e *rule of law* estão sendo equiparados, embora os dois conceitos apresentem nuances próprias. Sobre o ponto, v. ROSENFELD, 2001, p. 1309-1310; VIEIRA, 1991.

[199] V. RAZ, 2009; FULLER, 1969; HART, 1994.

[200] V. VIEIRA, 2007; O'DONNELL, 2004; ROSENFELD, 2001; FALLON, 1997.

Na realidade, haveria uma certa tautologia vazia em afirmar que o Estado deve se submeter à lei – a principal e provavelmente a mais central das garantias decorrentes do Estado de Direito – se qualquer ato estatal pudesse ser qualificado como lei, sem maiores considerações, já que, por definição, o Estado age por meio da lei e do Direito. Sem essas qualificações, qualquer ato estatal – obscuro, abusivo, discriminatório, ilógico, incompreensível – poderia ser qualificado como lei e atender assim à exigência do Estado de Direito do ponto de vista formal. Ou seja: alguma exigência substantiva para a noção de lei é indispensável sob pena de o princípio não ter sentido ou função.

Não se vai aqui ingressar no debate sobre as diferentes concepções acerca do Estado de Direito ou sobre suas funcionalidades. Basta então o registro de que, mesmo conceitos estritos vão qualificar minimamente o que se vai admitir como "lei" ou "Direito", não operando com um conceito puramente formalista. Assim, exigências como generalidade, igualdade, não discriminação, estabilidade e compreensibilidade por parte dos destinatários são consideradas essenciais para que se possa caracterizar algo como Direito e, portanto, decorrem do Estado de Direito. Ora, se é assim, é certo que quem elabora as normas está igualmente vinculado a esses mesmos elementos: não poderá elaborar normas incompreensíveis, ilógicas, sem sentido, para além dos outros aspectos referidos, como a generalidade, a irretroatividade e a estabilidade.

A justificativa exigida pelo devido procedimento na elaboração normativa, com seus conteúdos mínimos, deverá ser apresentada por quem propõe a criação de normas, e constitui um procedimento para que essa clareza e compreensibilidade das normas sejam explicitadas. Ou seja: o DPEN veicula uma garantia elementar do conteúdo essencial do Estado de Direito referido. Nesse ponto é possível fazer uma conexão lógica do que se vem de expor com a garantia do devido processo legal.

A Constituição de 1988 assegura de forma expressa a garantia de que "ninguém será privado da liberdade ou de seus bens sem o *devido processo legal*" (art. 5º, LIV). Historicamente, sobretudo a partir da experiência anglo-saxã, a garantia do devido processo legal se desenvolveu inicialmente à vista da atuação do Estado-Juiz, o chamado devido processo legal processual. Assim, embora o Estado, por meio do Judiciário, pudesse impor restrições sérias à liberdade e ao patrimônio das pessoas, essas restrições não poderiam ser aplicadas de forma livre ou aleatória. Regras e limites deveriam ser observados nessa atuação estatal, que se desenvolveram ao longo do tempo, tendo em seu núcleo a imparcialidade do juízo e as garantias de defesa. O ponto já foi observado no início deste estudo quando se procurou esclarecer a opção pela expressão "devido procedimento na elaboração normativa". Cabe agora aprofundá-lo.

Com a ampliação dos papéis do Estado ao longo dos últimos 100 anos, a mesma lógica subjacente ao devido processo legal processual – de que a atuação estatal não poderá ser irracional, abusiva, ou ilógica – expandiu-se para ser aplicada também à atuação do Estado-Administração Pública, que passou a ter cada vez mais competências, e chegou igualmente à atividade normativa estatal, que cresceu sem precedentes. O devido processo legal, portanto, sem prejuízo de sua faceta processual, desenvolveu também uma faceta substantiva, como um mecanismo de controle da razoabilidade dos atos do Poder Público em geral, aí compreendidos atos normativos em geral e leis em particular. De forma simples, a ideia é que qualquer ação estatal destina-se a afetar em alguma medida (positiva ou negativamente) a liberdade e os direitos das pessoas, de modo que deve ser no mínimo razoável.

Como se sabe, e a doutrina brasileira destaca com frequência, da tradição alemã, uma ideia aproximada[201] que se desenvolveu a partir justamente da garantia do Estado de Direito em conexão com o sistema dos direitos fundamentais:[202] trata-se da exigência de proporcionalidade que se dirige à ação estatal como um todo, e aos atos normativos em particular. Nesse sentido, aqueles qualificadores da lei inerentes ao Estado de Direito referidos anteriormente proscreveriam a ação normativa estatal abusiva, ilógica ou desproporcional, servindo, portanto, como limites às leis e aos atos do Poder Público de forma mais ampla.

Antes da Constituição atual, na realidade, a jurisprudência do Supremo Tribunal Federal já utilizava a ideia de proporcionalidade ou, de forma mais genérica, de razoabilidade, com maior ou menor elaboração, e muitas vezes associada à noção de abuso ou desvio de poder. O primeiro caso apontado pela historiografia do Supremo Tribunal Federal como antecedente da utilização da razoabilidade no século XX foi decidido em 1951, no Recurso Extraordinário 18.331, Relator o Ministro Orozimbo Nonato.[203] Na hipótese, o Município de Santos havia aumentado em 1.000% o imposto de licença sobre cabines de banho,

---

[201] Embora boa parte da doutrina e da jurisprudência equipare razoabilidade e proporcionalidade, se está de acordo com a parte da doutrina que distingue esses dois conceitos. Sobre o tema, v. ÁVILA, 2003. O ponto porém não tem especial consequência para o objeto deste estudo, de modo que fica apenas o registro teórico.

[202] MENDES, 2015, p. 217 et seq.

[203] COSTA, 2008.

e determinada empresa afetada alegava que o aumento inviabilizava sua atividade econômica, o que foi acolhido ao fim pelo STF. A Corte invocou a noção, oriunda da experiência norte-americana, de que o poder de tributar é o poder de manter vivo, e concluiu que há limites ao poder de tributar, que não pode ser utilizado de forma abusiva de tal modo que inviabilize as atividades econômicas.

A proporcionalidade ganhou muitos desenvolvimentos analíticos, na Alemanha, no Brasil e em outras partes do mundo, que procuram operacionalizar sua utilização.[204] Reproduzindo o modelo mais comumente adotado pela doutrina e jurisprudência brasileiras, entende-se que atenderá à proporcionalidade a norma ou ato que seja capaz de atender a três testes sucessivos: o da adequação lógica entre os meios empregados e os fins a que eles se destinam; o da vedação do excesso ou da necessidade, que envolve uma comparação entre os meios adotados pela norma ou ato e outros eventualmente menos gravosos para os direitos envolvidos e igualmente capazes de produzir os resultados pretendidos; e, por fim, o teste identificado como da proporcionalidade em sentido estrito, que cuida de um confronto da norma ou ato com o sistema constitucional como um todo, de modo a aferir se, ao pretender realizar determinado fim, ela ou ele respeita minimamente as demais normas constitucionais.

Como se pode perceber, a adequação lógica e a necessidade constituem exames internos, tendo em conta a norma ou o ato em si mesmo: seus motivos, meios (efetivamente adotados ou alternativos) e fins. Já a proporcionalidade em sentido estrito descreve um confronto da norma com o sistema externo a ela, a saber, com o sistema constitucional como um todo. O confronto externo é próprio da possibilidade de controle de constitucionalidade que decorre da superioridade hierárquica da Constituição.

Na tradição brasileira, sobretudo a partir da Constituição de 1988, as exigências da razoabilidade e da proporcionalidade dirigidas aos atos estatais em geral, e aos atos normativos em particular, têm sido extraídas pela doutrina e pela jurisprudência tanto da garantia do devido processo legal substantivo quanto da cláusula do Estado de Direito, como de forma mais ampla do sistema dos direitos fundamentais.[205]

---

[204] A doutrina nacional tem elaborado de forma muito consistente o princípio da razoabilidade. Veja-se, por muitos, BÉZE, 2011; BARROSO, 2009a, p. 198 et seq.; BARROS, 1996; BANDEIRA DE MELLO, 1993; SIQUEIRA CASTRO, 1989; DANTAS, 1953.

[205] Gilmar Mendes observa, citando doutrina alemã, que a extração da proporcionalidade de apenas um ou outro dos elementos constitucionais referidos não produziria

Tornou-se inclusive frequente a declaração de inconstitucionalidade de leis e atos do Poder Público com fundamento nas exigências da razoabilidade e/ou da proporcionalidade,[206] a tal ponto que parte da doutrina tem inclusive observado a necessidade de maior cuidado na utilização desses parâmetros.

O que a doutrina tem destacado nesse ponto, com razão, é que, no mundo real, as avaliações acerca das relações de adequação lógica entre os meios e os fins, bem como acerca dos meios alternativos capazes de produzir os mesmos resultados de forma menos gravosa, são complexas e multifacetadas, e não singelas e lineares como nos exemplos acadêmicos. Além disso, os agentes públicos não dispõem de todo o tempo do mundo para fazer suas avaliações: pressões de tempo estão sempre presentes.

Por fim, a Administração e o Legislativo atuam de forma prospectiva – cabe a elas avaliar e prever da melhor forma possível os resultados futuros de seus atos, mas não há garantias. O Judiciário, portanto, ao avaliar a eventual invalidade de uma norma ou ato sob a perspectiva da razoabilidade ou da proporcionalidade não pode ignorar essas circunstâncias reais nas quais eles foram editados. O julgador não pode perder de vista que se encontra em uma posição totalmente diversa para fazer suas avaliações: o Judiciário examina o que já aconteceu, tem informações efetivas sobre os resultados produzidos (e não apenas avaliações prospectivas), e não sofre pressões de tempo da mesma natureza.[207]

O que se expôs até aqui corresponde ao conhecimento consolidado no Brasil acerca do Estado de Direito e da razoabilidade e da proporcionalidade como parâmetros de controle da atuação estatal e, em particular, da atuação normativa do Poder Público brasileiro. Há amplo consenso no sentido de que é possível ao Judiciário declarar a invalidade de atos de Poder Público por desrespeito a tais exigências. Mas qual a conexão entre o que se acaba de expor e o devido procedimento na elaboração normativa?

O ponto que se quer destacar aqui é o de que os atos do Poder Público não se limitam ao produto final expedido, mas incluem também

---

necessariamente os mesmos resultados, já que a vinculação aos direitos fundamentais e ao devido processo legal diz respeito às relações entre o Estado e os particulares, o passo que o Estado de Direito abarcaria todas as relações do Estado. Na prática, também na Alemanha, essa distinção não se verifica estendendo-se a compreensão de que a ação do Estado comum tudo demanda o respeito à proporcionalidade. V. MENDES, 2015, p. 218-219.

[206] COSTA, 2008; SANTOS, 2004.
[207] ÁVILA, 2004.

a sua fase de elaboração. Assim, em um nível menos rigoroso e procedimental, as exigências do Estado de Direito – de clareza e compreensibilidade da norma – e da proporcionalidade devem igualmente ter repercussão, ainda que em um nível mínimo, também na fase de elaboração das normas. É neste ponto, como se vê, que o devido procedimento na elaboração normativa se fundamenta nas cláusulas do Estado de Direito e do devido processo legal.

Boa parte dos problemas de falta de proporcionalidade de uma norma tem origem no momento de sua elaboração, não sendo possível dissociar esses dois fenômenos: a norma e o processo que lhe dá origem. Se não se identificou de forma minimamente clara no processo de elaboração normativa qual o problema que se pretende enfrentar e quais os resultados que se espera com a providência proposta – os dois primeiros conteúdos mínimos do DPEN –, as chances de que não haja adequação lógica entre meios e fins será considerável. No mesmo sentido, se não se fez qualquer reflexão sobre os custos e impactos da medida proposta – o terceiro conteúdo do DPEN –, problemas em torno da necessidade da norma, e da viabilidade de medidas menos gravosas, bem como de infração a outras normas constitucionais, também poderão se apresentar.[208]

Ou seja: embora o objetivo principal do DPEN não seja fazer um controle de mérito da justificativa, não se pode ignorar que existem parâmetros constitucionais que as normas em geral deverão observar – os três testes da proporcionalidade, por exemplo – e, portanto, é apenas natural e esperado que haja alguma articulação explícita acerca deles por parte de quem as elabora.[209] No mínimo, a exigência de justificativa

---

[208] WINTGENS, 2013, posição 438: "I propose to call legislation in the passive and in the active sense. Legislation in the passive sense is a product. It is used in expressions like "environmental legislation" or "tax legislation". Legislation in the active sense on the contrary refers to the process of legislation. While problems with the rationality of legislation in the passive sense only appear when it comes to interpretation and application, problems of the rationality of legislation in the active sense appear at an earlier state, that is, throughout the process of legislative law making. A legisprudential theory of law that no longer takes for granted the central position of the judge, but also considers the legislator as a legal agent (although he is also a political agent) focuses on the process of legislation or legislation in the active sense. From this perspective, the process of legislation seems to be the appropriate context for the exploration of the rationality of the legislator".

[209] Nesse sentido, relacionando a apresentação de razões a uma exigência elementar da razoabilidade, ou ao menos da não arbitrariedade: OLIVER-LALANA, 2013, posição 4029 ("It would be then possible to challenge the constitutionality of certain legislative choices, for instance, when parliamentarians do not give any reasons for them, as this amounts to lacking justification and hence to arbitrariness").

pretendida pelo devido procedimento na elaboração normativa, embora não garanta resultados, funciona como um incentivo a que haja uma reflexão sobre esses pontos.[210]

Mas não se trata apenas de prevenir futuras invalidades de normas por desrespeito às exigências básicas do Estado de Direito e do devido processo legal, embora esse seja certamente um fim relevante. Trata-se de incluir o processo de elaboração normativa na categoria de atos do Poder Público de forma mais ampla que recebem igualmente a incidência dessas cláusulas constitucionais. Assim como o Estado-Juiz e o Estado-Administrador, também o Estado-Elaborador de Normas está submetido ao Estado de Direito e ao devido processo legal.

É certo que essas incidências serão diferentes, em intensidade e conteúdo, mas ainda assim deverão existir. Nesse contexto, do mesmo modo como os processos judicial e administrativo estão submetidos a normas procedimentais, e também suas decisões finais estarão submetidas a determinadas exigências de forma e conteúdo, assim também o processo de elaboração de normas deve submeter-se a algum tipo de norma procedimental, do mesmo modo que as normas – produto final desse processo – estarão submetidas aos parâmetros constitucionais próprios que limitam seu conteúdo.

Quem propõe uma norma, assim como os demais agentes públicos, deve demonstrar minimamente como sua proposta faz sentido no mundo, quais são suas pretensões, e como elas se relacionam com os fatos que pretendem disciplinar.[211] O legislador tem ampla discricionariedade para decidir acerca dos atos legislativos, e em menor medida outros agentes com competência normativa, mas não está livre para ser absurdo, ilógico, abusivo, aleatório ou inconsequente.[212]

Repita-se, como já referido, que a exigência de apresentação de justificativa que dá o conteúdo do devido procedimento na elaboração normativa não ingressa em qualquer controle ou debate acerca do conteúdo dessa justificativa, definindo apenas três grandes temas que deverão ser abordados. Não se trata de equiparar as funções legislativas às demais funções estatais, cuja vinculação ao Direito é muitíssimo

---

[210] Na linha descrita por SUNSTEIN; THALER, 2009, como um *nudge*, isto é, um estímulo.
[211] OLIVER-LALANA, 2013, posição 3517: "rational lawmaking is impossible without arguments –, this presupposes that lawmakers publicly state and exchange reasons for what they decide:".
[212] FLUECKIGER, 1999, p. 117: "Le législateur dispose d'un vaste espace d'autonomie créatrice dans le cadre des règles constitutionnelles et légales. Il n'est cependant pas libre d'échapper à l'exigence de rationalité".

maior, ou de esvaziar o espaço da política para ocupá-lo com o Direito: o ponto será retomado adiante de forma mais específica.

O DPEN não procura controlar a conveniência da decisão legislativa ou seu conteúdo propriamente (embora, como se viu, a norma afinal editada poderá ter seu conteúdo controlado a partir de uma versão mais densa das cláusulas do Estado de Direito e do devido processo legal). Caso a norma seja afinal editada, o controle de constitucionalidade das normas poderá concluir que essa consideração foi inteiramente equivocada e declarar a invalidade da norma. Mas essa já será uma outra questão. Em resumo, o devido procedimento na elaboração normativa apenas exige que os elementos considerados nucleares para a garantia do Estado de Direito e do devido processo legal sejam *considerados e explicitados* por quem propõe a norma e, nesse sentido, é uma decorrência lógica de tais princípios constitucionais.

5.4.1 O processo legislativo constitucional e o devido procedimento na elaboração normativa

Como discutido, o devido procedimento na elaboração normativa é extraído de conteúdos essenciais dos direitos fundamentais e dos princípios republicano, democrático, do Estado de Direito e da garantia do devido processo legal. Mas o que dizer das normas constitucionais que tratam especificamente da elaboração legislativa? É disso que se cuida agora de forma particular.

A Constituição de 1988 não trata de forma geral ou sistemática sobre o processo de elaboração normativa pelo Estado, por seus vários órgãos e entidades, e talvez não fosse realmente razoável esperar que o fizesse. A Constituição estabelece apenas regras básicas acerca do processo legislativo conduzido pelas Casas Legislativas, e nenhuma delas prevê, de forma explícita, o dever de apresentação de uma justificativa nos termos do devido procedimento na elaboração normativa discutido neste estudo.

Nada obstante, a ideia de discussão acerca das razões e informações pertinentes às propostas normativas, acerca de seus objetivos e dos impactos da medida proposta encontra-se claramente subjacente a várias dessas previsões constitucionais. A rigor, o devido procedimento na elaboração normativa encontra fundamento nos princípios que estruturam a atuação estatal como um todo já discutidos e é coerente com as previsões constitucionais específicas que cuidam do processo legislativo.

Com efeito, o exame das normas constitucionais que tratam do processo legislativo revela algumas opções importantes por parte do constituinte originário nesse particular. Em primeiro lugar, em várias ocasiões a Constituição prevê que as competências normativas de Casas Legislativas envolvem *discutir* e votar os temas que lhes são submetidos. A ideia de que deve haver uma *discussão*, e não apenas uma votação, pressupõe a apresentação de argumentos e contra-argumentos, que idealmente devem envolver razões e informações, acerca das propostas submetidas às Casas Legislativas.[213] Em relação ao veto, a Constituição exige que ele seja motivado e, ao tratar da reunião que decidirá sobre ele, diz a Constituição que cabe ao Congresso reunir-se para conhecer do veto e sobre ele deliberar.[214]

Em segundo lugar, a própria Constituição prevê que o Congresso e suas Casas deverão contar com comissões permanentes e temporárias cujo objetivo é tanto aprofundar quanto ampliar os debates acerca das matérias examinadas. Esses debates receberão a contribuição da participação de representantes da sociedade civil e de outros Poderes e da circunstância de serem examinados sob diferentes perspectivas, tendo em conta as diferentes concentrações temáticas das comissões. Cabe às comissões, igualmente, e nesse mesmo contexto, apurar informações que possam ser relevantes para o que esteja sendo examinado.

---

[213] Constituição de 1988: "Art. 58. O Congresso Nacional e suas Casas terão comissões permanentes e temporárias, constituídas na forma e com as atribuições previstas no respectivo regimento ou no ato de que resultar sua criação. (...) §2º Às comissões, em razão da matéria de sua competência, cabe: I - *discutir* e votar projeto de lei que dispensar, na forma do regimento, a competência do Plenário, salvo se houver recurso de um décimo dos membros da Casa; (...) Art. 60. A Constituição poderá ser emendada mediante proposta: (...) §2º A proposta será *discutida* e votada em cada Casa do Congresso Nacional, em dois turnos, considerando-se aprovada se obtiver, em ambos, três quintos dos votos dos respectivos membros. (...) Art. 64. A *discussão* e votação dos projetos de lei de iniciativa do Presidente da República, do Supremo Tribunal Federal e dos Tribunais Superiores terão início na Câmara dos Deputados. (...) Art. 65. O projeto de lei aprovado por uma Casa será revisto pela outra, em um só turno de *discussão* e votação, e enviado à sanção ou promulgação, se a Casa revisora o aprovar, ou arquivado, se o rejeitar. (...) ADCT, Art. 11. Cada Assembleia Legislativa, com poderes constituintes, elaborará a Constituição do Estado, no prazo de um ano, contado da promulgação da Constituição Federal, obedecidos os princípios desta. Parágrafo único. Promulgada a Constituição do Estado, caberá à Câmara Municipal, no prazo de seis meses, votar a Lei Orgânica respectiva, em dois turnos de *discussão* e votação, respeitado o disposto na Constituição Federal e na Constituição Estadual".

[214] Constituição de 1988: "Art. 57. O Congresso Nacional reunir-se-á, anualmente, na Capital Federal, de 2 de fevereiro a 17 de julho e de 1º de agosto a 22 de dezembro. (Redação dada pela Emenda Constitucional nº 50, de 2006) (...) §3º Além de outros casos previstos nesta Constituição, a Câmara dos Deputados e o Senado Federal reunir-se-ão em sessão conjunta para: (...) IV - conhecer do veto e sobre ele deliberar.

Caberá aos regimentos internos das Casas definir a forma e as atribuições das Comissões, mas a Constituição já define em termos gerais que lhes cabe: discutir e votar projetos de lei, apreciar e elaborar parecer sobre programas de obras e planos de desenvolvimento, coletar informações e razões por meio da oitiva de pessoas (Ministros de Estado, autoridades, cidadãos e entidades da sociedade civil) e do debate em audiências públicas, etc.[215] Todas essas atividades atribuídas às Comissões envolvem justamente o debate em torno dos diferentes argumentos e informações relativos aos projetos e planos submetidos ao Poder Legislativo.[216]

É interessante notar que o que se discute aqui não é estranho aos regimentos internos, *e.g.*, da Câmara dos Deputados e do Senado Federal. Como se sabe, os regimentos organizam várias comissões temáticas e as proposições normativas devem, como regra, percorrer várias delas, de modo a permitir que o tema seja examinado sob múltiplas perspectivas.[217] Os regimentos preveem ainda (genericamente, é bem

---

[215] Constituição de 1988: "Art. 58. O Congresso Nacional e suas Casas terão comissões permanentes e temporárias, constituídas na forma e com as atribuições previstas no respectivo regimento ou no ato de que resultar sua criação. §1º Na constituição das Mesas e de cada Comissão, é assegurada, tanto quanto possível, a representação proporcional dos partidos ou dos blocos parlamentares que participam da respectiva Casa. §2º Às comissões, em razão da matéria de sua competência, cabe: I - discutir e votar projeto de lei que dispensar, na forma do regimento, a competência do Plenário, salvo se houver recurso de um décimo dos membros da Casa; II - realizar audiências públicas com entidades da sociedade civil; III - convocar Ministros de Estado para prestar informações sobre assuntos inerentes a suas atribuições; IV - receber petições, reclamações, representações ou queixas de qualquer pessoa contra atos ou omissões das autoridades ou entidades públicas; V - solicitar depoimento de qualquer autoridade ou cidadão; VI - apreciar programas de obras, planos nacionais, regionais e setoriais de desenvolvimento e sobre eles emitir parecer".

[216] A despeito das previsões constitucionais e regimentais, como discutido no item 4.3, o papel das comissões acaba sendo limitado pelos regimes de urgência.

[217] As comissões são disciplinadas no Regimento Interno da Câmara dos Deputados a partir do art. 25, e, no Regimento Interno do Senado Federal, a partir do art. 71. É interessante observar que o Regimento Interno do Senado Federal é explícito em atribuir às comissões a avaliação ao longo do tempo da execução das políticas públicas: "Art. 96-B. No desempenho da competência prevista no inciso IX do art. 90, as comissões permanentes selecionarão, na área de sua competência, políticas públicas desenvolvidas no âmbito do Poder Executivo, para serem avaliadas. §1º Cada comissão permanente selecionará as políticas públicas até o último dia útil do mês de março de cada ano. §2º Para realizar a avaliação de que trata o *caput*, que se estenderá aos impactos das políticas públicas e às atividades meio de suporte para sua execução, poderão ser solicitadas informações e documentos a órgãos do Poder Executivo – e ao Tribunal de Contas da União, bem como a entidades da sociedade civil, nos termos do art. 50 da Constituição Federal. §3º Ao final da sessão legislativa, a comissão apresentará relatório com as conclusões da avaliação realizada. §4º A Consultoria Legislativa e a Consultoria de Orçamentos, Fiscalização e Controle do Senado Federal elaborarão estudos e relatórios técnicos que subsidiarão os trabalhos da avaliação de que trata o caput. (...) Art. 99-A. À Comissão de Assuntos Econômicos compete, ainda, avaliar periodicamente a funcionalidade do Sistema Tributário Nacional, em

de ver) que as proposições devem ser fundamentadas,[218] e há órgãos auxiliares destinados a subsidiar o Congresso Nacional na avaliação das proposições normativas e no monitoramento da execução das normas e dos impactos por elas produzidos.[219]

---

sua estrutura e seus componentes, e o desempenho das administrações tributárias da União, dos Estados, do Distrito Federal e dos Municípios. (...) Art. 101-A. O Ministro de Estado da Justiça comparecerá anualmente à Comissão de Constituição, Justiça e Cidadania do Senado Federal para prestar informações e esclarecimentos a respeito da atuação de sua Pasta, bem como para apresentar avaliação das políticas públicas no âmbito de suas competências. (...) Art. 102-A. À Comissão de Meio Ambiente, Defesa do Consumidor e Fiscalização e Controle, além da aplicação, no que couber, do disposto no art. 90 e sem prejuízo das atribuições das demais comissões, compete: I - exercer a fiscalização e o controle dos atos do Poder Executivo, incluídos os da administração indireta, podendo, para esse fim: a) avaliar a eficácia, eficiência e economicidade dos projetos e programas de governo no plano nacional, no regional e no setorial de desenvolvimento, emitindo parecer conclusivo; (...) i) propor ao Plenário do Senado as providências cabíveis em relação aos resultados da avaliação, inclusive quanto ao resultado das diligências realizadas pelo Tribunal de Contas da União; (...) Art. 102-E. À Comissão de Direitos Humanos e Legislação Participativa compete opinar sobre: (...) VII - fiscalização, acompanhamento, avaliação e controle das políticas governamentais relativas aos direitos humanos, aos direitos da mulher, aos direitos das minorias sociais ou étnicas, aos direitos dos estrangeiros, à proteção e integração das pessoas portadoras de deficiência e à proteção à infância, à juventude e aos idosos".

[218] Regimento Interno da Câmara dos Deputados: "Art. 103. A proposição poderá ser *fundamentada* por escrito ou verbalmente pelo Autor e, em se tratando de iniciativa coletiva, pelo primeiro signatário ou quem este indicar, mediante prévia inscrição junto à Mesa. Parágrafo único. O Relator de proposição, de ofício ou a requerimento do Autor, fará juntar ao respectivo processo a justificação oral, extraída do Diário da Câmara dos Deputados. (...) Art. 107. A publicação de proposição no Diário da Câmara dos Deputados e em avulsos, quando de volta das Comissões, sinalará, obrigatoriamente, após o respectivo número: (...) §1º Deverão constar da publicação a proposição inicial, *com a respectiva justificação*; os pareceres, com os respectivos votos em separado; as declarações de voto e a indicação dos Deputados que votaram a favor e contra; as emendas na íntegra, com as suas justificações e respectivos pareceres; as informações oficiais porventura prestadas acerca da matéria e outros documentos que qualquer Comissão tenha julgado indispensáveis à sua apreciação".
Regimento Interno do Senado Federal: "Art. 233. Nenhuma emenda será aceita sem que o autor a tenha *justificado* por escrito ou oralmente. Parágrafo único. A justificação oral de emenda em plenário deverá ser feita no prazo que seu autor dispuser para falar no Período do Expediente da sessão. (...) Art. 238. As proposições, salvo os requerimentos, devem ser acompanhadas de *justificação* oral ou escrita, observado o disposto no parágrafo único do art. 233. Parágrafo único. Havendo várias emendas do mesmo autor, dependentes de justificação oral, é lícito justificá-las em conjunto. (...) Art. 249. Toda proposição apresentada ao Senado será publicada no Diário do Senado Federal, na íntegra, acompanhada, quando for o caso, da *justificação* e da legislação citada. (...) Art. 376. O projeto de decreto legislativo referente a atos internacionais terá a seguinte tramitação: I - só terá iniciado o seu curso se estiver acompanhado de cópia autenticada do texto, em português, do ato internacional respectivo, bem como da mensagem de encaminhamento e da exposição de motivos;".

[219] Regimento Interno da Câmara dos Deputados: "Art. 275. O sistema de consultoria e assessoramento institucional unificado da Câmara dos Deputados compreende, além do Conselho de Altos Estudos e Avaliação Tecnológica, a Consultoria Legislativa, com seus integrantes e respectivas atividades de consultoria e assessoramento técnico-legislativo e parlamentar à Mesa, às Comissões, às Lideranças, aos Deputados e à Administração da Casa, com o apoio dos sistemas de documentação e informação, de informática e

Retornando ao sistema constitucional, e em terceiro lugar, a Constituição prevê, e o ponto já foi sublinhado, a necessidade de participação da sociedade de forma geral, ou de grupos interessados de forma específica, no contexto de elaboração de normas (mesmo que infralegais) sobre vários assuntos específicos, como seguridade social,[220] assistência social,[221] educação,[222] saúde,[223] cultura[224] e política agrícola.[225]

---

processamento de dados. Parágrafo único. O Conselho de Altos Estudos e Avaliação Tecnológica e a Consultoria Legislativa terão suas estruturas, interação, atribuições e funcionamento regulados por resolução própria. Art. 276. O Conselho de Altos Estudos e Avaliação Tecnológica, órgão técnico-consultivo diretamente jurisdicionado à Mesa, terá por incumbência: I - os estudos concernentes à formulação de políticas e diretrizes legislativas ou institucionais, das linhas de ação ou suas alternativas e respectivos instrumentos normativos, quanto a planos, programas e projetos, políticas e ações governamentais; II - os estudos de viabilidade e análise de impactos, riscos e benefícios de natureza tecnológica, ambiental, econômica, social, política, jurídica, cultural, estratégica e de outras espécies, em relação a tecnologias, planos, programas ou projetos, políticas ou ações governamentais de alcance setorial, regional ou nacional; III - a produção documental de alta densidade crítica e especialização técnica ou científica, que possa ser útil ao trato qualificado de matérias objeto de trâmite legislativo ou de interesse da Casa ou de suas Comissões. Parágrafo único. As atividades de responsabilidade do Conselho poderão ser deflagradas por solicitação da Mesa, de Comissão ou do Colégio de Líderes". Uma questão altamente problemática acerca desses Conselhos, nos termos da disciplina vigente, é a circunstância de que a minoria parlamentar dificilmente poderá fazer-lhes solicitações.

[220] Constituição de 1988: "Art. 194. A seguridade social compreende um conjunto integrado de ações de iniciativa dos Poderes Públicos e da sociedade, destinadas a assegurar os direitos relativos à saúde, à previdência e à assistência social. Parágrafo único. Compete ao Poder Público, nos termos da lei, organizar a seguridade social, com base nos seguintes objetivos: (...) VII - caráter democrático e descentralizado da administração, mediante gestão quadripartite, com participação dos trabalhadores, dos empregadores, dos aposentados e do Governo nos órgãos colegiados. (Redação dada pela Emenda Constitucional nº 20, de 1998)".

[221] Constituição de 1988: "Art. 204. As ações governamentais na área da assistência social serão realizadas com recursos do orçamento da seguridade social, previstos no art. 195, além de outras fontes, e organizadas com base nas seguintes diretrizes: (...) II - participação da população, por meio de organizações representativas, na formulação das políticas e no controle das ações em todos os níveis".

[222] Constituição de 1988: "Art. 206. O ensino será ministrado com base nos seguintes princípios: (...) VI - gestão democrática do ensino público, na forma da lei;".

[223] Constituição de 1988: "Art. 198. As ações e serviços públicos de saúde integram uma rede regionalizada e hierarquizada e constituem um sistema único, organizado de acordo com as seguintes diretrizes: (...) III - participação da comunidade".

[224] Constituição de 1988: "Art. 216-A. O Sistema Nacional de Cultura, organizado em regime de colaboração, de forma descentralizada e participativa, institui um processo de gestão e promoção conjunta de políticas públicas de cultura, democráticas e permanentes, pactuadas entre os entes da Federação e a sociedade, tendo por objetivo promover o desenvolvimento humano, social e econômico com pleno exercício dos direitos culturais. (Incluído pela Emenda Constitucional nº 71, de 2012) §1º O Sistema Nacional de Cultura fundamenta-se na política nacional de cultura e nas suas diretrizes, estabelecidas no Plano Nacional de Cultura, e rege-se pelos seguintes princípios: Incluído pela Emenda Constitucional nº 71, de 2012 (...) X - democratização dos processos decisórios com participação e controle social; Incluído pela Emenda Constitucional nº 71, de 2012".

[225] Constituição de 1988: "Art. 187. A política agrícola será planejada e executada na forma da lei, com a participação efetiva do setor de produção, envolvendo produtores e

A Constituição cuida também da participação dos trabalhadores e empregadores nos colegiados de órgãos públicos nos quais seus interesses sejam objeto de deliberação e decisão.[226] A exigência de participação popular nesses vários fóruns demandará, de um lado, que as autoridades públicas apresentem seus planos e *os justifiquem*, oferecendo as razões e informações capazes de demonstrar porque tais planos devem ser aprovados. Além disso, esses fóruns tornam-se um espaço de debate dessas justificativas e, eventualmente, da apresentação de outras perspectivas por parte dos participantes.

Em quarto lugar, a própria Constituição cuida, em vários pontos, da necessidade de avaliação sobre os impactos esperados da ação estatal ou mesmo de iniciativas privadas autorizadas pelo Estado. Os custos financeiros de proposições normativas em discussão devem ser estimados, bem como as repercussões que intervenções públicas e privadas possam ter sobre determinados bens que o constituinte considerou especialmente relevantes.

Assim, por exemplo, a Constituição prevê que, relativamente a determinados projetos, como, os de iniciativa do Executivo, as eventuais emendas parlamentares não poderão aumentar despesa.[227] Isso significa que alguma avaliação precisa ser feita para que se possa dimensionar a despesa prevista para o projeto como um todo e a associada à emenda em particular. O mesmo se diga das eventuais alterações levadas a cabo pelo Legislativo do projeto de lei do orçamento anual.[228] De forma mais geral, a EC nº 42/03 incluiu, dentre as competências do Senado Federal (art. 52, XV), a de "avaliar periodicamente a funcionalidade do Sistema Tributário Nacional, em sua estrutura e seus componentes, e o desempenho das administrações tributárias da União, dos Estados e do Distrito Federal e dos Municípios".

---

trabalhadores rurais, bem como dos setores de comercialização, de armazenamento e de transportes, levando em conta, especialmente:".

[226] Constituição de 1988: "Art. 10. É assegurada a participação dos trabalhadores e empregadores nos colegiados dos órgãos públicos em que seus interesses profissionais ou previdenciários sejam objeto de discussão e deliberação".

[227] Constituição de 1988: "Art. 63. Não será admitido aumento da despesa prevista: I - nos projetos de iniciativa exclusiva do Presidente da República, ressalvado o disposto no art. 166, §3º e §4º; II - nos projetos sobre organização dos serviços administrativos da Câmara dos Deputados, do Senado Federal, dos Tribunais Federais e do Ministério Público".

[228] Constituição de 1988: "Art. 166 §3º As emendas ao projeto de lei do orçamento anual ou aos projetos que o modifiquem somente podem ser aprovadas caso: I - sejam compatíveis com o plano plurianual e com a lei de diretrizes orçamentárias; II - indiquem os recursos necessários, admitidos apenas os provenientes de anulação de despesa, excluídas as que incidam sobre: (...)".

A Constituição prevê ainda, ao tratar da proteção ao meio ambiente, que há necessidade de estudo prévio de impacto ambiental para instalação de obra ou atividade potencialmente poluidora.[229] Ora, um ato normativo não é, em si mesmo, uma atividade potencialmente poluidora, mas seu conteúdo pode desencadear atividades com tais características, de modo que seria profundamente incoerente que tal aspecto não fosse cogitado quando da elaboração da norma, diante da prioridade constitucional dada ao tema.

O mesmo se diga, por exemplo, acerca do impacto de eventual norma em discussão sobre "as empresas de pequeno porte constituídas sob as leis brasileiras e que tenham sua sede e administração no país", que a Constituição expressamente prevê devem receber tratamento favorecido pela disciplina da ordem econômica.[230] Uma norma que venha a prejudicar tal segmento seria provavelmente considerada inválida, de modo que parece indispensável, do ponto de vista das prioridades constitucionais, que alguma avaliação sobre esse impacto seja feita quando da elaboração normativa. O mesmo se diga, e ainda com maior razão, acerca do impacto de eventual norma sobre os direitos fundamentais em geral, particularmente sob a perspectiva da desigualdade, à vista do art. 3º, III, da Constituição. Outros exemplos poderiam ser suscitados, mas parece suficiente o que já se expôs até aqui.

Cabe apenas fazer uma última observação neste tópico. Poder-se-ia argumentar que as normas referidas cuidam sobretudo do processo legislativo a cargo das Casas Legislativas e não exatamente da produção normativa em geral, eventualmente levada a cabo por outros Poderes, e nem propriamente de quem propõe a elaboração de normas. Assim, o devido procedimento na elaboração normativa, certamente coerente com tais previsões, não poderia ser extrapolado para outras instâncias de produção normativa ou para outros iniciadores do processo

---

[229] Constituição de 1988: "Art. 225. Todos têm direito ao meio ambiente ecologicamente equilibrado, bem de uso comum do povo e essencial à sadia qualidade de vida, impondo-se ao Poder Público e à coletividade o dever de defendê-lo e preservá-lo para as presentes e futuras gerações. §1º Para assegurar a efetividade desse direito, incumbe ao Poder Público: (...) IV - exigir, na forma da lei, para instalação de obra ou atividade potencialmente causadora de significativa degradação do meio ambiente, estudo prévio de impacto ambiental, a que se dará publicidade;". Na realidade, nos termos do art. 186, II, da Constituição, a preservação do meio ambiente integra a noção de função social da propriedade rural (TEPEDINO, 2009).

[230] Constituição de 1988: "Art. 170. A ordem econômica, fundada na valorização do trabalho humano e na livre iniciativa, tem por fim assegurar a todos existência digna, conforme os ditames da justiça social, observados os seguintes princípios: (...) IX - tratamento favorecido para as empresas de pequeno porte constituídas sob as leis brasileiras e que tenham sua sede e administração no País. (Redação dada pela Emenda Constitucional nº 6, de 1995)".

legislativo que não os membros do Poder Legislativo. O argumento merece ser enfrentado.

Não é inteiramente precisa a afirmação de que as normas referidas se ocupam apenas do funcionamento das Casas Legislativas, até porque o Legislativo não é o único agente do processo legislativo. A Constituição integra a participação de vários outros Poderes e entidades por meio das iniciativas privativas no processo legislativo e, no caso do Executivo, há ainda o poder de veto. Ou seja: as normas constitucionais sobre o processo legislativo vinculam todos aqueles que participam em alguma medida dele, e, portanto, todo aquele que apresenta ao Poder Legislativo uma proposta ou projeto de ato normativo recebe a incidência das previsões constitucionais discutidas.

Sobre o processo de elaboração normativa de forma mais geral, que tenha lugar em outras esferas estatais, é certo que várias das disposições constitucionais examinadas não se referem necessariamente ao Poder Legislativo. Os mecanismos de participação da sociedade previstos em relação à tomada de decisões acerca de várias políticas públicas dizem respeito, frequentemente, a órgãos do Poder Executivo que terão competências normativas sobre esses temas.

Além disso, parece tranquilo afirmar que a regra geral no sistema constitucional brasileiro é a de que a elaboração normativa esteja a cargo do Poder Legislativo efetivamente, e o exercício dessa competência por outras instâncias – embora tenha se tornado frequente – terá sempre um caráter de excepcionalidade. A função normativa exercida por outros órgãos ou entidades estatais não é ontologicamente distinta daquela tradicionalmente a cargo do Legislativo, de modo que não há razão para deixar de aplicar a esses outros órgãos a lógica constitucional aplicável ao processo legislativo sob a perspectiva do devido procedimento na elaboração normativa.

Ademais, um órgão ou entidade estatal, diverso do Legislativo, apenas goza de competência normativa porque a recebeu diretamente da Constituição ou porque a recebeu do próprio Legislador. Assim, e ao contrário do que essa crítica poderia supor, as exigências do DPEN devem incidir de forma ainda mais ampla e rígida sobre outros órgãos e entidades que proponham ou expeçam normas, justamente porque não se trata do Poder Legislativo.

Em resumo, sob a perspectiva das opções constitucionais acerca da estrutura e funcionamento do Estado, o devido procedimento na elaboração normativa decorre não apenas dos princípios gerais discutidos, mas é coerente, e encontra também fundamentação lógica, com o sistema constitucional que cuida da elaboração legislativa.

5.5 O dever constitucional de publicidade e o direito constitucional de acesso à informação

Procurou-se demonstrar que há um direito fundamental geral à justificativa de qualquer espécie de ação estatal e que os princípios republicano, do Estado de Direito e democrático, além da garantia do devido processo legal, todos consagrados de forma expressa pela Constituição de 1988, exigem, como uma decorrência direta do seu sentido nuclear, que a apresentação de proposições normativas por qualquer agente público deve ser obrigatoriamente acompanhada de justificativa. Também se discutiu a coerência do DPEN com o próprio sistema constitucional de elaboração legislativa. Neste tópico, adicionalmente, se vai demonstrar que, além de um efeito que decorre do núcleo dos princípios referidos, o direito constitucional ao devido procedimento na elaboração normativa é uma exigência lógica e indispensável de um conjunto de regras constitucionais.

Como é corrente, a Constituição de 1988 consagrou de forma expressa o direito de acesso à informação (art. 5º, XIV e XXXIII[231]),[232] ao lado dos correspondentes deveres de publicidade[233] e de prestação de contas, impostos aos agentes públicos em geral (art. 37, *caput*, §3º, II, e

---

[231] Constituição de 1988: "Art. 5º (...) XIV - é assegurado a todos o acesso à informação e resguardado o sigilo da fonte, quando necessário ao exercício profissional; (...) XXXIII - todos têm direito a receber dos órgãos públicos informações de seu interesse particular, ou de interesse coletivo ou geral, que serão prestadas no prazo da lei, sob pena de responsabilidade, ressalvadas aquelas cujo sigilo seja imprescindível à segurança da sociedade e do Estado;".

[232] SARLET; MOLINARO, 2014.

[233] Embora a publicidade seja frequentemente identificada como um princípio, parece mais adequado identificá-la como uma regra no que diz respeito ao objeto sobre o qual ela incide: todo e qualquer ato do Poder Público, salvo exceção expressa. Debates contemporâneos sobre como garantir efetiva publicidade, dependendo do público e do conteúdo do ato, aproximam a previsão normativa de um princípio, já que há meios variados de produzir esse resultado.

§8º, II; art. 49, IX; art. 84, XI e XXIV; art. 74, I e II[234]).[235] Nos termos da Constituição, a publicidade será sempre a regra, e o sigilo dos atos do Poder Público apenas é admitido para a preservação da intimidade e quando seja necessário à segurança da sociedade e do Estado.[236] Além disso, a Constituição faz menção expressa a planos de governo, à avaliação do cumprimento das metas previstas e à execução dos programas de governo.[237] Aprofunde-se brevemente a compreensão do sentido e alcance desses dispositivos.

O direito de acesso à informação desdobra-se em duas direções. Em primeiro lugar, cada indivíduo tem o direito de ter acesso a informações acerca de si próprio, mas que estejam sob poder do Estado. Esse primeiro aspecto do tema se vincula a interesses como a privacidade, o poder do indivíduo de controlar suas informações

---

[234] Constituição de 1988: "Art. 37. A administração pública direta e indireta de qualquer dos Poderes da União, dos Estados, do Distrito Federal e dos Municípios obedecerá aos princípios de legalidade, impessoalidade, moralidade, publicidade e eficiência e, também, ao seguinte: (Redação dada pela Emenda Constitucional nº 19, de 1998) (...) §3º A lei disciplinará as formas de participação do usuário na administração pública direta e indireta, regulando especialmente: (Redação dada pela Emenda Constitucional nº 19, de 1998) (...) II - o acesso dos usuários a registros administrativos e a informações sobre atos de governo, observado o disposto no art. 5º, X e XXXIII; (Incluído pela Emenda Constitucional nº 19, de 1998) (...) §8º A autonomia gerencial, orçamentária e financeira dos órgãos e entidades da administração direta e indireta poderá ser ampliada mediante contrato, a ser firmado entre seus administradores e o poder público, que tenha por objeto a fixação de metas de desempenho para o órgão ou entidade, cabendo à lei dispor sobre: (Incluído pela Emenda Constitucional nº 19, de 1998) (...) II - os controles e critérios de avaliação de desempenho, direitos, obrigações e responsabilidade dos dirigentes; (...) Art. 49. É da competência exclusiva do Congresso Nacional: (...) IX - julgar anualmente as contas prestadas pelo Presidente da República e apreciar os relatórios sobre a execução dos planos de governo; (...) Art. 84. Compete privativamente ao Presidente da República (...) XI - remeter mensagem e plano de governo ao Congresso Nacional por ocasião da abertura da sessão legislativa, expondo a situação do País e solicitando as providências que julgar necessárias; XXIV - prestar, anualmente, ao Congresso Nacional, dentro de sessenta dias após a abertura da sessão legislativa, as contas referentes ao exercício anterior; (...) Art. 74. Os Poderes Legislativo, Executivo e Judiciário manterão, de forma integrada, sistema de controle interno com a finalidade de: I - avaliar o cumprimento das metas previstas no plano plurianual, a execução dos programas de governo e dos orçamentos da União; II - comprovar a legalidade e avaliar os resultados, quanto à eficácia e eficiência, da gestão orçamentária, financeira e patrimonial nos órgãos e entidades da administração federal, bem como da aplicação de recursos públicos por entidades de direito privado;".

[235] MANNARINO, 2006, p. 229: "Ainda que objeto de discussão recorrente em meio ao poder público, a prestação anual de contas do Presidente da República, oferecida à Sociedade Brasileira por força de mandamento constitucional específico (artigo 84, inciso XXIV), é pouco perceptível pelo cidadão comum, carecendo de interesse do cidadão-leigo, tanto por sua compreensão quanto eventual repercussão no dia-a-dia de cada brasileiro".

[236] Constituição de 1988, art. 5º, XXXIII e LX; art. 37, caput, §§1º e §3º, II; art. 93, IX.

[237] Constituição de 1988, arts. 74, I, e 84, IX.

pessoais e, eventualmente, a proteção contra discriminações.[238] Em segundo lugar, o acesso à informação diz respeito ao direito de todos, e de cada um, de ter acesso em caráter permanente a informações sobre os atos públicos de interesse geral: esse é o ponto que interessa de forma direta a este estudo. O art. 5º, XXXIII, identifica como objeto desse aspecto do direito "informação de interesse coletivo ou geral". O art. 37, §3º, II, de forma mais específica, menciona o direito de ter acesso a registros administrativos e a informações sobre atos de governo.[239]

---

[238] A Corte Europeia de Direitos Humanos já reconheceu esse direito, embora considere que uma ponderação será necessária em cada caso, tendo em conta o legítimo interesse estatal, e.g., na segurança nacional, v. CEDH: Leander v. Suécia (1987), Gaskin v. Reino Unido (1989), Guerra v. Itália (1998), Odiévre v. França (2003), e Segertedt-Wibergand e outros v. Suécia (2006). A Constituição brasileira de 1988 previu expressamente o direito de o indivíduo obter dos órgãos públicos informações de seu interesse individual, embora também tenha ressalvado que a segurança da sociedade e do Estado podem limitar esse direito (art. 5º, XXXIII e LXXII).

[239] A Lei nº 12.527/11, chamada Lei de Acesso à Informação, trata deste segundo aspecto do direito à informação de forma específica, e seus arts. 7º e 8º indicam o conteúdo do direito à informação, exemplificativamente nos seguintes termos: "Art. 7º O acesso à informação de que trata esta Lei compreende, entre outros, os direitos de obter: I - orientação sobre os procedimentos para a consecução de acesso, bem como sobre o local onde poderá ser encontrada ou obtida a informação almejada; II - informação contida em registros ou documentos, produzidos ou acumulados por seus órgãos ou entidades, recolhidos ou não a arquivos públicos; III - informação produzida ou custodiada por pessoa física ou entidade privada decorrente de qualquer vínculo com seus órgãos ou entidades, mesmo que esse vínculo já tenha cessado; IV - informação primária, íntegra, autêntica e atualizada; V - informação sobre atividades exercidas pelos órgãos e entidades, inclusive as relativas à sua política, organização e serviços; VI - informação pertinente à administração do patrimônio público, utilização de recursos públicos, licitação, contratos administrativos; e VII - informação relativa: a) à implementação, acompanhamento e resultados dos programas, projetos e ações dos órgãos e entidades públicas, bem como metas e indicadores propostos; b) ao resultado de inspeções, auditorias, prestações e tomadas de contas realizadas pelos órgãos de controle interno e externo, incluindo prestações de contas relativas a exercícios anteriores. §1º O acesso à informação previsto no caput não compreende as informações referentes a projetos de pesquisa e desenvolvimento científicos ou tecnológicos cujo sigilo seja imprescindível à segurança da sociedade e do Estado. §2º Quando não for autorizado acesso integral à informação por ser ela parcialmente sigilosa, é assegurado o acesso à parte não sigilosa por meio de certidão, extrato ou cópia com ocultação da parte sob sigilo. §3º O direito de acesso aos documentos ou às informações neles contidas utilizados como fundamento da tomada de decisão e do ato administrativo será assegurado com a edição do ato decisório respectivo. §4º A negativa de acesso às informações objeto de pedido formulado aos órgãos e entidades referidas no art. 1º, quando não fundamentada, sujeitará o responsável a medidas disciplinares, nos termos do art. 32 desta Lei. §5º Informado do extravio da informação solicitada, poderá o interessado requerer à autoridade competente a imediata abertura de sindicância para apurar o desaparecimento da respectiva documentação. §6º Verificada a hipótese prevista no §5º deste artigo, o responsável pela guarda da informação extraviada deverá, no prazo de 10 (dez) dias, justificar o fato e indicar testemunhas que comprovem sua alegação. Art. 8º É dever dos órgãos e entidades públicas promover, independentemente de requerimentos, a divulgação em local de fácil acesso, no âmbito de suas competências, de informações de interesse coletivo ou geral por eles produzidas

O direito de acesso à informação de interesse geral desencadeia ao menos dois efeitos. Em primeiro lugar, caso o Poder Público não dê publicidade a informações existentes de interesse público, surge para os indivíduos a pretensão de exigi-las. É possível identificar manifestações individuais, coletivas e difusas desse direito. Com efeito, após uma solicitação administrativa infrutífera, um indivíduo poderá ingressar com uma demanda postulando determinada informação. Também uma associação de moradores pode pretender obter informação, e.g., sobre os níveis de salubridade da água distribuída no bairro e as ações estatais planejadas para garantir sua potabilidade.

Além dessa dimensão coletiva, não é difícil visualizar uma dimensão difusa desse direito. A coletividade tem o direito de exigir informações, por exemplo, sobre gastos públicos em geral,[240] ou sobre a quantidade de mortos em decorrência da dengue, caso eles não sejam fornecidos. Em resumo, existe um direito de exigir que a informação de interesse geral existente seja fornecida. Mas o que dizer de uma informação que não esteja disponível, seja porque não foi coletada, seja porque não foi processada? É neste ponto que se manifesta um segundo efeito do direito de acesso à informação de interesse geral: é preciso que exista a informação de interesse geral, "existir" entendido no sentido de ter sido coletada e estar disponível. É certo que não existe um direito de ter acesso a qualquer informação que se deseje.

---

ou custodiadas. §1º Na divulgação das informações a que se refere o caput, deverão constar, no mínimo: I - registro das competências e estrutura organizacional, endereços e telefones das respectivas unidades e horários de atendimento ao público; II - registros de quaisquer repasses ou transferências de recursos financeiros; III - registros das despesas; IV - informações concernentes a procedimentos licitatórios, inclusive os respectivos editais e resultados, bem como a todos os contratos celebrados; V - dados gerais para o acompanhamento de programas, ações, projetos e obras de órgãos e entidades; e VI - respostas a perguntas mais frequentes da sociedade".

[240] Em fevereiro de 2008, um Senador da República impetrou mandado de segurança perante o STF (MS 27.141) contra ato do Presidente da República alegando que ele teria se negado a fornecer informações sobre os gastos públicos com cartões corporativos. O Ministro Celso de Mello, relator, solicitou que fosse juntada aos autos a prova de que o Presidente teria se negado a fornecer os dados. Cerca de um mês depois o Senador desistiu do mandado de segurança e a questão não chegou a ser apreciada pelo STF. Também em fevereiro de 2008, o PPS ajuizou a ADPF 129-3/DF sustentando que a norma que autorizava o sigilo das despesas da Presidência consideradas reservadas e confidenciais – art. 86 do Decreto-Lei nº 200/67 – não teria sido recepcionada pela Constituição de 1988. O autor da ADPF sustenta que o sigilo, embora possível, é excepcional e depende de motivação específica. O Ministro Ricardo Lewandowski, relator, negou a liminar entendendo que, apesar do princípio da publicidade, o sigilo era admitido pela Constituição, e que a decisão acerca do sigilo não seria arbitrária, pois um conjunto de leis, posteriores inclusive à editada em 1967, regulava a matéria. Até a conclusão deste trabalho, o tema ainda não havia sido examinado pelo Plenário da Corte.

Informações astronômicas são de interesse geral, mas dificilmente se poderá sustentar que o Estado está obrigado a produzi-las e difundi-las, a não ser que haja uma conexão de alguma delas com alguma espécie de ação estatal. Coletar informação, processá-la e colocá-la a disposição do público é uma atividade complexa, por vezes demorada e custosa. Por isso mesmo, o Estado não estará obrigado a produzir e colocar à disposição informações não relacionadas com sua atividade, ainda que se possa considerar uma determinada informação desse tipo de interesse geral. O mesmo não se pode dizer, porém, sobre informações diretamente relacionadas com os atos do Poder Público e com as políticas públicas de forma mais ampla.

Veja bem, pouco sentido haveria em se garantir acesso à informação de interesse geral relacionada com a atuação estatal se o Estado pudesse negar a informação sobre o argumento de que não a possui, ainda que o argumento fosse verdadeiro. Imagine um pedido de informação sobre o funcionamento de um hospital público municipal: quantos profissionais trabalham no hospital e qual a média de faltas, por qualquer razão, por mês. Imagine, porém, que o Município não tem, na realidade, a informação solicitada: seu banco de dados apenas lista a quantidade total de profissionais de saúde, não discriminando quantos estão alocados em quais unidades, e não existe controle de faltas. A conclusão natural parece ser a de que a ausência da informação, no caso, não afasta o direito difuso da coletividade de obtê-la, mas, o contrário, gera para o Município o dever-meio de tomar providências de modo a ser capaz de produzir e divulgar essa informação.

A questão é tão relevante que a Constituição comete de forma específica à União a coleta e divulgação de informações estatísticas de caráter nacional, particularmente dados geográficos, geológicos e cartográficos, dados que serão necessários para a compreensão da realidade brasileira de forma ampla e indispensáveis para a concepção de qualquer política pública geral.[241] Além disso, será impossível avaliar a execução das políticas públicas e dos programas de governo em geral, como exigido pela própria Constituição, se o Poder Público não produzir e divulgar tais informações.[242]

---

[241] Nesse particular, e a despeito de suas limitações, o emprego de estatísticas será especialmente útil. V. Constituição de 1988: "Art. 21. Compete à União: (...)XV - organizar e manter os serviços oficiais de estatística, geografia, geologia e cartografia de âmbito nacional;".

[242] Além das previsões constitucionais já referidas, v. Lei nº 4.320/64: Art. 75. O contrôle da execução orçamentária compreenderá: (...) III - o cumprimento do programa de trabalho expresso em têrmos monetários e em têrmos de realização de obras e prestação de serviços.

Ou seja: o direito constitucional de acesso à informação de interesse público significa que será possível exigir as informações de interesse público relacionadas com a ação estatal, existam essas informações ou não. No caso de elas não existirem por alguma razão, caberá ao Poder Público aparelhar-se para obter tais dados e divulgá-los. Cabe agora examinar o dever constitucional contraposto a esse direito, que é o dever de publicidade.

A publicidade é um dever constitucional que se destina a todos os órgãos e entidades públicos, de modo que Executivo, Legislativo e Judiciário, salvo exceções previstas pela própria Constituição,[243] estão a ele vinculados. Há, portanto, uma dimensão da publicidade que claramente se aproxima da estrutura de uma regra: a previsão incide sobre qualquer ato ou informação relacionada com a ação do Poder Público, salvo as exceções previstas na Constituição ou na lei de forma válida.

Há, porém, um outro aspecto do dever de publicidade que o aproxima estruturalmente de um princípio e envolve o *como* se dará a publicidade. O estado ideal pretendido pela norma constitucional parece simples: proporcionar às pessoas envolvidas e/ou interessadas conhecimento acerca dos atos do Poder Público.[244] Entretanto, dependendo da informação e do público, meios diferentes poderão ter de ser empregados para produzir esse resultado.

Sobre essa discussão, v. NORTON; ELSON, 2002; e PEDERIVA, 1998, p. 36-37: "Com efeito, o sistema contábil utilizado pela Administração Pública deixa de informar os quantitativos físicos, impossibilitando a noção de custo unitário. Como verificar a eficiência e a eficácia sem o cotejamento entre os dados financeiros e físicos? A carência de dados sobre o cumprimento das metas físicas inviabiliza a verificação da economicidade, ou, em outras palavras, impossibilita o cumprimento da determinação constitucional. (...) Em síntese, a contabilidade vem perdendo relevância naquilo que seria seu objetivo precípuo: indicar o estado atual e futuro das entidades Estado e Governo (nas respectivas esferas). Constata-se pouca visibilidade das discussões sobre *accountability* do setor público. Ademais, existe descumprimento formal e substancial dos próprios ditames constitucionais sobre evidenciação, em que pese a preocupação dos sistemas de controle quanto aos aspectos formais".

[243] A excepcionalidade do sigilo é objeto de destaque também na jurisprudência do STF. V., por todos, MS 28.178, Rel. Min. Roberto Barroso, DJe 04.03.2015: "1. A regra geral num Estado Republicano é a da total transparência no acesso a documentos públicos, sendo o sigilo a exceção. Conclusão que se extrai diretamente do texto constitucional (arts. 1º, *caput* e parágrafo único; 5º, XXXIII; 37, *caput* e §3º, II; e 216, §2º), bem como da Lei nº 12.527/2011, art. 3º, I. 2. As verbas indenizatórias para exercício da atividade parlamentar têm natureza pública, não havendo razões de segurança ou de intimidade que justifiquem genericamente seu caráter sigiloso"; e por todos, RMS 23036/RJ, Rel. p/ acórdão Min. Nelson Jobim, DJ 25.08.2006: "A publicidade e o direito à informação não podem ser restringidos com base em atos de natureza discricionária, salvo quando justificados, em casos excepcionais, para a defesa da honra, da imagem e da intimidade de terceiros ou quando a medida for essencial para a proteção do interesse público".

[244] LIMBERGER, 2006.

Não se vai aqui ingressar na discussão sobre quais os meios adequados para garantir a publicidade, embora valha o registro de que o art. 3º, III, da Lei nº 12.527/2011 (Lei de Acesso à Informação), prevê, como diretriz geral na matéria, a "utilização de meios de comunicação viabilizados pela tecnologia da informação". Seja como for, e independentemente do meio empregado para proporcionar às pessoas ciência e conhecimento acerca das informações públicas, o que se quer destacar neste ponto é que o dever de publicidade não significa, apenas, que as informações e atos públicos não serão sigilosos. Esse é um primeiro aspecto especialmente relevante acerca do dever de publicidade que merece comentários adicionais.

A falta do sigilo é, por certo, uma condição necessária para que se chegue ao fim pretendido pelo comando constitucional, mas está muito longe de ser suficiente. A circunstância de atos e informações públicas não serem sigilosos corresponde a uma posição passiva por parte do Estado, que transfere aos indivíduos todo o esforço necessário para obtenção de ciência e conhecimento acerca do ato referido. O que o dever de publicidade exige, muito mais do que a passividade, é uma postura estatal ativa nesse particular. Quando se conecta esse dever com o dever de prestar contas que decorre do princípio republicano, já discutido anteriormente, a insuficiência de uma posição passiva resta ainda mais evidente. Ou seja: o dever de publicidade demanda uma posição ativa do Poder Público por seus vários órgãos no sentido de dar publicidade às informações de interesse público.

Se havia alguma dúvida sobre o ponto, a já referida Lei nº 12.527/2011 (Lei de Acesso à Informação) prevê expressamente (art. 3º, II) que uma das diretrizes para assegurar o direito de acesso à informação é a "divulgação de informações de interesse público, independentemente de solicitações". Na realidade, o direito de acesso à informação apenas precisará ser manejado quando o dever de publicidade tiver sido descumprido. Como regra, as informações de interesse público devem ser divulgadas como rotina e espontaneamente, sem necessidade de requerimento.

Há um segundo aspecto do dever de publicidade que merece igualmente registro e diz respeito àquilo que deve ser informado. O material ao qual o Poder Público dará publicidade não é indiferente, por natural, ao dever previsto pela Constituição. Assim, do mesmo modo como se passa em outros ambientes nos quais também há um dever de publicidade e um correspondente direito à informação,[245] a informação

---

[245] É o caso, por exemplo, das relações de consumo (CDC: "Art. 6º. São direitos básicos do consumidor: (...) III - a informação adequada e clara sobre os diferentes produtos e serviços,

a ser prestada aos indivíduos pelo Estado – isto é: o objeto, afinal, do dever de publicidade – deve ser relevante e inteligível. A relevância diz respeito àquilo que deve ser informado: de um universo bastante amplo de dados existentes, somente serão relevantes as informações que puderem esclarecer adequadamente os seus destinatários. Assim, informações sobre determinada política pública devem permitir compreender as razões pelas quais ela foi concebida, acompanhar sua execução e avaliar os resultados produzidos e a necessidade de eventuais ajustes. A divulgação de uma lista com os códigos numéricos associados a cada despesa realizada no contexto dessa política pode ser útil para os órgãos de controle, mas não realiza o dever de publicidade.

De outra parte, a publicidade deve ser inteligível, isto é: a linguagem e a apresentação da informação devem permitir que ela seja compreensível – ou tão compreensível quanto possível – para seus destinatários. Se a informação é prestada em linguagem técnica, ou de forma tão complexa ou desordenada que as pessoas não são capazes de compreendê-la, não terão sido cumpridos os deveres de publicidade e de prestação de contas. Por outro lado, frequentemente a informação de um ato isolado, fora de seu contexto, pode tornar-se incompreensível para os destinatários. Ou seja: além de relevante, a informação a ser prestada deve também ser inteligível.

Pois bem, cabe agora explicitar as duas conexões essenciais entre o direito constitucional ao devido procedimento na elaboração normativa, discutido neste estudo, e direito constitucional de acesso à informação e o dever igualmente constitucional de publicidade, sobre os quais se acabou de tratar. A conclusão que se apura é a de que o DPEN decorre logicamente desses comandos constitucionais e é, a rigor, uma especificação dessas normas de modo que o direito de acesso à informação e o dever de publicidade possam ser observados nesse contexto da elaboração normativa que também é, como já se discutiu, uma atividade. Cabe desenvolver um pouco mais esse raciocínio.

Como referido, o direito de acesso à informação assegura a todos – trata-se de um direito difuso nesse aspecto – a possibilidade de exigir informações de interesse geral ou coletivo, sendo certo que com

---

com especificação correta de quantidade, características, composição, qualidade e preço, bem como sobre os riscos que apresentem;" e do mercado de capitais (Lei nº 6.404/76: "Art. 157. (...) §4º. Os administradores da companhia aberta são obrigados a comunicar imediatamente à bolsa de valores e a divulgar pela imprensa qualquer deliberação da assembleia-geral ou dos órgãos de administração da companhia, ou fato relevante ocorrido nos seus negócios, que possa influir, de modo ponderável, na decisão dos investidores do mercado de vender ou comprar valores mobiliários emitidos pela companhia").

fundamento nesse mesmo direito se poderá exigir que o Poder Público produza essas informações, caso elas não estejam disponíveis. A conexão desse direito com o DPEN é imediata, sendo que dois cenários são possíveis. Em um primeiro cenário, o agente ou o órgão público desenvolve estudos preparatórios e com fundamento neles apresenta uma proposta de norma. Imagine-se, porém, que a proposta de norma é encaminhada (ou eventualmente a própria norma é editada), mas tais razões e informações não são divulgadas.

A pergunta pertinente aqui é a seguinte: há uma pretensão, com fundamento no direito de acesso à informação, de que os estudos preparatórios feitos por órgão ou entidade públicos no contexto da concepção e/ou proposição de uma norma sejam tornados públicos? A resposta é claramente afirmativa, salvo se se tratar de informação sigilosa, nos termos constitucionais, e assim adequadamente justificada. Isto é: há um direito à informação, titularizado de forma difusa pelas pessoas, de ter acesso às informações e razões que tenham sido usadas ou tenham instruído a prática de atos do Poder Público, e particularmente a elaboração de uma proposta normativa. Mais que isso, se há um direito à informação, há também um dever prévio de publicidade. Antes, porém, de se tratar da publicidade, cabe examinar o segundo cenário.

O segundo cenário é um pouco mais complexo. Imagine-se que um agente ou órgão público efetivamente apresenta uma proposta normativa ou mesmo edita uma norma, mas não houve, previamente, a produção de qualquer espécie de estudo ou discussão sobre o tema. Ou seja: não foram registradas razões ou informações na hipótese.[246] Antes de qualquer outra consideração, há um problema sério do ponto de vista democrático na possibilidade de uma proposta normativa ser apresentada ou, pior, uma norma ser editada, sem que tenha havido uma reflexão específica sobre o tema. Esse ponto, porém, já foi objeto de exame e não é o caso de retomá-lo novamente. A questão aqui é ligeiramente diversa e pode ser enunciada nos seguintes termos: como o direito de acesso à informação poderá lidar com esse cenário?

---

[246] JORGE NETO, 2008, p. 153: "Entre nós, ainda não se estabeleceu, sequer, o direito à informação aos dados públicos, tal qual já vigora, há algum tempo, nos Estados Unidos da América e em muitos países da Europa. A falta de clareza quanto a esses aspectos, de um lado, proporciona um isolamento dos responsáveis pela implementação das políticas públicas ao argumento de que não é dado ao Poder Judiciário ingerir nesses assuntos; de outro, pode levar a um ativismo judicial exagerado, em que a intromissão do Poder Judiciário no planejamento e execução das políticas públicas acaba por prejudicar o planejamento estratégico da gestão pública em prejuízo de toda a sociedade".

Parece que será preciso fazer uma distinção. Quanto às razões, ainda que elas não tenham sido registradas em algum tipo de documento preparatório ou estudo, é certo que elas existem, mesmo que tenham sido apenas objeto de conversas informais entre os envolvidos. A elaboração de uma norma envolve necessariamente escolhas: as letras e as palavras não formaram frases sozinhas, mas foram agrupadas por alguém. Essas escolhas foram tomadas com base em algum tipo de razão, ainda que essas razões não tenham sido registradas sob qualquer formato. Nesse contexto, haverá o direito de acesso a tais razões que, portanto, deverão ser reduzidas a termo e disponibilizadas à população. Parece evidente que o fato de a autoridade pública não haver mantido registro das razões que a levaram a conceber uma determinada norma não torna inaplicável a ela o direito difuso de acesso à informação.

De outra parte, quanto às informações sobre o tema da proposição normativa, como o direito pode interagir com um cenário no qual não foi apurada – ou ao menos não há registro nesse sentido – qualquer informação previamente sobre o assunto? Retoma-se aqui o que foi discutido no sentido de que o direito de acesso à informação pode exigir não apenas a divulgação de informações existentes mas também a produção de informações de interesse geral ou coletivo, relacionadas com a ação estatal. Esse parece ser precisamente o caso.

É certo, como registrado, que o Estado não estará obrigado a produzir todo e qualquer tipo de informação e lhe dar publicidade. Nada obstante, e como já discutido, dentre todas as atividades estatais, a criação do direito é provavelmente a mais dramática e relevante: a que mais demanda justificativas. Trata-se da criação de direitos e obrigações, em caráter geral, para cuja observância a estrutura estatal será mobilizada, recursos serão arrecadados, sendo certo que a violência poderá ser empregada para garantir sua obediência. Sob outra perspectiva, e no mais das vezes, as normas a serem criadas se destinam a assegurar que os direitos das pessoas sejam efetivamente respeitados e garantidos.

Ou seja: quer sob a perspectiva da norma como elemento que restringe a liberdade, quer sob a ótica da norma como veículo de proteção e promoção de direitos, em qualquer hipótese, a produção normativa não é uma coisa qualquer. Se o Estado pretende editar norma sobre um assunto, informações sobre ele são necessariamente de interesse geral ou coletivo e precisam existir. Tais informações serão indispensáveis não apenas para compreensão e avaliação da proposta normativa como também para o acompanhamento da execução da norma em si, caso ela seja aprovada pelos órgãos competentes e passe a viger. Ou seja:

o direito de acesso à informação gerará, no caso, o dever de o Poder Público produzir a informação e divulgá-la.[247] A segunda conexão do direito constitucional ao devido procedimento na elaboração normativa será com o dever de publicidade: ela é mais simples e de certo modo complementa a conexão com o direito à informação descrito. Como enunciado, o dever de publicidade impõe ao Poder Público em geral, e a seus órgãos em particular, o dever ativo de dar publicidade às informações de interesse público: informações relevantes que deverão ser veiculadas de forma inteligível. Se há um direito de acesso à determinada informação, há igualmente o dever da autoridade de dar publicidade a ela, antes e independentemente de qualquer solicitação.

A aplicação ao que se discute aqui é imediata. O direito à informação abarca as razões e as informações que subsidiaram uma proposta normativa (ou que deveriam ter subsidiado) — isto é: há um direito constitucional, que decorre do direito à informação, de que tais dados existam e sejam divulgados —, de modo que não há dúvida de que os agentes públicos têm o dever de dar-lhes publicidade. Nesse sentido, o direito constitucional ao devido procedimento na elaboração normativa (DPEN) nada mais é do que a especificação dessas previsões constitucionais no ambiente da elaboração normativa.

Em resumo, o direito de acesso à informação confere à coletividade o direito de ter acesso às razões e às informações que subsidiam uma proposta normativa (ou que devem subsidiar). E, nos termos do dever de publicidade, cabe ao agente público divulgar voluntariamente esses dados, independentemente de solicitação. Nesse sentido, portanto, o DPEN decorre de forma direta das previsões constitucionais que cuidam do direito de acesso à informação e do dever de publicidade, constituindo uma incidência específica desses elementos constitucionais no ambiente da produção normativa.

---

[247] Eventualmente, porém, do ponto de vista do direito de acesso à informação, e dependendo do momento em que a eventual pretensão se coloque, o órgão que vá se ocupar do levantamento dessas informações talvez já não seja o que apresentou a proposta normativa.

CAPÍTULO VI

CONTEÚDO DO DIREITO CONSTITUCIONAL A UM DEVIDO PROCEDIMENTO NA ELABORAÇÃO NORMATIVA (DPEN): DIREITO À JUSTIFICATIVA

Como enunciado anteriormente, o devido procedimento na elaboração normativa (DPEN) envolve a apresentação de justificativas no espaço público para as normas propostas pelas autoridades competentes. Mas o que exatamente isso significa? O que se deve entender por "justificativas" e, portanto, de forma mais específica, qual o conteúdo desse dever de apresentar justificativas? Duas distinções preliminares parecem importantes aqui.

Em primeiro lugar, e como já se referiu, o DPEN tem uma natureza procedimental. Ele não se destina propriamente a estabelecer parâmetros para o exame ou a avaliação do mérito das razões e informações eventualmente apresentadas como justificativa para uma proposição normativa. Até porque, em uma sociedade plural, apenas em casos muito específicos será possível identificar um parâmetro externo ao debate a partir do qual seja possível julgar as razões em prol ou contra determinada providência como certas ou erradas. A situação não é muito diferente em relação às informações. É frequente na investigação científica, e ainda mais nas ciências chamadas humanas, que dados diversos e mesmo conflitantes se apresentem: as realidades investigadas são complexas e em geral só é possível examinar aspectos específicos delas de cada vez. E o próprio processo de obtenção da informação é variado e repercute sobre o dado obtido, sendo que o sentido que se atribui aos dados depende da interpretação que se lhes dê.

Paralelamente, as questões a serem decididas podem envolver múltiplas dimensões. Além das dificuldades acerca do próprio diagnóstico dos problemas, há vários fins públicos que se inter-relacionam (e não apenas um), e diferentes meios para realizá-los, com vários impactos possíveis, inclusive impactos indesejáveis. Há ainda toda a discussão sobre a exequibilidade das medidas e o custo para implementá-las.

Por fim, parlamentares, administradores e agentes públicos não são Hércules, nem têm o dom da onisciência ou onipotência. As decisões por eles tomadas sempre terão de lidar com limitações temporais e cognitivas.[248] É por tais razões, como já se observou, que, ao examinar o conteúdo da norma afinal editada, o Judiciário precisará ter em conta que as questões enfrentadas por seus elaboradores raramente admitem uma avaliação binária – certo/errado, razoável/irrazoável, proporcional/desproporcional – e que o processo de elaboração e decisão não se desenvolve sob condições idealizadas.[249]

Por outro lado, no entanto – e essa a segunda distinção que se pretende fazer aqui –, isso não significa que o DPEN seja apenas uma formalidade sem propósito, de modo que qualquer conjunto de palavras vasado em papel atenderia à exigência de justificação do ato normativo. Não é o caso. O DPEN decorre do núcleo dos princípios constitucionais discutidos no capítulo anterior e tem um propósito claro, que é fomentar a produção de razões e informações pelas instâncias majoritárias no espaço público. Assim, seu conteúdo haverá de ser coerente com esse propósito. Neste estudo sustenta-se que o DPEN tem um conteúdo mínimo, exigível, que decorre diretamente da Constituição. E que, para além desse conteúdo mínimo, o DPEN sugere procedimentos adicionais que, embora não exigíveis direta e necessariamente na Constituição, terão algum nível de eficácia. Para fins didáticos, explica-se desde logo essa distinção e seu fundamento, que serão aprofundados a seguir.

Do ponto de vista operacional, o conteúdo mínimo do DPEN significa que todo ato normativo deverá ser acompanhado de uma justificativa pública, e essa justificativa deverá apresentar, necessariamente, razões e informações sobre três temas específicos: (i) o problema que

---

[248] OLIVER-LALANA, 2013, posição 3505: "If legislative rationality has to play a guiding role, it must be looked at with realistic eyes, accepting that legislators, as Wintgens puts it, must often 'settle for less that the best and content themselves with satisfying solutions instead of optimal ones', whereby these satisfying solutions are a matter of achieving a balance in view of the circumstances. (...) Summing up, rationality in lawmaking is a pluralistic, gradual and limited quality".

[249] ÁVILA, 2004.

a iniciativa legislativa pretende enfrentar; (ii) os impactos esperados pela medida proposta e (iii) os custos dessa medida. Para além desse conteúdo mínimo, o desenvolvimento dos princípios constitucionais subjacentes ao DPEN envolve a adoção de procedimentos adicionais destinados a estimular o debate sobre essas razões e informações inicialmente apresentadas. Como se verá, esses procedimentos criam oportunidades para que os interessados manifestem suas próprias razões, críticas ou apoiamento à proposta apresentada, para a oitiva de eventuais *experts* no assunto em discussão e para o debate entre todas essas diferentes visões.

Não se sustenta aqui que esses procedimentos adicionais tenham o mesmo *status* do conteúdo mínimo referido e que sejam de observância obrigatória por força diretamente da Constituição, embora a lei possa prevê-los. Nada obstante, adiante serão detalhados alguns efeitos que deles decorrem no plano constitucional (para além, claro, das questões de legalidade, caso a lei torne tais procedimentos obrigatórios). Em primeiro lugar, caso tais procedimentos adicionais sejam adotados, as informações e razões encaminhadas pela sociedade deverão ser preservadas e tornadas públicas. Os órgãos estatais não Legislativos com competência para editar normas devem justificar de forma específica a sua eventual decisão de não adotar qualquer procedimento adicional. Por fim, a edição de ato normativo sem que tenha havido procedimentos de participação e debate, por sua excepcionalidade, será um dado que poderá ser considerado pelo Poder Judiciário caso a validade da norma seja questionada.

A lógica aqui é similar àquela que orienta a aplicação do devido processo legal no âmbito dos processos administrativos e judiciais. Existe um conteúdo mínimo de garantias que, qualquer que seja o tipo de processo ou procedimento, o Estado-Juiz terá que respeitar, como o contraditório e o direito de defesa. Para além desse mínimo, o legislador poderá criar procedimentos diferentes, mais ou menos complexos, com maiores ou menores oportunidades de produção de prova ou de revisão recursal, etc. O devido processo legal aplicável ao procedimento no Juizado Especial não é o mesmo que o previsto para um mandado de segurança ou para uma ação ordinária civil, e todos diferem de um processo criminal. Em todos os casos, porém, as garantias mínimas do devido processo legal haverão de ser observadas.

Nesse sentido, há um conteúdo mínimo do direito constitucional ao devido procedimento de que se cuida aqui, e qualquer proposição normativa deverá observá-lo. Isto é: a proposta de uma norma deverá ser acompanhada de justificativa que atenda às exigências mínimas que se passa a expor. Para além desse mínimo, é altamente recomendável que os órgãos majoritários adotem também procedimentos adicionais que permitam o debate sobre essa justificativa apresentada inicialmente, sendo certo que a lei poderá de fato exigir que tais procedimentos sejam adotados no âmbito de órgãos ou entidades diversos do Legislativo, o que já acontece em alguns casos.

Note-se desde logo que as exigências mínimas de justificação que dão corpo ao conteúdo mínimo do DPEN estão a cargo de quem propõe uma norma: o Executivo, ao editar uma medida provisória, encaminhar um projeto de lei ou expedir um decreto; um parlamentar que apresenta um projeto de lei, uma emenda ou um substitutivo; um Tribunal quando encaminha um projeto de lei ou altera seu regimento; uma agência reguladora ou órgão da Administração Pública quando edita atos normativos, etc. No caso de normas infralegais, muitas vezes a proposição da norma se confunde com sua edição, embora esse não seja o ideal. Na linha do que os procedimentos adicionais ao DPEN postulam, deverá existir um período entre esses dois momentos que permita a participação dos interessados. De qualquer forma, caso os procedimentos adicionais ao DPEN não sejam observados, caberá a quem edita a norma, em qualquer caso, atender às exigências mínimas de justificação do devido procedimento na elaboração normativa.

Quem quer que proponha (ou edite) normas supostamente percebeu a existência de um problema, examinou o assunto, apurou os fatos relevantes na medida do possível e fez uma reflexão sobre o tema e sobre a melhor medida a ser adotada, bem como sobre suas consequências esperadas, tudo de modo a conceber a proposta apresentada. Esses dados, portanto, devem ser explicitados e tornados públicos: esse será o conteúdo da justificação. Mesmo que a matéria seja urgente, a própria compreensão de sua urgência envolveu algum tipo de informação e avaliação que deverá ser levada ao público. O mesmo se diga da apresentação de emendas ou substitutivos a projetos em discussão. Ou seja: o conteúdo mínimo do DPEN é composto de razões e informações que provavelmente já existem e, se não existem, deveriam necessariamente existir em um Estado de Direito, republicano e democrático.

Os procedimentos adicionais, por seu turno, envolvem uma dinâmica mais complexa e, embora amplamente desejáveis, não parece consistente afirmar que eles decorrem obrigatoriamente do núcleo dos princípios constitucionais referidos, como é possível afirmar relativamente ao conteúdo mínimo do DPEN. Ademais, parece razoável supor que eventualmente os órgãos estatais podem ter razões para não adotar tais procedimentos em determinadas circunstâncias, razões essas, no entanto, que deverão ser expostas.

No caso específico do Poder Legislativo, a Constituição Federal já regula o tema prevendo que cabe às comissões parlamentares, em razão da matéria, levar a cabo vários dos procedimentos adicionais indicados: discutir projetos de lei, convocar audiências públicas, solicitar depoimentos de quaisquer pessoas, etc.[250] Ou seja: é natural e esperado que, no âmbito do Poder Legislativo, tais procedimentos adicionais sejam adotados como regra geral em todas as suas atividades, e em particular no âmbito dos processos legislativos. Um processo legislativo que não observe qualquer procedimento de participação e debate será realmente excepcional e esse fato deverá ser considerado nessa qualidade – isto é: como uma situação desviante – caso a validade da norma seja questionada perante o Poder Judiciário. Feita a apresentação preliminar do tema, cabe agora examiná-lo de forma específica.

6.1 Direito à justificativa: razões e informações

A prática de tentar justificar as próprias ações e de exigir justificativas de terceiros é inerente ao ser humano em suas múltiplas relações. Há quem sustente, inclusive, que essa é uma das características particulares dos seres humanos com amplo respaldo histórico e intercultural: em toda a história e nas diferentes culturas registra-se essa mesma propensão.[251] Os objetivos que as pessoas podem ter ao apresentar justificativas para suas ações podem ser os mais diversos, e isso terá repercussão sobre as justificativas apresentadas.

Muitas vezes o objetivo é convencer os outros de que suas ações são certas ou as melhores; outras vezes, o objetivo é mais modesto e o que se pretende é apenas demonstrar que a opção não foi absurda ou que tinha algum fundamento. Em algumas ocasiões as justificativas buscam angariar simpatia ou compaixão do público, e não necessariamente a adesão para o ato em si; outro fim que quem apresenta a justificativa pode eventualmente buscar é evitar sofrer as consequências de suas ações (ou minimizar o impacto delas), dentre muitas outras possibilidades. Ora, se a meta é tentar despertar compaixão, a justificativa apresentada por alguém que praticou um ilícito, por exemplo, pode passar por

---

[250] Constituição de 1988, art. 58.
[251] FORST, 2007, posição 365 et seq.

suas circunstâncias pessoais e familiares, e não necessariamente pelo evento ilícito em si. Se o propósito é demonstrar, por exemplo, que o acusado se encontrava em uma situação de legítima defesa, outro tipo de justificativa será apresentada.

As justificativas variam igualmente em função do público a que se destinam e de suas concepções culturais predominantes. Em um determinado momento da história brasileira, por exemplo, o argumento da legítima defesa da honra já foi considerado aceitável por um júri que declarou inocente homem que matou a esposa que o traía. A justificativa convenceu aquele público.[252] Em outro ambiente cultural ou em outro momento histórico provavelmente sequer se usaria essa justificativa. No plano coletivo, não é incomum que as autoridades se valham de justificativas que apelam, por exemplo, para concepções discriminatórias contra minorias, estrangeiros, etc., ou ainda que ofereçam explicações ou soluções simplistas para problemas sociais, justificando propostas nesses termos.[253] A propaganda tem suas técnicas para tentar levar o público a pensar e se comportar de determinada maneira, técnicas que o Direito, aliás, tem tentado limitar proscreverem práticas publicitárias abusivas ou enganosas.

O ponto que se quer observar aqui, em primeiro lugar, é que a simples exigência de justificativa para as proposições normativas não será uma panaceia capaz de resolver todos os problemas da democracia e da ação dos poderes públicos: é preciso ter humildade para reconhecer as limitações da proposta que se apresenta. Não há mecanismo jurídico que seja capaz de nos livrar inteiramente de nossa própria humanidade. Portanto, o conteúdo da justificativa que eventualmente será apresentada para uma determinada proposta normativa pode apresentar toda a criatividade, para o bem e para o mal, que os seres humanos sejam capazes de conceber. Ou seja: exigir a apresentação de uma justificativa assegura relativamente pouco no que diz respeito ao conteúdo dessa justificativa.

É certo que o Direito já conta com mecanismos para limitar as ações estatais e impedir que determinadas decisões sejam tomadas pelas maiorias: essa é uma das funções da própria Constituição, das cláusulas pétreas, do controle de constitucionalidade e dos mecanismos de proteção internacional dos direitos humanos. Assim, no caso

---

[252] ELUF, 2007, p. 63-68.
[253] Sobre o tema, em diferentes perspectivas, v. BENDA-BECKMANN, 1989; ARENDT, 1968.

brasileiro, seja qual for a justificativa que se queira apresentar para uma proposta instituindo a pena de morte, por exemplo, a proposta em si não será viável diante do sistema constitucional.[254] No mesmo sentido, nenhuma justificativa, embora até possa ser empregada, será capaz de sustentar uma proposta que pretenda suspender as eleições periódicas no país.[255] Indiretamente, a limitação acerca do conteúdo das próprias normas acabará por repercutir de algum modo sobre os argumentos utilizáveis como justificativa no espaço público por aqueles que propõem inovações normativas.

Entretanto, fora do alcance que as limitações constitucionais podem impor à atividade normativa e indiretamente à argumentação, isto é, no campo dos debates políticos próprio ao pluralismo democrático, poderia o Direito exigir algo mais acerca do conteúdo dos argumentos que serão apresentados em suporte a inovações normativas? A resposta é afirmativa. É importante, porém, não se deixar seduzir por pretensões excessivamente ambiciosas acerca do papel que o Direito pode desempenhar como fomentador do debate público e da democracia, como discutido no início deste estudo. De outra parte, um papel modesto não significa que seja desimportante e, por isso mesmo, não deve ser desprezado. Qual o ponto de equilíbrio?

Não se sustenta aqui a possibilidade de exigir as listas de requisitos sugeridas pelas teorias da argumentação,[256] por exemplo, ou outros filtros de natureza substantiva de modo a excluir determinados discursos do que possa ser apresentado nas justificativas às proposições normativas.[257] Isso, porém, não significa que qualquer articulação de frases poderia ser descrita como justificativa de modo a atender ao conteúdo mínimo do direito constitucional ao devido procedimento na produção normativa. Entre esses extremos, há possibilidades intermediárias. A primeira exigência que se propõe, já anunciada e que se passa a detalhar agora, é que as justificativas apresentadas para as proposições normativas envolvam razões e informações. As demais exigências se relacionam com os três temas sobre os quais essas razões e informações devem necessariamente versar, sobre o que se tratará nos tópicos seguintes.

---

[254] Constituição de 1988, art. 5º, XLVII, a, c/c art. 60, §4º, IV.
[255] Constituição de 1988, art. 60, §4º, II.
[256] Sobre o tema, v. ALEXY, 2001; ATIENZA, 2002.
[257] Como se pode observar, as exigências do DPEN acerca do discurso são inclusivas, e não excludentes. Isto é: determinados objetos e temas devem ser considerados, sem prejuízo de outros.

Mas qual a distinção entre razões e informações e em que a exigência de que esses dois elementos estejam presentes nas justificativas apresentadas para as proposições normativas é relevante? Inicie-se pela primeira questão. A expressão "razões" descreve de forma geral qualquer espécie de ideia, opinião e argumento, ao passo que "informação" está associada a fatos. Os dois fenômenos caminham juntos: dificilmente se pode falar de uma narrativa de fatos totalmente objetiva ou neutra. A própria seleção dos fatos, os métodos usados para sua apuração e, ao fim, sua interpretação envolvem em alguma medida razões: concepções prévias, escolhas, opiniões. Essa aproximação, porém, não significa que razões e informações se confundam.

Com efeito, salvo em temas muito específicos, cada pessoa pode ter uma opinião diversa e pessoal sobre um assunto e é inclusive natural que haja diferentes concepções sobre os temas de maior relevância pública em uma sociedade plural. De outra parte, porém, cada um não poderá ter o seu próprio "fato" pessoal, ainda que versões de uma mesma realidade sejam não apenas possíveis, como permitam, em geral, uma melhor compreensão acerca dela. Assim, diferentes grupos terão opiniões e razões diversas, por exemplo, sobre como atender às necessidades energéticas do país nos próximos vinte anos e sobre as vantagens e desvantagens de cada opção e seus diferentes pesos. Paralelamente a essas razões, alguns fatos – sobre a dimensão dessas necessidades e sobre quais seriam as várias opções possíveis – precisarão ser enfrentados pelas diferentes opiniões.

A distinção entre razões e informações admite uma aproximação útil com aquela existente entre as liberdades de expressão e de informação. A liberdade de expressão tutela a livre comunicação de qualquer espécie de ideia, opinião ou crítica, sobre qualquer assunto. Em princípio, mesmo opiniões que pareçam absurdas e nocivas à maioria deverão ser combatidas com outras opiniões, e não com proscrição.[258] A liberdade de buscar, receber e difundir informação, porém, é mais limitada que a liberdade de expressão. A liberdade de informação demanda um compromisso mínimo com a imparcialidade e com a busca da verdade dos fatos, de modo que não se pode licitamente, *e.g.*, difundir informação que se sabe falsa.[259] No mesmo sentido, as razões mais diversas podem

---

[258] Nesse sentido o entendimento da maioria dos Ministros no julgamento da ADPF 130, que considerou não recepcionada a Lei de Imprensa.

[259] CARVALHO, 1999, p. 24: "Todos os doutrinadores citados, mesmo os que, em maioria, adotam uma disciplina comum entre expressão e informação, deparam-se com, pelo menos, uma distinção importante entre os dois institutos: a veracidade e a imparcialidade

ser apresentadas como justificativa para uma proposição normativa, mas, quanto às informações, é preciso que elas tenham uma vinculação mínima com a realidade que pretendem descrever.

Estabelecida a distinção entre razões e informações, por que exigir que a justificativa apresentada para inovações normativas contenha ambos os elementos? São duas as explicações. Em primeiro lugar, qualquer inovação normativa pretende, de algum modo, e em última análise, conformar a realidade, isto é: alterá-la de modo a modificar os fatos e circunstâncias a fim de que eles se amoldem ao que a norma pretende. A criação do direito não é uma atividade puramente teórica. Se é assim, parece evidente que o debate sobre a elaboração normativa deve envolver não apenas razões, mas também as informações existentes acerca dessa realidade sobre a qual a norma pretende incidir.

A assertiva anterior – o Direito existe para alterar a realidade –, verdadeira em geral, será especialmente dramática quando se trate de normas visando à proteção ou à promoção de direitos fundamentais. Uma norma federal que se ocupe de criar, por exemplo, uma política para ampliação do acesso de adultos à educação básica,[260] pretende que essas pessoas, que não tiveram acesso a tal serviço na idade própria – pessoas reais, no presente ou ao menos no futuro próximo, que vivem nos mais diversos pontos do território nacional –, possam fruir da melhor forma possível do serviço público educacional. O debate sobre as informações acerca do problema – por exemplo: qual a quantidade de pessoas nessa situação e onde elas vivem – é essencial para sua compreensão e para a concepção de qualquer norma que pretenda influenciar no sentido de solucioná-lo.

A despeito do que se acaba de afirmar, não é irreal supor que, eventualmente, o órgão, entidade ou pessoa que elabore uma proposta normativa possa não ter incentivos para obter informações sobre o tema que pretenda ver disciplinado. Há muitas explicações possíveis para esse quadro. Por vezes existe algum interesse em apresentar uma proposta rapidamente, e a pesquisa pode demandar algum tempo, ou o órgão não tem pessoal ou estrutura adequados para examinar e correlacionar dados. A autoridade pode considerar que, estrategicamente, a divulgação de dados poderá suscitar críticas e debates indesejáveis (pela autoridade, naturalmente) sobre a proposta normativa ou mesmo

---

da informação. E é, justamente, em razão dessa distinção fundamental que se deve pensar em um direito de informação que seja distinto em sua natureza da liberdade de expressão". Sobre o ponto, veja-se também FARIAS, 2004.

[260] Trata-se do direito de que cuida o art. 208, VI, da Constituição de 1988.

sobre outros temas relacionados. Outra explicação possível é a de que as informações existentes podem não sustentar o conteúdo da proposta que se quer apresentar, de modo que o agente público poderá preferir evitar os dados e sua divulgação.

Seja qual for a razão, é plausível admitir que, em determinadas circunstâncias, os agentes públicos poderão não ter especial interesse em investigar os fatos sociais relevantes para produzir normas mais adequadas. Essa percepção reforça, do ponto de vista democrático, a exigência de que a justificativa apresentada por quem propõe a norma traga também informações sobre a realidade, na medida em que essa exigência poderá funcionar como um estímulo para um melhor levantamento de dados por parte dos órgãos públicos competentes.[261]

Por fim, a exigência de que o conteúdo mínimo do direito constitucional ao devido procedimento na elaboração normativa (DPEN) envolva uma justificativa que inclua razões e informações tem ainda um último fundamento. Como se viu, o DPEN é uma exigência constitucional e, paralelamente, tem como objetivo fomentar o debate público e, *a fortiori*, o funcionamento democrático.[262] Ao exigir que as justificativas apresentadas por quem proponha a criação de normas declinem razões e informações, criam-se ao menos três oportunidades distintas de debates, ainda que na dinâmica política elas estejam no mais das vezes conectadas.

Em primeiro lugar, há oportunidade de discussão em torno das razões apresentadas. Como referido, os grupos podem ter diferentes concepções e interesses sobre o tema a ser regulado e, diante da exposição das razões por quem proponha uma norma, visões diversas podem se manifestar para apoiar ou criticar os argumentos apresentados. Existem, por exemplo, diferentes concepções sobre políticas em matéria de moradia popular, cada qual com seu conjunto de argumentos. Aqueles que sustentam que o Poder Público deve financiar moradias populares

---

[261] DEVINS, 2001, p. 1208: "Recognizing Congress's disinterest in exploring the empirical foundations of its handiwork, due process in lawmaking is seen as a way of encouraging Congress to take factfinding seriously. Courts, for example, can make use of a constitutional interpretive canon that would condition judicial approval of legislation to the procedures that Congress employs when enacting a bill. By encouraging Congress to find facts, hold hearings, and formally tie their factfinding to the evidence they gather, due process in lawmaking stands as a means of ensuring that Congress is taking factfinding seriously".

[262] Na realidade, há adicionalmente alguma evidência no sentido de que o incremento do debate poderá melhorar a racionalidade da norma. V. WINTGENS, 2013, posição 310: "Rationality is not only agent-related but is also context dependent. It depends on a context of interaction (or participation) with others since it is only through interaction with others that the capacity develops".

têm as suas razões; outros estão convencidos de que o Poder Público deve investir em transporte público de qualidade e infraestrutura urbana, de modo aumentar a oferta de áreas onde as pessoas queiram morar e assim reduzir os preços – também eles terão suas razões, e assim sucessivamente.

Em segundo lugar, a apresentação das informações enseja que haja debate específico também sobre elas: sobre sua abrangência, precisão, forma de obtenção, etc. Adicionalmente, a apresentação de informações pode estimular a produção de mais informações, que se contraponham às apresentadas por quem propõe a norma, e desse modo o quadro fático será enriquecido. Mantendo-se o exemplo da política de moradia, uma informação que parece relevante para qualquer discussão sobre o assunto haverá de ser a quantidade de pessoas desabrigadas em determinada localidade ou – e essa já é uma informação mais complexa – morando em condições precárias. Também será importante saber qual a perspectiva de crescimento populacional, já que a norma produzirá efeitos no futuro. Apenas esses dados, como não é difícil imaginar, já ensejam uma série de discussões que poderão, ao menos, elucidar melhor a realidade do problema que se pretende enfrentar.

Por fim, e em terceiro lugar, a exigência de que a justificativa contenha razões e informações facilita o debate sobre as conexões entre esses dois elementos. Ora, as razões apresentadas em suporte de uma proposta normativa devem guardar conexão lógica com as informações apresentadas nesse mesmo contexto. Na medida em que ambos os elementos devam ser apresentados, resta mais clara para o público a relação entre eles: *a fortiori*, a eventual fragilidade dessa conexão estará mais evidente e poderá ser alvo da crítica própria no debate público.

Imagine-se um exemplo extremo, mas real. Assumindo que determinada comunidade indígena é nômade, não fará muito sentido desenvolver uma política de construção de moradias para essa população, ao menos nos mesmos moldes concebidos para as populações que não integram esse grupo. Em um outro exemplo, e para além de outras análises mais complexas, uma avaliação relativamente simples que poderá ser feita a partir da conexão entre razões e informações diz respeito, por exemplo, ao sub ou superdimensionamento da previsão normativa em face das necessidades que a norma pretende atender e à diferenciação regional dessas necessidades.

Em resumo, a primeira exigência que se formula acerca do conteúdo mínimo do DPEN é que a justificativa a ser apresentada deve conter não apenas razões, mas também informações. Entretanto, é preciso fazer alguns esclarecimentos adicionais acerca dessas duas ideias:

a ideia de razões em um ambiente democrático e plural, bem como de informações, considerada a limitação epistêmica inerente à condição humana, já mencionada e que agora se vai retomar.

6.1.1 Razões e democracia plural

O devido procedimento na elaboração normativa exige que a justificativa a ser apresentada por quem apresente proposições normativas envolva razões e informações acerca de três temas, que serão discutidos nos tópicos seguintes. Para além de seus fundamentos constitucionais, o DPEN tem, de fato, e como já discutido, uma pretensão de fomentar o debate político e, de certo modo, de lhe conferir maior consistência e seriedade, impondo que elementos centrais para as questões objeto das proposições normativas sejam ao menos objeto de alguma reflexão.

Nada obstante, e esse é um ponto fundamental que já se observou, o DPEN tem um escopo procedimental, não autorizando o controle judicial do conteúdo das razões e informações apresentadas no momento do debate político. É certo que a eventual norma editada poderá ter sua validade discutida judicialmente, nos termos do sistema de controle de constitucionalidade praticado no país, e a justificativa e materiais produzidos no contexto de sua elaboração serão examinados nesse contexto. Entretanto, o DPEN não pretende ampliar a controlabilidade judicial do mérito das normas jurídicas para que ele possa abarcar também as razões apresentadas por quem propõe a edição de tais normas isoladamente.

Mais que isso, o DPEN não deve ser confundido com um esforço de pasteurização do debate político ou com uma tentativa de impor determinados tipos de racionalidade sobre outros, a pretexto de alguma superioridade entre eles, o que, além de potencialmente autoritário e excludente, seria incompatível com o pluralismo político e, *a fortiori*, com uma democracia plural. Ou seja: o DPEN não pretende estabelecer critérios acerca do que pode ou não ser apresentado como "razões aceitáveis", e menos ainda ensejar controle judicial a partir desses supostos critérios. O objetivo do DPEN é, como referido, fomentar o debate político, plural, levado a cabo pela sociedade, de modo que diferentes razões e informações sejam confrontadas e possam ser objeto de diálogo, crítica e elaboração nesse ambiente, e não esvaziar o referido debate ou substituí-lo por mecanismos de controle externo.[263]

---

[263] Eventualmente é possível cogitar de limitações que decorram, por exemplo, de normas penais (relativamente a agentes públicos que não gozem de imunidade), mas mesmo

É no contexto de uma democracia plural, portanto, que as razões a serem apresentadas na justificativa no âmbito do DPEN devem ser compreendidas. Elas serão tão variadas quanto as opiniões e ideias que podem ser veiculadas sob a liberdade de expressão, em toda sua amplitude. Até porque, é justamente no âmbito do debate político que a liberdade de expressão se desenvolveu e se consolidou de forma mais robusta, sejam quais forem os fundamentos que se considere estejam subjacentes a essa garantia constitucional.[264] Não é o caso, portanto,

---

aqui parece importante adotar uma interpretação cautelosa, que prestigie o debate público, e não o esvazie por meio de mecanismos de coerção originários do direito.

[264] A Constituição de 1988 é analítica ao tratar da liberdade de expressão: "Art. 5º. Todos são iguais perante a lei, sem distinção de qualquer natureza, garantindo-se aos brasileiros e aos estrangeiros residentes no País a inviolabilidade do direito à vida, à liberdade, à igualdade, à segurança e à propriedade, nos seguintes termos: (...) IV - é livre a manifestação de pensamento, sendo vedado o anonimato; (...) IX - é livre a expressão da atividade intelectual, artística, científica e de comunicação, independentemente de censura ou licença; (...)". "Art. 220. A manifestação do pensamento, a criação, a expressão e a informação, sob qualquer forma, processo ou veículo não sofrerão qualquer restrição, observado o disposto nesta Constituição. §1º. Nenhuma lei conterá dispositivo que possa constituir embaraço à plena liberdade de informação jornalística em qualquer veículo de comunicação social, observado o disposto no art. 5º, IV, V, X, XIII e XIV. §2º. É vedada toda e qualquer censura de natureza política, ideológica e artística".

A liberdade de expressão é igualmente protegida em documentos internacionais dos quais o Brasil é signatário: Declaração Universal dos Direitos do Homem, art. XIX: "Toda pessoa tem direito à liberdade de opinião e expressão; este direito inclui a liberdade de, sem interferências, ter opiniões e de procurar, receber e transmitir informações e ideias por quaisquer meios e independentemente de fronteiras"; Pacto Internacional sobre Direitos Civis e Políticos, art. 19: "1. Ninguém poderá ser molestado por suas opiniões. 2. Toda pessoa terá direito à liberdade de expressão; esse direito incluirá a liberdade de procurar, receber e difundir informações e ideias de qualquer natureza, independentemente de considerações de fronteiras, verbalmente ou por escrito, em forma impressa ou artística, ou qualquer outro meio de sua escolha. 3. O exercício do direito previsto no §2º do presente artigo implicará deveres e responsabilidades especiais. Consequentemente, poderá estar sujeito a certas restrições, que devem, entretanto, ser expressamente previstas em lei e que se façam necessárias para: a) assegurar o respeito dos direitos e da reputação das demais pessoas; b) proteger a segurança nacional, a ordem, a saúde ou a moral pública. Art. 20: 1. Será proibido por lei qualquer propaganda em favor de guerra. 2. Será proibida por lei qualquer apologia do ódio nacional, radical, racial ou religioso que constitua incitamento à discriminação, à hostilidade ou à violência"; e Convenção Interamericana de Direitos Humanos, art. 13: "Liberdade de pensamento e de expressão. 1. Toda pessoa tem o direito à liberdade de pensamento e de expressão. Esse direito inclui a liberdade de procurar, receber e difundir informações e ideias de qualquer natureza, sem considerações de fronteiras, verbalmente ou por escrito, ou em forma impressa ou artística, ou por qualquer meio de sua escolha. 2. O exercício do direito previsto no inciso precedente não pode estar sujeito à censura prévia, mas a responsabilidades ulteriores, que devem ser expressamente previstas em lei e que se façam necessárias para assegurar: a) o respeito dos direitos e da reputação das demais pessoas; b) a proteção da segurança nacional, da ordem pública, ou da saúde ou da moral públicas. 3. Não se pode restringir o direito de expressão por vias e meios indiretos, tais como o abuso de controles oficiais ou particulares de papel de imprensa, de frequências radioelétricas ou de equipamentos e aparelhos usados na difusão de informação, nem por quaisquer outros meios destinados

de se tentar impor exigências ou qualificações excessivas às razões a serem apresentadas por força do devido procedimento na elaboração normativa. O que se exige, por força do DPEN, é que essas razões e informações sejam apresentadas efetivamente, e que abordem os três temas essenciais sobre os quais se tratará na sequência.

Nesse ponto, porém, uma questão deve ser enfrentada. Seriam então admissíveis "razões irracionais" no âmbito do DPEN? A pergunta é importante. A expressão razões ou razão remete a racionalidade ou racional. Porém, a conexão entre as duas merece ser examinada com cuidado e sua aplicação ao ambiente do debate público próprio a uma democracia enseja muitas complexidades. Como referido, a expressão razões foi descrita de forma ampla, para incluir todo tipo de argumento, ideia ou opinião, e a aproximação com a liberdade de expressão, em toda sua amplitude, reforça essa ideia. Razão ou razões, portanto, correspondem a um substantivo e descrevem um fenômeno. Racional, por seu turno, é um adjetivo por sua própria natureza excludente: sua aplicação conduzirá à conclusão de que alguns argumentos, ideias ou opiniões são racionais, ao passo que outros são irracionais.

Essa pretensão de classificar razões em racionais ou irracionais, porém, não é tão simples.[265] Existe amplo debate filosófico acerca de qual seria o sentido mínimo da ideia de racionalidade, que pode envolver pressupostos diversos que por vezes geram conclusões contrastantes. Assim, e.g., a não contradição interna do argumento, a sua capacidade operacional de produzir resultados, a coerência com as evidências empíricas disponíveis, a coerência, de forma mais ampla, com o estado da arte da ciência, ou a coerência com determinados valores, dentre

---

a obstar a comunicação e a circulação de ideias e opiniões. 4. A lei pode submeter os espetáculos públicos a censura prévia, com o objetivo exclusivo de regular o acesso a eles, para proteção moral da infância e da adolescência, sem prejuízo do disposto no inciso 2. 5. A lei deve proibir toda propaganda a favor da guerra, bem como toda apologia ao ódio nacional, racial ou religioso que constitua incitamento à discriminação, à hostilidade, ao crime ou à violência".
A jurisprudência tradicional do STF atribui proteção reforçada às liberdades de informação e de expressão por conta de sua posição preferencial nos sistemas democráticos (ADI 4451 MC, Ministro Rel. Ayres Britto, DJ 01.07.2011; ADPF 187, Ministro Rel. Celso de Mello, DJ 27.06.2011; ADPF 130, Ministro Rel. Carlos Britto, DJ 06.11.2009; STF, AI 690.841 AgR, Ministro Rel. Celso de Mello, DJ 05.08.2011; RE 511.961, Ministro Rel. Gilmar Mendes, DJ 13.11.2009; RE 208.685, Ministra Rel. Ellen Gracie, DJ 22.08.2003.). O ponto foi o centro dos debates no julgamento da ADPF 130, na qual se declarou a não recepção da Lei de Imprensa pela Constituição de 1988 (ADPF 130, Rel. Ministro Carlos Ayres Britto, DJ 09.12.2009 e DJ 26.02.2010).

[265] GAUS, 2011, posição 5161: "different people will have different reasons, and we may not always be able to say what a person's reasons are" e SOUZA (Org.), 2005.

outras possibilidades, são todos possíveis parâmetros de aferição de racionalidade e sua aplicação nem sempre produzirá o mesmo resultado.²⁶⁶ A compreensão acerca da racionalidade recebe ainda influxos culturais, e recebe toda sorte de influência das características humanas: das limitações epistêmicas e cognitivas às dimensões psicanalíticas.²⁶⁷

Para além da complexidade envolvida na própria noção de racionalidade, sua aplicação no ambiente específico da elaboração normativa envolverá diversas outras questões. Como já se observou, qualquer pretensão de avaliar a racionalidade da atividade legislativa não pode ignorar as circunstâncias que envolvem os agentes públicos, que podem dizer respeito às pressões de tempo, à disponibilidade de informações, sobre o que se tratará adiante, aos limites possíveis das negociações, aos efeitos colaterais associados à proposta discutida, internos e internacionais, dentre tantas outras dimensões a serem avaliadas.²⁶⁸ Nesse contexto, faz pouco sentido idealizar ou simplificar excessivamente qualquer tentativa de aplicação da ideia de racionalidade ao processo de elaboração normativa em Estados plurais e democráticos. Feito o registro, é o caso de prosseguir.

Não se vão discutir aqui as diferentes concepções e tradições sobre racionalidade, o que deve ou não ser considerado racional, ou ainda as muitas críticas formuladas à ideia e a sua aplicação. Basta o registro, exatamente, de que há uma multiplicidade de debates em torno do tema de modo que, do ponto de vista filosófico, qualificar uma ideia, argumento ou opinião como racional ou irracional não será uma operação tão singela ou objetiva como se possa imaginar.

---

[266] BUNGE, 1987.
[267] Sobre o aspecto profundamente cultural do que se considera racional, v. CHANG, 2013, posições 1689, 1697, 1739: "This is the critical point where the rationality in the legislative procedure gains a practical meaning: rationality is defined by an understanding of the society. (...) Even though Korea adopted the modern legal system from the West, the Korean people applied the Western legal system to the society in their own fashion. (...) the Korean concept of rationality may inherently have a different element. (...) Traditionally, Law has not been a popular medium to solve the disputes at hand. This is because the Confucian social order – which has dominated the people's way of life for nearly a decade of century since medieval Chosun Dynasty – teaches that we should abstain from law as far as possible".
[268] WINTGENS, 2013, posições 347, 489, 495: "My thesis is that the legislator is capable of rationality and acts according to 'time, place and circumstances' or in a social context. Following on from this idea, I will quality rationality as 'bounded rationality'. (...) This amounts to considering him [the legislator] to be a rational agent although his performance is not always optimal. Yet, optimal solutions are not part of the real world; at best, they exist on paper. (...) Optimality therefore only seems to be useful as a regulative ideal for evaluating the legislator's rationality, not as a binary yardstick. Optimality from this perspective is conceived of as the outer end of a spectrum".

A rigor, a dificuldade não é surpreendente e é experimentada pelo mundo do Direito diuturnamente. O tema da racionalidade das decisões judiciais é amplamente controverso, admitindo-se, por exemplo, que diferentes decisões sobre o mesmo objeto podem pretender vincular-se *racionalmente* ao sistema jurídico.[269] Ora, se a questão é difícil no ambiente restrito e controlado da racionalidade jurídica, seria um contrassenso imaginar que a racionalidade pudesse ser um conceito facilmente manejado no campo do debate público em geral.

Nesse sentido, portanto, a relação do devido procedimento na elaboração normativa com a racionalidade é procedimental e dialógica. O DPEN exige a exposição de razões e informações, bem como que sejam abordados os conteúdos mínimos que se vai expor na sequência. Eventuais possíveis "irracionalidades" serão trazidas à luz e poderão ser alvo de crítica, debate, avaliação e, eventualmente, superação. Caso nada disso "funcione" na contenção de "irracionalidades", o sistema constitucional assegura em qualquer caso uma válvula de segurança, que será, como já referido, o controle de constitucionalidade das normas afinal editadas.[270]

Determinadas "irracionalidades" poderão, de fato, ser qualificadas como inconstitucionalidades, e essa tem sido a prática da jurisprudência brasileira. Esse, porém, será um momento posterior de controle e os critérios a serem adotados são aqueles que se encontram na Constituição. É importante lembrar, entretanto, que em uma democracia plural diferentes racionalidades podem perfeitamente conviver com o sistema constitucional. Muitas delas são apenas diferentes concepções políticas, próprias do pluralismo. Dito de outro modo, nem tudo com o que se discorda politicamente é, por isso, inconstitucional.

---

[269] O que qualifica uma argumentação ou decisão jurídica como racional é uma das questões mais importantes e complexas da teoria da argumentação jurídica. Sobre o tema, por muitos, v. BARCELLOS, 2004; TEIXEIRA, 2002; PECZENIK, 1989.

[270] Nesse sentido, v. STF, MS 32.033, Rel. p/acórdão Min. Teori Zavascki, DJe 18.02.2014: "3. A prematura intervenção do Judiciário em domínio jurídico e político de formação dos atos normativos em curso no Parlamento, além de universalizar um sistema de controle preventivo não admitido pela Constituição, subtrairia dos outros Poderes da República, sem justificação plausível, a prerrogativa constitucional que detêm de debater e aperfeiçoar os projetos, inclusive para sanar seus eventuais vícios de inconstitucionalidade. Quanto mais evidente e grotesca possa ser a inconstitucionalidade material de projetos de leis, menos ainda se deverá duvidar do exercício responsável do papel do Legislativo, de negar-lhe aprovação, e do Executivo, de apor-lhe veto, se for o caso. Partir da suposição contrária significaria menosprezar a seriedade e o senso de responsabilidade desses dois Poderes do Estado. E se, eventualmente, um projeto assim se transformar em lei, sempre haverá a possibilidade de provocar o controle repressivo pelo Judiciário, para negar-lhe validade, retirando-a do ordenamento jurídico".

Em resumo, o devido procedimento na elaboração normativa não pretende sobrecarregar os agentes que devem apresentar justificativas às proposições normativas com exigências no sentido de que as razões atendam a tais ou quais critérios extraídos de concepções de racionalidade. O DPEN veicula um dever procedimental e não uma tentativa de controlar ou estabelecer filtros ao debate político, de modo que sua relação com a noção de racionalidade é também procedimental e dialógica.

Examinada a primeira pergunta cogitada – poderão então ser apresentadas razões irracionais no âmbito do DPEN? –, uma segunda pode ser extraída dela, que também merece exame. Ainda que as exigências de uma suposta racionalidade sejam realmente impertinentes, o que dizer das exigências, menos rígidas, desenvolvidas por diferentes autores sob a identificação geral de *razão pública*?

Como se sabe, e de forma bastante simplificada, a ideia de razão pública assume a existência do pluralismo e de divergências irreconciliáveis na sociedade, mas propõe que ainda assim as pessoas poderiam todas concordar com um conjunto básico de concepções acerca da ordenação da sociedade, mesmo que por razões diferentes. Nesse contexto, a exigência da razão pública é a de que os argumentos apresentados no espaço público sejam considerados aceitáveis ou justificáveis para todas as pessoas (que potencialmente serão afetadas pelos atos decisórios oriundos dessa esfera pública), à luz daquele conjunto básico de concepções compartilhadas.[271]

Existem muitas concepções e nuances acerca de todos os elementos que integram essa construção teórica, *e.g.*, quais seriam essas concepções básicas supostamente compartilhadas pelas pessoas, qual a natureza do dever imposto pela razão pública, quais os contornos do espaço público, que pessoas estariam ou não vinculadas à exigência da razão pública, a posição das pessoas nesse espaço, a caracterização do que seja aceitável ou justificável, dentre outros pontos. Existem igualmente muitas críticas à própria ideia geral da razão pública e a cada um desses elementos que a integram.[272]

---

[271] RAWLS, 1973; 1995; 1997; 1999; HABERMAS, 1991; 1995; 1996; 1996a. No volume organizado por BOHMAN; REHG, 1997, já citado, o tema é discutido sob várias perspectivas.

[272] Para uma exposição sistemática sobre o ponto, v. QUONG, 2013. Para um interessante debate sobre a questão da igualdade dos participantes nesse debate, v. FRASER, 1992. Para uma crítica sobre a noção de pessoa razoável, v. MINOW; RAKOFF, 1998 (cujo título, sugestivo, é "Is the 'reasonable person' a reasonable standard in a multicultural world?").

Não é o caso de percorrer as discussões e críticas sobre o tema da razão pública. O ponto que merece observação é apenas o de que, de certo modo, a ideia de razão pública pretende impor relevantes exigências ou filtros substantivos ao que pode ou não ser objeto das "razões" apresentadas no espaço público. Assumindo-se aqui, independentemente de outras questões, que a justificativa exigida pelo DPEN situa-se no espaço público para os fins da discussão em tela, parece pertinente fazer um comentário sobre como o que se acaba de expor acerca das razões que podem ser apresentadas no âmbito do DPEN se relaciona com a temática da razão pública.

De certo modo, a obrigatoriedade de apresentação de uma justificativa pública para as proposições normativas se comunica com a ideia essencial, subjacente à lógica da razão pública, ao menos sob uma perspectiva procedimental. Em primeiro lugar, o devido procedimento na elaboração normativa trata justamente disso: de se exigir uma justificativa pública, dirigida a todos, contendo razões e informações sobre determinados temas centrais para qualquer norma jurídica, tendo em conta o impacto que essas normas podem ter sobre as pessoas em geral.

Em segundo lugar, os três temas que devem ser necessariamente examinados pela justificativa, sobre os quais se tratará mais detalhadamente adiante, estabelecem uma pauta mínima e comum de pontos para o debate, compreensível para todos, mesmo para aqueles que tenham visões diversas sobre o seu conteúdo ou mesmo valorem de forma diferente os próprios três temas e sua relevância. É certo que o DPEN não restringe a justificativa a esses temas: trata-se de uma lógica inclusiva de argumentos, e não excludente. Muitos outros poderão ser tratados, a juízo de quem elabora a norma e sua justificativa.

Em terceiro lugar, embora o DPEN não se ocupe de critérios de controle do conteúdo das razões apresentadas, a exigência de publicidade induz a uma certa inibição do uso de argumentos que claramente seriam inaceitáveis por parte relevante da população.[273] Em uma democracia com ampla liberdade de imprensa, as normas precisam sempre de um mínimo de adesão social, mesmo quando editadas por entidades diversas do Poder Legislativo. A possibilidade de crítica e oposição, igualmente, pode ter o condão de limitar o uso de argumentos que não possam ser compreendidos ou logicamente processados pelos

---

[273] VERMEULE; GARRETT, 2001, p. 1291: "Among the concrete benefits of deliberation are its tendencies to encourage the revelation of private information, to expose extreme, polarized viewpoints to the moderating effect of diverse arguments, to legitimate outcomes by providing reasons to defeated parties, and to require the articulation of public-spirited justifications for legislators' votes".

diferentes grupos na sociedade, e daí a importância dos procedimentos adicionais na elaboração normativa, sobre os quais se tratará adiante. A aproximação entre o DPEN e a razão pública, porém, vai apenas até um determinado limite. Não se ignora que várias das discussões em torno da ideia de razão pública pretendem impor não apenas um controle procedimental dos argumentos, mas um controle efetivamente substantivo acerca de que razões poderiam ou não ser explicitadas no espaço público. Note-se que esse debate não se confunde com a possibilidade jurídica de controle de constitucionalidade das normas e atos do Poder Público. A razão pública é uma racionalidade diversa (trata-se de uma, afinal) que pretende regular um ambiente diverso: o debate público em geral, e o político em particular. E nesse ponto parece importante visualizar a questão com especial cuidado, sobretudo tendo em conta o impacto que uma ideia ampla ou rígida de razão pública pode ter para o próprio desenvolvimento do debate político, mais ainda quando se questiona a superficialidade atualmente observada nas discussões sobre questões públicas.[274]

O pressuposto central da construção em torno da razão pública é o de que as pessoas, a despeito de suas divergências inerentes ao pluralismo, seriam capazes de concordar com concepções básicas, razoáveis, acerca da ordenação da sociedade. Ou seja: essas concepções seriam razoavelmente neutras e compartilhadas pelas diferentes doutrinas abrangentes razoáveis existentes na sociedade. Como se pode perceber, *razoável* é um conceito-chave para todo o raciocínio.

Esse pressuposto, porém, comporta muitas críticas, valendo destacar apenas uma delas para os fins do que se discute aqui. Além da difícil convivência da noção de *razão pública* com o respeito real ao pluralismo,[275] o que se argumenta é que seria inviável que as pessoas

---

[274] NINO, 1996, p. 222-224: "Otra razón que afecta negativamente el valor epistémico de la democracia, y que es posible encontrar en todo el mundo moderno, es la pobreza del debate público. La discusión acerca de los principios de los sistemas políticos, de las visiones generales de la sociedad y de soluciones para poder lidiar con problemas sociales es a menudo reemplazada por imágenes pictóricas de los candidatos, posiciones extremadamente vagas e llamados a las fibras más emotivas. (...) El deterioro del debate público en la sociedad no se debe simplemente a la dinámica del sistema presidencialista, sino que también responde a la forma en que operan los medios masivos de comunicación, particularmente la televisión, que controla el proceso político. Esta transforma casi todos los hechos y debates en espectáculos superficiales preparados para entretener (...). Estos espectáculos no intentan iluminas las controversias políticas y hacer reflexionar a la gente seriamente acerca de las posiciones ideológicas de los diferentes candidatos o acerca de las consecuencias de las políticas en disputa, sino que buscan sorprender a los espectadores con el último escándalo, presentar a figuras políticas como estrellas glamorosas y dirigir la atención hacia el ridículo o lo melodramático".

[275] GAUS, 2011, posições 11057, 11061: "It is deluded if one thinks that there is such a morality that passes the test of public justification. We confront genuine and often deep

estabelecessem essa distinção entre, de um lado, suas concepções globais de bem e de correção sobre a ordenação da sociedade, e, de outro, esse conjunto de concepções razoáveis, de que cuida a razão pública.[276] Esse pressuposto exigiria efetivamente uma complexa divisão interna da cosmovisão que a pessoa adota e que é em boa medida responsável por todo seu conjunto de pré-compreensões.[277] Tudo de modo a permitir a utilização de dois critérios distintos simultaneamente: um menos exigente – o que é razoável – e outro que corresponde ao que a pessoa realmente considera que é o certo e o melhor. Talvez essa distinção funcione em assuntos secundários, mas sua aplicação se torna evidentemente difícil quanto mais importante ou sensível uma questão seja para a pessoa ou grupo.

Justamente por conta dessa difícil divisão interna que a razão pública exigiria dos indivíduos, haveria uma tendência natural de ampliação desse conjunto de "concepções básicas razoáveis", de modo que ele acaba se tornando cada vez mais próximo do conjunto total daquilo que os grupos consideram que é o melhor, o mais adequado, o correto, o bom e o justo afinal, ou seja: de suas visões abrangentes de mundo.[278] Todos os grupos – inclusive aqueles que se pretendem neutros – acabam por incorrer nessa mesma tendência. Esse, portanto, o risco principal de uma concepção de razão pública cada vez mais ampliada, de tal sorte que sua aplicação acaba por inviabilizar a existência

---

moral disagreement, which is not simply due to the fact that some benighted or stupid souls cannot see the truth. In our pluralistic world, rational and good willed people will not agree on an ideal moral code or theory of justice. To insist that there is a uniquely just or correct ideal coed, a substantive set of rights and duties, or clear distributional norms that are authoritative for all ends up an exercise in moral authoritarianism".

[276] FORST, 2007, p. 164-165: "The idea of a person having the capacity of practical reason to distance him or herself from and transcend his or her deepest value commitments and social bonds in order to ask what can be affirmed as right on a more general and abstract level strikes communitarians as an expression of the misguided notion of an 'unencumbered' (Sandel), "atomistic" (Taylor), or "ghostly" (MacIntyre) self, a self without an identify and without any substantive sense of the good or the right. (...) A form of justification asking for such a kind of self-transcendence would not deserve to be called a "neutral" way of justification, but a justification that excludes any non liberal positions (...) a kind of schizophrenic person of an acontextual "nonperson" without any identity searching for "impersonal" norms; and it would not find any substantive norms, for those cannot be argued for apart from notions of the good".

[277] Uma das dificuldades da neutralidade em qualquer ambiente é justamente o fato de que as pré-compreensões em geral sequer são assim identificadas pelo próprio indivíduo. Sobre a forma como compreendemos e descrevemos a realidade, v. GRAU, 2002, p. 27.

[278] GAUS, 2011, posição 1108: "However, I have argued that the Kantian solution to this expanded version of Rousseau's problem supposes that reasoning about public morality can be insulated from diversity of private judgment about conceptions of the good, values, and so on. Because such insulation cannot be achieved, and so the problems of pluralism of private judgment 'infects' reasoning about public moral norms, Kantian and Rawlsian deliberative models cannot produce determinate results".

de divergência sobre qualquer assunto que tenha alguma importância para a sociedade.[279] Se essas concepções básicas razoáveis ocupam afinal todos os espaços, já não há pluralismo ou espaço para debate político, restando pouco a ser efetivamente decidido.[280]

A tendência de ampliação da razão pública pode ensejar outros riscos, com repercussões problemáticas para o fomento ao debate público, para o pluralismo e para a democracia. Em primeiro lugar, uma ideia ampliada da razão pública pode, de um lado, ser um instrumento de bloqueio argumentativo das maiorias políticas contra a argumentação apresentada pelas minorias para veicular suas concepções e críticas. Em segundo lugar, uma razão pública excessivamente rígida pode simplesmente excluir do debate público grupos importantes da população que por qualquer razão não traduzem seus argumentos em versões compatíveis com a ideia adotada pela maioria de razão pública. O ponto tem sido especialmente discutido em relação aos religiosos,[281] mas se coloca de forma mais ampla.[282]

---

[279] MARMOR, 2006, p. 131: "Rawls believed that the stronger principle of neutrality is possible partly because he thought that it is possible to delineate a sphere of public debate and state action (...) This means that 'in discussing constitutional essentials and matters of basic justice we are not to appeal to comprehensive religious and philosophical doctrine'. Shortly thereafter, Rawls clarifies what the means by 'constitutional essentials' and it becomes clear that he means quite a lot: 'Constitutional essentials' include 'fundamental principles that specify the general structure of government and political process' as well as 'basic rights and liberties'. Of course, a lot depends here on what we would regard as 'basic' and what as not so basic".

[280] FORST, 2007, p. 162-163: "Political discourse in this sense is principle-interpreting rather than principle-generating. It is primarily a medium of the application of the general principles of justice. (...) The criteria of legitimacy are substantive, not primarily procedural criteria: they are given by the principles of justice that are not at the disposal of democratic majorities".

[281] HABERMAS, 2007; NEDELSKY, 2006, p. 123: "In sum, two of the most important tasks of the legislature in a constitutional state are collective deliberation on the common good and participation in the ongoing evolution of core constitutional values, such as equality. These functions require judgment, which in turn requires the exercise of the enlarged mentality: taking the perspective of others into account in the formation of one's judgment. These perspectives must include those who see policy issues in religious terms, and to truly take their perspective into account requires understanding it in their terms, that is, in religious terms. As a result, religiously based argument must be invited into the public forum of legislative deliberation. An additional contribution of doing so will be an aid in articulating the value of norms of collective responsibility and the role of ethics in public policy. Similarly, there are likely to be substantive contributions to reflecting on the meaning of core constitutional values, as this is a project that overlaps with the central concerns of many spiritual communities. (...) There are deep tensions involved in engaging with religiously based argument in public forums. But these tensions can be worked through, though not overcome, in practice. The process of developing shared norms for exchanging such views is crucial to good governance in a constitutional state. The solution of simply trying to keep them at by, sequestered in the private realm, was never optimal and is no longer viable". Na mesma linha, mas sob perspectiva diversa, v. SWEETMAN, 2006.

[282] BRINK-DANAN, 2015.

Por fim, há certa evidência no sentido de que, a despeito da realidade do pluralismo e da diversidade das sociedades contemporâneas, existe uma tendência, no plano individual, de as pessoas buscarem entrar em contato e trocar ideias com quem pensa de forma parecida em busca de reforço. Em sentido diverso, portanto, o contato dialógico com pessoas que pensam de forma diversa é evitado, de modo que, a rigor, as oportunidades de debate real entre diferentes visões é bastante reduzido.[283] Uma visão ampliada da razão pública, ao proscrever determinadas concepções do espaço público, reduz ainda mais as possibilidades efetivas de debate e de diálogo dentro de sociedades plurais.

É evidentemente desejável que os agentes públicos que apresentam proposições normativas utilizem razões, na justificativa exigida pelo DPEN, que possam efetivamente se comunicar com a sociedade como um todo. Nesse sentido, é desejável que essas razões sejam aceitáveis para os diversos grupos sociais, e não razões com as quais determinados grupos não sejam capazes sequer de dialogar ou objetar. Entretanto, como se viu, há uma fronteira tênue e instável entre uma concepção dos conceitos de compreensibilidade, razoabilidade e aceitabilidade compatível com o pluralismo (já que nenhum desses conceitos significa que as pessoas irão concordar com a proposição normativa em tela) e outras concepções para esses mesmos conceitos, tão abrangentes que acabem por bloquear o debate político e esvaziar esse mesmo pluralismo. Justamente por isso, e como já exposto, a ênfase das exigências formuladas pelo devido procedimento na elaboração normativa é predominantemente procedimental.[284]

Há ainda um último ponto a destacar antes de encerrar este tópico. Parece consistente a premissa, que decorre do pluralismo, de que as pessoas – incluindo aquelas que concebem e propõem normas – possam ter visões de mundo diversas, opiniões diferentes e concepções conflitantes sobre praticamente tudo, além de terem iniciativas e prioridades diversas. Embora possa haver consenso acerca de alguns

---

[283] Sobre o ponto, v., dentre outros, MACKUEN, 1990; HUCKFELDT; SPRAGUE, 1995.
[284] WALDRON, 2006, p. 18: "Procedures in politics are not just ceremonies (…) They relate specifically to issues of legitimacy, particularly in circumstances where there is deep-seated disagreement as to what substantive principles should be observed. I mentioned legitimacy a moment ago, and I want to say that the importance of addressing issues of legitimacy cannot be overestimated. Suppose a citizen asks: 'Why should I comply with or support this law, when I think its content is wrong?' Appealing in response to a substantive principle may be reassuring for the sponsors of the law, but it will carry no weight for this citizen. For this citizen, one has to appeal to something about the way the law was enacted in the circumstances of disagreement, so that he can see its enactment as fair even if he does not see its substance as just".

assuntos, essa não é a regra em sociedades plurais nas quais a diversidade e a liberdade sejam respeitadas. O mais frequente é que os grupos efetivamente tenham visões diferentes e defendam proposições diversas, de modo que decisões terão de ser tomadas após o debate entre essas diferentes visões: seja a opção entre alguma dessas visões ou a construção de soluções negociadas.[285]

Nesse contexto, e ao contrário do que talvez se pudesse desejar, a democracia em sociedades plurais não é um ambiente de consenso espontâneo ou produzido. O pluralismo, além de protegido do ponto de vista constitucional, corresponde a uma realidade.[286] Supor que pessoas supostamente "racionais" chegariam a um consenso é, na verdade, negar a existência do pluralismo, qualificando a concepção diversa ou com a qual não se concorda de irracional. Mais que isso, imaginar que as pessoas (em geral aquelas que pensam diversamente do que se considera certo) poderiam simplesmente alterar sua opinião caso fossem mais bem informadas ou mais racionais, além de veicular profunda arrogância intelectual, é incompatível com o igual respeito e consideração a que todos fazem jus e que constitui, afinal, o fundamento último do próprio sistema democrático.

Na realidade, a democracia plural não é um espaço de consenso ou uniformidade, mas de diversidade e conflito, cuja característica distintiva é a existência de limites a esses conflitos e de mecanismos por meio dos quais é possível dialogar, falar e ouvir, e assim lidar com essas diferenças.[287] Isso não significa que o diálogo irá superar as diferenças ou gerar consenso: ele eventualmente apenas permitirá a tomada de decisões coletivas a despeito dessas diferenças.[288] Esse é o ambiente sobre o qual o devido procedimento na elaboração normativa pretende incidir e é nesse contexto que as razões a serem apresentadas

---

[285] MOUFFE, 2005; 2005a; ARENDT, 1958.
[286] ARENDT, 1958.
[287] Sobre a importância de ouvir nesse contexto, v. BICKFORD, 1996.
[288] MALIANDI, 1996, p. 53-54: "La conciencia de conflictividad, como se vio, no puede figurar expresamente en la Carta Magna de los Estados democráticos; pero está necesariamente presupuesta en la declaración de los otros rasgos. Conciencia de conflictividad significa reconocimiento de que los conflictos sociales son inevitables, es decir, que en todo Estado, democrático o no, siempre habrá conflictos. La actitud democrática entraña disponibilidad a vivir entre conflictos (disponibilidad que, precisamente, está ausente en los sistemas autoritarios). Por otra parte, sin embargo, conciencia de conflictividad significa también disposición permanente a la búsqueda de soluciones ante cada nuevo conflicto; significa conciencia de que tal búsqueda es una exigencia racional básica. Se comprende que en todo Estado haya conflictos si se ha comprendido que el Estado es, precisamente, una organización destinada a resolver conflictos. No todos los conflictos son solubles; pero muchos lo son".

na justificativa exigida pelo DPEN devem ser compreendidas. Feitas as considerações que pareciam indispensáveis sobre a ideia de razões, cabe agora fazer uma breve nota sobre o tema das informações.

6.1.2 Informações e a limitação do conhecimento

Como discutido, o devido procedimento na elaboração normativa exige a apresentação de uma justificativa pública por quem proponha a edição de uma norma, justificativa essa que deve conter razões e informações sobre ao menos três temas: o problema a ser enfrentado pela norma, os resultados que ela pretende produzir e os custos e impactos da medida proposta. No tópico anterior se procurou discutir algumas questões em torno da ideia de razões e agora cabe fazer alguns comentários pertinentes ao tema das informações. Destaca-se, como já se apontou, que não há uma rígida separação entre esses dois dados. A seleção, processamento e apresentação das informações sempre envolvem opções que passam por opiniões, preferências, concepções, ou seja: razões. De todo modo, para fins didáticos, a distinção tem utilidade na medida em que é possível concentrar, em relação a cada um deles, diferentes discussões.

Já se sublinhou a importância de uma proposição normativa que pretende, afinal, conformar a realidade, contar com informações mínimas sobre essa mesma realidade. Não há necessidade de retomar aqui o que já foi discutido sobre essa perspectiva. Entretanto, as exigências do devido procedimento na elaboração normativa acerca da apresentação de informações não podem ignorar, em primeiro lugar, que existem limites de várias ordens nesse mister.

Em primeiro lugar, o conhecimento humano é limitado sobre a realidade existente e mesmo sobre o que aconteceu no passado. Há dificuldades na coleta de dados, às vezes por falta de recursos ou pela própria dificuldade de acessar efetivamente a informação, ou por dificuldades metodológicas. Assim, por exemplo, o Brasil tem sérias dificuldades em obter dados razoavelmente precisos acerca da mortalidade materna, sobretudo em determinadas regiões do país, e outros países enfrentam desafio similar.[289] Todos os materiais produzidos pelo IBGE são acompanhados de explicações metodológicas acerca das limitações das pesquisas levada a cabo para apuração de dados, que são bastante ilustrativas das dificuldades enfrentadas.

---

[289] V. LAURENTI et al, 2004.

Em segundo lugar, há também limitações na análise e correlação dos dados eventualmente obtidos, por conta da própria complexidade dos fenômenos e das diferentes perspectivas a partir das quais é possível abordá-los. Ou seja: nem sempre é possível estabelecer explicações claras ou relações de causa e efeito com base nas informações disponíveis. E isso porque determinada pesquisa pode capturar apenas uma fração da realidade, ao passo que outros estudos capturam frações diversas. Não é incomum, portanto, que abordagens científicas apresentem conclusões diferentes e por vezes contraditórias acerca de um mesmo problema.[290] Isso não significa, é claro, que as informações não sejam importantes nesse contexto. Muito ao revés, a existência de dados contraditórios requer justamente que se saiba mais sobre eles, suas premissas e sua metodologia, na medida em que isso ensejará mais esclarecimento sobre a questão.[291]

Em terceiro lugar, existem limitações também importantes em relação à capacidade do conhecimento humano de prever o que poderá acontecer em decorrência de uma intervenção normativa. O ponto já foi discutido no início deste estudo quando se destacou que a promoção dos direitos fundamentais exige um esforço sustentável do Poder Público. A transformação da realidade pretendida por uma norma

---

[290] GRUNWALD, 2005, p. 228-229: "Expertise is in fact accepted by the TAB as expertise, but always in awareness of the 'experts dilemma' that advisory opinions can arrive at different, even diametrically contradictory judgments. The 'opinion-counter opinion' problematics have led to a serious loss of confidence in the science and expertise systems, especially because the impression has arisen that every politician can find experts who formulate any opinion desired in scientific rhetoric. Science is seen as partial and perhaps even mercenary, rather than as objective and neutral. The background of this ìexpertsí dilemmaî lies in the fact that value judgements always flow concomitantly into expert opinions. The danger that the expert does not strictly separate his/her roles as a neutral advisor and as a committed citizen or as a representative of certain interests, but also expresses judgments on the basis of his/her own convictions, but which aren't supported by his/her own specialist knowledge, is almost unavoidable".
[291] GRUNWALD, 2005, p. 229: "It is not quite clear how we could deal with the 'experts' dilemma adequately (BECHMANN; HRONSZKY, 2002). From the perspective of democracy, the essential point is that democratic formation of an informed opinion and decisionmaking may not be determined by a group of experts writing scientific advisory reports. For that reason, expert opinions have to disclose their premises and presuppositions as transparently as possible (LÜBBE, 1997). Divergent judgements can be traced back to incompatible premises and normative preconceptions, which should be expressed openly, so that they don't prejudice democratic decisions subliminally or by virtue of being the premises of experts. If premises and normative preconceptions are made explicit, a corresponding public democratic discussion of these premises can take place. This is a question of 'ridding' the experts reports of value judgements that are not supported by expert knowledge, and of a "neutralization of the experts" (VAN DEN DAELE, DÖBERT, 1995). Exactly this process is to be understood under 'democratizing expertise' in the following."

demanda tempo não apenas porque sua execução requer múltiplas atividades, mas também porque parte dessas atividades envolverão o monitoramento dos resultados efetivamente produzidos pela norma, que nem sempre serão aqueles que foram antecipados, demandando reavaliações acerca da melhor forma de intervir.

Por fim, em quarto lugar, o agente público que concebe e elabora uma proposição normativa não é, no mais das vezes, um cientista ou alguém especializado na pesquisa sobre os dados relevantes para o tema que se pretende regular. Ou seja, entre as informações e sua absorção pelo agente público existe a intermediação de um sem número de visões de quem coletou, correlacionou e analisou os dados, apresentando determinadas conclusões sobre a matéria.[292] Além disso, a abordagem de ambos é diversa. O cientista pode, como é comum, apontar as limitações dos dados disponíveis e indicar a necessidade de mais pesquisas e estudos. O agente público, naturalmente, não está nessa mesma posição.

Esse conjunto breve de observações é feito não para minimizar a importância das informações, muito ao contrário. Exatamente porque a realidade é complexa e nossa capacidade de conhecê-la e de estabelecer previsões é limitada, que o esforço de obter informações deve ser levado a sério por quem pretenda interferir na vida das pessoas por meio da edição de normas. Seria leviano, para dizer o mínimo, negligenciar a eventual informação disponível que pode ser útil para a melhor concepção de uma proposição normativa. Jogar aleatoriamente com os direitos das pessoas, ignorando informações que podem ser relevantes sobre o tema, é incompatível com os elementos constitucionais que exigem o devido procedimento na elaboração normativa.

Nada obstante, não se pode imaginar que o agente público tenha capacidades extraordinárias de conhecimento e processamento de dados, que simplesmente não existem. O ponto é importante para que não se crie um fetiche do conhecimento científico – como se ele fosse neutro ou verdadeiro em termos absolutos – e nem se pretenda exigir do agente público diligências em termos de obtenção de informações que não seriam viáveis em suas circunstâncias.

---

[292] WINTGENS, 2013, posição 600: "An epistemically rational legislator must take into account the actual state of affairs in social sciences since the facts the deals with are not 'brute facts'. They are not yet institutional facts either, since it is the normative order instituted by legislation that confers this status on them. The legislator's dealing with social facts is therefore mediated by what social scientists have to say about them".

6.2 Elaboração normativa: do que se trata afinal?

Um elemento importante do que se sustenta neste estudo é a ideia de elaboração normativa, fenômeno sobre o qual incidirá o dever, e o correlato direito, a um devido procedimento para elaboração normativa. Cabe então esclarecer de forma um pouco mais precisa o que se entende efetivamente por elaboração normativa.

Em primeiro lugar, este estudo se ocupa apenas das normas jurídicas de origem estatal. Não se ignora que há muitas outras normas na sociedade oriundas de relações de poder diversas, que podem afetar tanto quanto as normas estatais a vida das pessoas. Os eventuais limites que a Constituição impõe para a elaboração dessas outras normatividades são, porém, tema diverso e este não será objeto de exame neste estudo.[293] Nesse sentido, a elaboração normativa de que se cuida aqui é aquela que se processa no âmbito de órgãos ou entidades públicos de qualquer ente da federação. Mas o que se entende por norma nesse contexto, e o que distingue a elaboração de normas de outros atos estatais?

Por norma jurídica de origem estatal se entende, de forma bastante simples, o comando dotado de algum grau de generalidade e abstração que cria direitos e/ou obrigações. A criação de direitos e obrigações, isto é, a inovação na ordem jurídica, é central no conceito. Neste ponto, porém, é importante distinguir o veículo que carrega o comando e o comando propriamente dito. E isso porque uma leitura isolada do art. 5º, II, da Constituição ("ninguém será obrigado a fazer ou deixar de fazer alguma coisa senão em virtude de lei") poderia sugerir que a criação de qualquer espécie de obrigação dependeria de lei formal, isto é, aquela elaborada pelo Poder Legislativo. Essa assertiva, porém, não corresponde à realidade, nem do sistema constitucional, nem do sistema normativo brasileiro de forma mais ampla.[294]

Embora o Poder Legislativo tenha ampla preferência e preeminência na criação de normas jurídicas, muitos outros órgãos e entidades estatais editam igualmente normas dotadas de generalidade e abstração que criam direitos e/ou obrigações. Assim, comandos gerais e abstratos criando direitos e obrigações podem ser veiculados por leis, decretos, portarias, resoluções, atos conjuntos, regimentos internos, respostas a consultas, e ainda por meio dos mais variados veículos que se possa nominar na estrutura do Estado brasileiro. O fenômeno da elaboração normativa não se circunscreve ao Poder Legislativo e, portanto, o

---

[293] ATIENZA, 1989, p. 388.
[294] BARROSO, 1997.

devido procedimento na elaboração normativa de que se cuida neste estudo também não.

De outra parte, nem toda ação estatal é uma ação normativa, por natural, e nesse ponto as noções de generalidade e abstração ajudam a distinguir a atividade normativa de outras atividades estatais. A generalidade, como se sabe, diz respeito ao conjunto de destinatários do comando. Um conjunto bastante geral de destinatários de que se pode cogitar é a população inteira do país, como acontece, por exemplo, com normas nacionais como o Código Civil ou o Código Penal. Entende-se que as normas são também dotadas de generalidade mesmo quando elas se destinem a grupos bem menores de indivíduos, como, *e.g.*, os servidores públicos. Por outro lado, um comando que tenha por destinatário apenas um indivíduo dificilmente poderá ser considerado uma norma, independentemente do veículo por meio do qual seja editado.

A abstração, por seu turno, se refere ao conteúdo propriamente dito da norma: ela será considerada abstrata na medida em que descreva situações em tese, que se repetem no tempo e no espaço, às quais são associadas consequências (direitos e/ou obrigações) que igualmente se repetirão toda vez que a hipótese se verificar. Um comando que se destine a regular de forma exclusiva uma situação única não é dotado de abstração.

Dependendo, porém, da circunstância de que se cuide e do grau de generalidade, o comando poderá ser considerado normativo mesmo que se ocupe de um evento único. É o que se passa, por exemplo, com a lei que altera o valor do salário mínimo em determinado ano. Embora o evento seja único, a multiplicidade de efeitos que ele desencadeia e a generalidade do comando acabam conferindo ao comando um caráter claramente normativo. Na realidade, em face da complexidade das ações atribuídas aos Estados contemporâneos, as noções de generalidade e abstração não são rígidas e nem descrevem hipóteses a partir de uma lógica biunívoca. Trata-se de um *continuum* que identifica níveis de generalidade e abstração e, ademais, relaciona as duas noções entre si.

Uma última questão diz respeito a quem pode editar normas validamente no Estado brasileiro. O ponto será examinado de forma mais específica ao tratar-se dos destinatários dos deveres do devido procedimento na elaboração normativa, mas um registro é importante desde logo. Em primeiro lugar, por natural, cabe ao Poder Legislativo editar normas por meio das espécies legislativas previstas constitucionalmente. Mas a verdade é que a legalidade já não inclui apenas a lei formal, elaborada pelo Poder Legislativo.

A Constituição de 1988 equiparou à lei formal, em determinadas circunstâncias, atos expedidos diretamente pelo Poder Executivo.²⁹⁵ Além disso, a Constituição confere ao Executivo o poder regulamentar, por força do qual lhe cabe expedir decretos e regulamentos para fiel execução das leis.²⁹⁶ Embora não caiba ao regulamento transbordar da lei, o espaço que ele poderá ocupar, inclusive para criar direitos e obrigações em caráter geral e abstrato, dependerá em boa medida do teor da lei e do que ela venha a determinar que o Executivo faça. Paralelamente ao poder regulamentar, não é incomum que o próprio Legislador transfira parcelas de competência normativa ao Poder Executivo ou a entidades administrativas, por meio de delegações explícitas constantes da lei ou implicitamente, pelo uso de conceitos jurídicos indeterminados. Por meio desses mecanismos, outras instâncias, sobretudo ligadas ao Poder Executivo, acabam editando normas.²⁹⁷

Mas não são apenas o Poder Legislativo e o Poder Executivo que editam normas no âmbito do Estado brasileiro. A própria Constituição e também o legislador atribuem competências normativas a órgãos do Poder Judiciário,²⁹⁸ como o Conselho Nacional de Justiça²⁹⁹ e o Tribunal

---

²⁹⁵ Como exemplo podemos citar as medidas provisórias (art. 59, V, e 62, CF), as leis delegadas (art. 59, IV, e 68, CF) e os decretos previstos no art. 84, IV e VI, CF. Daí a distinção entre matérias submetidas a reserva de lei formal (particularmente aquelas que não podem ser objeto de medida provisória) e matérias submetidas apenas a reserva de lei material.

²⁹⁶ Constituição de 1988: "Art. 84. Compete privativamente ao Presidente da República: (...) IV - sancionar, promulgar e fazer publicar as leis, bem como expedir decretos e regulamentos para sua fiel execução;". ARAGÃO, 2001, p. 378: "(...) sabemos que o caráter exaustivo da lei, pretensamente excludente de qualquer subjetividade por parte do seu concretizador, é uma idealização irrealizável na prática. Basta vermos a grande quantidade de divergências doutrinárias e judiciais existentes em matéria tributária e criminal, com posições jurídicas diversas, todas plausíveis".

²⁹⁷ Sobre o tema da atividade normativa do Poder Executivo, v. BINENBOJM, 2006; ARAGÃO, 2004; BAPTISTA, 2003; BARROSO, 1997; CUÉLLAR, 2001; CLÈVE, 2011.

²⁹⁸ O exercício da atividade jurisprudencial, sobretudo pelo Supremo Tribunal Federal, por meio de decisões com efeitos gerais e vinculantes, e ainda mais por meio de súmulas vinculantes, aproxima-se muito do conceito de norma descrito no texto. Não se está incluindo, porém, essa atividade estatal na esfera de incidência do devido procedimento na elaboração normativa porque, na realidade, a atividade jurisdicional já conta com um devido procedimento amplamente disciplinado na própria Constituição, e tanto a motivação das decisões judiciais, quanto as garantias inerentes ao contraditório e ampla defesa asseguram, naquela esfera, os mesmos bens constitucionais que o DPEN pretende proteger.

²⁹⁹ Constituição de 1988: "Art. 103-B. O Conselho Nacional de Justiça compõe-se de 15 (quinze) membros com mandato de 2 (dois) anos, admitida 1 (uma) recondução, sendo: (...) §4º Compete ao Conselho o controle da atuação administrativa e financeira do Poder Judiciário e do cumprimento dos deveres funcionais dos juízes, cabendo-lhe, além de outras atribuições que lhe forem conferidas pelo Estatuto da Magistratura: I - zelar pela autonomia do Poder Judiciário e pelo cumprimento do Estatuto da Magistratura, podendo expedir atos regulamentares, no âmbito de sua competência, ou recomendar providências;".

Superior Eleitoral,[300] do Ministério Público[301] e do Tribunal de Contas,[302] por exemplo. Os atos normativos editados por esses órgãos e entidades frequentemente não se limitam a disciplinar aspectos secundários da execução de leis, mas efetivamente criam direitos e obrigações com generalidade e abstração. São, portanto, normas também, nos termos da citada definição, e sua elaboração deverá submeter-se ao devido procedimento na elaboração normativa.

Em resumo, o devido procedimento na elaboração normativa de que se cuida aqui não incide apenas sobre a elaboração legislativa propriamente, da qual é protagonista o Legislativo e participam também outras instâncias que tenham competência para iniciativa legislativa. A elaboração legislativa é, a rigor, uma espécie do gênero elaboração normativa, que inclui ainda a edição de normas por outros órgãos e entidades estatais, às quais se aplica igualmente o devido procedimento de que se cuida aqui.[303]

6.3 Conteúdo mínimo da justificativa exigida pelo devido procedimento na elaboração normativa

Como já anunciado, sustenta-se aqui um direito constitucional a um devido procedimento na elaboração normativa (DPEN) e esse

---

[300] Lei nº 4.737/65 (Código Eleitoral): "Art. 1º Este Código contém normas destinadas a assegurar a organização e o exercício de direitos políticos precipuamente os de votar e ser votado. Parágrafo único. O Tribunal Superior Eleitoral expedirá Instruções para sua fiel execução. (...) Art. 23. Compete, ainda, privativamente, ao Tribunal Superior: (...) IX - expedir as instruções que julgar convenientes à execução deste Código;".

[301] Constituição de 1988: "Art. 130-A. O Conselho Nacional do Ministério Público compõe-se de quatorze membros nomeados pelo Presidente da República, depois de aprovada a escolha pela maioria absoluta do Senado Federal, para um mandato de dois anos, admitida uma recondução, sendo: (...) §2º Compete ao Conselho Nacional do Ministério Público o controle da atuação administrativa e financeira do Ministério Público e do cumprimento dos deveres funcionais de seus membros, cabendo lhe: I - zelar pela autonomia funcional e administrativa do Ministério Público, podendo expedir atos regulamentares, no âmbito de sua competência, ou recomendar providências;" e Lei nº 4.737/65 (Código Eleitoral): "Art. 24. Compete ao Procurador Geral, como Chefe do Ministério Público Eleitoral: (...) VIII - expedir instruções aos órgãos do Ministério Público junto aos Tribunais Regionais;".

[302] Lei nº 8.443/92: "Art. 3º Ao Tribunal de Contas da União, no âmbito de sua competência e jurisdição, assiste o poder regulamentar, podendo, em consequência, expedir atos e instruções normativas sobre matéria de suas atribuições e sobre a organização dos processos que lhe devam ser submetidos, obrigando ao seu cumprimento, sob pena de responsabilidade".

[303] A circunstância de se tratar de uma elaboração legislativa, isto é, no âmbito do Legislativo, ou normativa de forma ampla terá algumas consequências na aplicação do devido procedimento, como se verá ao longo do texto.

direito tem um conteúdo mínimo. Também já se esclareceu o que se entende por elaboração normativa – e, portanto, qual o universo sobre o qual se aplica o DPEN –, que envolve a criação do direito de forma geral, levado a cabo pela lei, via Poder Legislativo, mas também por veículos não legislativos e por outros órgãos estatais.

O conteúdo mínimo do DPEN, em termos gerais, exige que a proposta de qualquer ato normativo seja acompanhada de uma justificativa pública, contendo razões e informações, e que essa justificativa deve tratar, ao menos, de três temas: o problema que se considera existir, os resultados que se espera sejam produzidos pela medida proposta e os custos e impactos envolvidos na providência que o ato normativo pretende seja adotada. Cabe agora detalhar cada um deles.

6.3.1 Primeiro conteúdo mínimo: qual o problema que a norma pretende enfrentar?

O primeiro conteúdo que a justificativa a ser apresentada por quem quer que proponha uma norma deverá necessariamente abordar é o problema que a futura norma pretende enfrentar.[304] Esse primeiro conteúdo mínimo envolverá inevitavelmente razões e informações, na linha do que já se discutiu. De forma mais específica, a justificativa deve descrever o problema e dimensioná-lo, o que demanda a apresentação de dados, informações. E, em segundo lugar, a própria qualificação da situação como um problema que deva ser objeto de uma norma

---

[304] Por vezes um único problema justificará a edição de várias normas, em um mesmo diploma ou em diplomas diferentes, o que por vezes pode tornar complexa a identificação do objeto único de que cuida o art. 7º da LC nº 95/98 ("O primeiro artigo do texto indicará o objeto da lei e o respectivo âmbito de aplicação, observados os seguintes princípios: I - excetuadas as codificações, cada lei tratará de um único objeto;") que, como se sabe, não é considerada uma exigência constitucional pelo STF (v. STF, ADI 4350, Rel. Min. Luiz Fux, Dje 02.12.2014). De toda sorte, seria útil, sob a perspectiva do DPEN, se cada proposição normativa se ocupasse de um único problema, ainda que ele desse origem a várias disposições normativas diversas. O ponto é discutido em outras partes do mundo também. V. FRICKEY; SMITH, 2001, p. 4: "The single-subject rule has rarely been enforced by state supreme courts – in part because the definition of a single subject is difficult and rather easily defeated by speaking in abstract terms (*e.g.*, 'appropriations', rather than 'funding for higher education'), in part because the rule might seem to interfere unduly with ordinary legislative conduct such as logrolling. Nonetheless, in recent years the state supreme courts are becoming more aggressive in enforcing the single-subject requirement, specially in the context of ballot measures submitted to the people through the initiative process (Jones case in Calif.; Fine v. Firestone in Fla). Whether courts will ultimately find a way to enforce the single subject requirement without causing more problems for the legislative process than good for the citizenry is an open question".

estatal, e da intervenção proposta, requer a apresentação de razões.³⁰⁵ Aprofunde-se brevemente o ponto.

A intervenção normativa do Estado se justifica logicamente em face da existência de alguma questão que, na visão de quem propõe a norma, demande enfrentamento. É verdade que nem sempre a norma será a forma escolhida para lidar com todos os problemas. O Direito não precisa ocupar todos os espaços da vida social. Nem sempre o instrumental jurídico clássico – direitos, deveres, demandas judiciais e sanções – será o melhor ou o mais adequado para intermediar todas as relações no âmbito da sociedade.³⁰⁶

De toda sorte, caso se entenda que a regra geral da liberdade (art. 5º, II, da Constituição) e o eventual ajuste livre entre os agentes privados não são as melhores formas de lidar com determinado problema, a intervenção estatal específica é uma opção disponível.³⁰⁷ Veja-se que a exigência de que a justificativa para uma proposição normativa explicite qual o problema que a norma pretende enfrentar, incluindo informações acerca dele, não veicula uma opção definida acerca da natureza do Estado de que se cogita, se ele deve ou não intervir em determinados temas, se o Estado deve ser protagonista ou manter uma atuação subsidiária, ou sobre quais os eventuais limites da ação estatal. Essas são outras questões – importantes – que poderão ser discutidas ao longo do processo de elaboração da norma, e até mesmo após sua elaboração. O devido procedimento na elaboração normativa, neste ponto, exige apenas que a justificativa descreva o problema, apresentando as informações relevantes sobre ele e as razões pelas quais se considera que se trata, afinal, de um problema, que a norma proposta poderá enfrentar.

Sobre as informações, há um aspecto importante a destacar. A identificação do problema e seu dimensionamento são indispensáveis para que a proposta normativa possa ser compreendida e avaliada, em si mesma, à luz da realidade e do restante do sistema constitucional. Não basta, portanto, uma identificação puramente teórica do problema,

---

[305] MENDES, 1993, p. 267: "Antes de decidir sobre as providências a serem empreendidas, cumpre identificar o problema a ser enfrentado. (...) A reunião de informações exatas sobre uma situação considerada inaceitável ou problemática é imprescindível tanto para evitar a construção de falsos problemas quanto para afastar o perigo de uma avaliação errônea (superestimação ou subestimação)".

[306] LARENZ, 1991, p. 177: "Un 'espacio jurídicamente libre' algo mayor significaría quizá menos justicia, pero más humanidad".

[307] É certo que mesmo o ajuste livre entre as partes não estará imune à incidência dos princípios constitucionais. Sobre o tema, v. TEPEDINO, 2006; 2012.

sem qualquer informação concreta sobre sua realidade. Dimensionar é um passo indispensável para que se possa conferir parâmetros mínimos para os debates em torno do problema em si, da ação estatal que se propõe e, sobretudo, do resultado que se pretende essa iniciativa estatal produza na realidade e, *a fortiori*, na vida das pessoas. Uma discussão que pretende criar uma norma para produzir determinados efeitos no mundo dos fatos que não se preocupa minimamente em entender esses fatos e se relacionar com eles não atende às exigências elementares do devido procedimento na elaboração normativa.[308] Um exemplo ilustra o ponto.

Periodicamente o Ministério da Saúde expede portaria divulgando a Relação Nacional de Medicamentos Essenciais (RENAME) que devem ser fornecidos pelo SUS no contexto da Política Nacional de Assistência Farmacêutica prevista pela Lei nº 8.080/90.[309] Trata-se, não há dúvida, de uma norma elaborada no âmbito do Poder Executivo que define em caráter geral que medicamentos serão dispensados pelo SUS para a população usuária do sistema. Sabe-se que a Comissão Intergestores Tripartite tem atribuições no particular[310] e que cabe à Comissão Nacional de Incorporação de Tecnologias ao SUS – CONITEC

---

[308] LEAL, 1960, p. 22: "As fontes de informação do legislador devem ser fidedignas. Ao redigir uma lei, o legislador não pode perder de vista a observação real da vida (...)".

[309] Lei nº 8.080/90: "Art. 6º Estão incluídas ainda no campo de atuação do Sistema Único de Saúde (SUS): I - a execução de ações: (...) d) de assistência terapêutica integral, inclusive farmacêutica;".

[310] Lei nº 8.080/90: "Art. 14-A. As Comissões Intergestores Bipartite e Tripartite são reconhecidas como foros de negociação e pactuação entre gestores, quanto aos aspectos operacionais do Sistema Único de Saúde (SUS). (Incluído pela Lei nº 12.466, de 2011). Parágrafo único. A atuação das Comissões Intergestores Bipartite e Tripartite terá por objetivo: (Incluído pela Lei nº 12.466, de 2011). I - decidir sobre os aspectos operacionais, financeiros e administrativos da gestão compartilhada do SUS, em conformidade com a definição da política consubstanciada em planos de saúde, aprovados pelos conselhos de saúde; (Incluído pela Lei nº 12.466, de 2011). II - definir diretrizes, de âmbito nacional, regional e intermunicipal, a respeito da organização das redes de ações e serviços de saúde, principalmente no tocante à sua governança institucional e à integração das ações e serviços dos entes federados; (Incluído pela Lei nº 12.466, de 2011). III - fixar diretrizes sobre as regiões de saúde, distrito sanitário, integração de territórios, referência e contrarreferência e demais aspectos vinculados à integração das ações e serviços de saúde entre os entes federados. (Incluído pela Lei nº 12.466, de 2011). (...) Art. 19-P. Na falta de protocolo clínico ou de diretriz terapêutica, a dispensação será realizada: (Incluído pela Lei nº 12.401, de 2011) I - com base nas relações de medicamentos instituídas pelo gestor federal do SUS, observadas as competências estabelecidas nesta Lei, e a responsabilidade pelo fornecimento será pactuada na Comissão Intergestores Tripartite; (Incluído pela Lei nº 12.401, de 2011) (...) Art. 19-U. A responsabilidade financeira pelo fornecimento de medicamentos, produtos de interesse para a saúde ou procedimentos de que trata este Capítulo será pactuada na Comissão Intergestores Tripartite. (Incluído pela Lei nº 12.401, de 2011)".

assessorar o SUS na decisão acerca da incorporação, por exemplo, de novos medicamentos ao RENAME.[311] Nada obstante, não há informação pública acerca do processo de elaboração dessa norma nem justificativa específica disponível. É possível que tais dados existam realmente, mas a realidade é que eles não estão disponíveis para a sociedade.[312]

Como já se registrou, há norma editada pelo Chefe do Poder Executivo Federal (hoje o Decreto nº 9.191/17) que traz uma lista de questões que devem ser examinadas na elaboração de atos normativos no âmbito do Poder Executivo. É verdade que, nos termos do decreto, ele se aplica a propostas de atos normativos encaminhadas ao Presidente pelos Ministros de Estado, de modo que talvez não se aplicasse formalmente às portarias do Ministério da Saúde, a despeito da importância das normas por ele veiculadas. Seja como for, é interessante observar que várias das questões listadas pelo decreto envolvem justamente a identificação do problema que a norma pretende solucionar.[313] Não é possível saber se tais questões foram consideradas e discutidas na elaboração do RENAME e não foi possível localizar qualquer documento que as exponha de forma pública.

Concentrando o exame nos aspectos discutidos nesse primeiro conteúdo mínimo do DPEN, sabe-se, é claro, que há algum nível de incidência de determinada doença e que um determinado medicamento foi considerado eficaz para o seu tratamento e por isso, dentre outras razões, incluído na listagem do SUS.[314] Mas não há informação pública

---

[311] Lei nº 8.080/90: "Art. 19-Q. A incorporação, a exclusão ou a alteração pelo SUS de novos medicamentos, produtos e procedimentos, bem como a constituição ou a alteração de protocolo clínico ou de diretriz terapêutica, são atribuições do Ministério da Saúde, assessorado pela Comissão Nacional de Incorporação de Tecnologias no SUS. (Incluído pela Lei nº 12.401, de 2011) §1º A Comissão Nacional de Incorporação de Tecnologias no SUS, cuja composição e regimento são definidos em regulamento, contará com a participação de 1 (um) representante indicado pelo Conselho Nacional de Saúde e de 1 (um) representante, especialista na área, indicado pelo Conselho Federal de Medicina. (Incluído pela Lei nº 12.401, de 2011)".

[312] A Comissão Intergestores Tripartite definiu prioridades municipais para 2014-2017 (Resolução nº 18, de 15.07.2013, do Conselho Nacional de Assistência Social – CNAS), por exemplo, mas não há qualquer menção à política farmacêutica.

[313] Decreto 9.191/17: "Anexo I (...) 1.3. Neste momento, como se apresenta a situação no plano fático e no plano jurídico? 1.4. Que falhas ou distorções foram identificadas? 1.5. Que repercussões tem o problema que se apresenta no âmbito da economia, da ciência, da técnica e da jurisprudência? 1.6. Qual é o conjunto de destinatários alcançados pelo problema e qual é o número de casos a resolver? 1.7. O que poderá acontecer se nada for feito? (Exemplo: o problema se agravará? Permanecerá estável? Poderá ser superado pela própria dinâmica social, sem a intervenção do Estado? Com que consequências?)".

[314] Lei nº 8.080/90: "Art. 19-Q. A incorporação, a exclusão ou a alteração pelo SUS de novos medicamentos, produtos e procedimentos, bem como a constituição ou a alteração de

disponível acerca de qual a dimensão desse problema: Quantas pessoas sofrem com essa doença e qual a projeção desse número para os próximos anos? Onde elas se concentram (essa poderá ser uma informação importante tendo em conta a estrutura descentralizada do SUS)? Também não há uma justificativa disponível acerca de por quais razões essas políticas de saúde pública foram consideradas prioritárias, em detrimento de outras possíveis: nesse ponto o tema já se conecta com a questão dos impactos da medida, uma vez que as escolhas públicas são, como regra, simultaneamente, alocativas e desalocativas. Essas perguntas serão indispensáveis inclusive para os próximos conteúdos mínimos do DPEN: qual o resultado pretendido com essa medida? E quais os custos e impactos dessa medida?

O que se sabe em relação ao exemplo aqui discutido é que não é incomum nem episódico que os medicamentos constantes do RENAME não sejam dispensados pelo SUS, ou ao menos não sejam dispensados na quantidade necessária para as pessoas com aquelas necessidades, o que pode ser verificado pela existência de ações judiciais solicitando exatamente esses medicamentos.[315] Ou seja: a norma não está sendo cumprida em prejuízo dos direitos das pessoas. E a fruição de tal direito está sendo mediada para determinadas pessoas pela intervenção do Poder Judiciário, sendo certo que, como se viu, as pessoas mais necessitadas provavelmente não serão as beneficiadas por tais decisões judiciais.[316]

Muitas explicações podem ser cogitadas para esse descompasso entre a realidade e o que foi previsto pela norma – no caso, a listagem dos medicamentos a serem dispensados pelo SUS – e não é o caso de discorrer sobre essa questão aqui. Sejam quais forem essas explicações, parece certo que a ausência de uma justificativa adequada, que dimensione o problema e o discuta de forma específica, prejudica qualquer tentativa de solucioná-lo. A pergunta, portanto, é simples de enunciar.

---

protocolo clínico ou de diretriz terapêutica, são atribuições do Ministério da Saúde, assessorado pela Comissão Nacional de Incorporação de Tecnologias no SUS. (Incluído pela Lei nº 12.401, de 2011) (...) §2º O relatório da Comissão Nacional de Incorporação de Tecnologias no SUS levará em consideração, necessariamente: (Incluído pela Lei nº 12.401, de 2011) I - as evidências científicas sobre a eficácia, a acurácia, a efetividade e a segurança do medicamento, produto ou procedimento objeto do processo, acatadas pelo órgão competente para o registro ou a autorização de uso; (Incluído pela Lei nº 12.401, de 2011) II - a avaliação econômica comparativa dos benefícios e dos custos em relação às tecnologias já incorporadas, inclusive no que se refere aos atendimentos domiciliar, ambulatorial ou hospitalar, quando cabível. (Incluído pela Lei nº 12.401, de 2011)".

[315] MESSEDER et al, 2005.
[316] SILVA; TERRAZAS, 2011; GAURI, 2010; CHIEFFI; BARATA, 2009; e FERRAZ, 2009; 2009a.

Por que os medicamentos constantes do RENAME não são dispensados na quantidade correspondente à necessidade epidemiológica? As respostas não parecem tão simples.

Talvez parte da dificuldade envolva, por exemplo, o subdimensionamento do problema: há mais pessoas sofrendo de determinada doença do que se tinha imaginado, e a quantidade de medicamento comprada não foi suficiente. Se essa é a questão, é preciso que se saiba e ela seja objeto de debate para que possa ser corrigida e repensada. Talvez o problema seja a falta de recursos e/ou o alto custo do medicamento: também é preciso que haja clareza sobre o ponto para que se possa avaliar eventuais soluções. Talvez sejam outras questões, de natureza burocrática, ou de falta de disponibilidade do produto. Em qualquer caso, a compreensão de qual era a dimensão do problema que a norma pretendia enfrentar será fundamental não apenas para criar condições reais para que a norma seja cumprida, como também para lidar com eventuais dificuldades em sua implementação.

No mesmo tema geral da saúde, ainda um outro exemplo ilustra como o dimensionamento do problema que a norma pretende enfrentar pode ter enorme repercussão sobre a capacidade da política pública de atender a todos os seus potenciais destinatários de forma isonômica ou, ao contrário, de atender a apenas alguns e excluir outros.

Imagine-se, em um exemplo esquemático, que o problema a ser enfrentado seja o tratamento de câncer de mama no âmbito do SUS, e que existam 5 opções terapêuticas possíveis, de custo variado. Avaliar a quantidade estimada de pacientes que farão uso do tratamento nos anos subsequentes, por exemplo, será essencial para que se possa quantificar o custo global da política e assim fazer uma escolha que permita, ao menos em tese, que todas as mulheres com a doença tenham acesso ao tratamento, e não apenas algumas delas.

Caso as decisões acerca da política pública não considerem informações sobre a dimensão do problema que ela pretende enfrentar, há um risco alto de violação da igualdade na fase da execução, já que a política não será capaz de atingir todos aqueles que deveriam ser por ela alcançados. Adicionalmente, é provável que a política pública acabe por beneficiar sobretudo as camadas mais favorecidas da sociedade, que terão maior capacidade de influenciar os órgãos do Poder Executivo responsáveis pela execução da política – e, portanto, de obter prioridade no atendimento –, ou que têm maior facilidade de acesso ao Poder Judiciário, a fim de pleitear a adjudicação do que a política prometia, mas não foi entregue.

Como já se discutiu nos capítulos iniciais, como regra geral as políticas públicas já beneficiam, primeiro, os grupos mais privilegiados da sociedade, atingindo as camadas menos favorecidas apenas depois de algum tempo. É razoável supor que esse quadro se agrave ainda mais no caso de uma política que nem sequer considerou toda a demanda existente em sua concepção: o "depois" pode simplesmente não chegar, violando de forma ainda mais grave a isonomia.

Uma crítica possível ao que se discute aqui, no sentido de que as propostas normativas devem conter a identificação do problema, incluindo seu dimensionamento e, em momento mais adiante, os custos necessários para seu enfrentamento, é a do possível uso conservador dessa informação. O que se sustenta, de forma simples, seria o seguinte: como em geral os recursos públicos são escassos e há uma grande ênfase no tema do equilíbrio dos gastos públicos, a identificação clara do problema permite visualizar seus custos, o que forneceria argumentação para aqueles que são contra a ação estatal na promoção de direitos fundamentais, inviabilizando tais iniciativas estatais. A omissão e a falta de clareza serviriam, estrategicamente, para a promoção dos direitos.

Essa crítica será examinada mais detidamente no item 8.5, mas já vale fazer um registro sobre o ponto. Deixando de lado, por hora, as complexidades filosóficas e morais dessa crítica e a realidade do problema dos custos, imaginar que a simples inclusão em uma norma de medidas de promoção de direitos produzirá automaticamente efeitos no mundo dos fatos é um equívoco em si, como já se discutiu. Sem prejuízo dos efeitos simbólicos relevantes que normas podem ter em determinadas circunstâncias,[317] no normal da vida elas existem para conformar e transformar a realidade. Se essa alteração do mundo real não se verifica, e nem há um plano para que se verifique progressivamente, por vezes esse suposto efeito simbólico é apenas uma manobra diversionista: aprova-se uma norma e finge-se que com isso a realidade dos direitos mudou.[318]

Pior ainda, o cumprimento da norma acabará por ser seletivo e terá acesso a ele quem tenha condições de influenciar as múltiplas autoridades, atomizadas, que possam impor sua observância. No

---

[317] É possível cogitar de normas que podem ter um efeito simbólico relevante decorrente por força de sua simples expedição. Há anos se postula, por exemplo, o reconhecimento pela Turquia do genocídio armênio, de modo que uma norma nesse sentido, ainda que não tivesse qualquer outra consequência sobre a realidade, teria um efeito simbólico importante. Essa, porém, será a exceção, e não a regra. Em geral, a norma existe para conformar a realidade.

[318] LOEWENSTEIN, 1986; NEVES, 2007, p. 41 et seq.

caso dos medicamentos, as autoridades mais prováveis são o Poder Judiciário ou alguma autoridade no âmbito das Secretarias de Saúde. A probabilidade de que os mais necessitados e excluídos sejam capazes de influenciar essas autoridades não é grande, de modo que esse cumprimento seletivo da norma acabará por beneficiar quem precisa menos, e não quem precisa mais. Para além de outras considerações que se fará adiante, simplesmente não parece realista imaginar que esse uso estratégico da falta de informação poderá promover de fato os direitos das pessoas mais carentes.

Uma observação final é importante. A descrição do problema que deverá constar da justificativa da proposta normativa não será, por evidente, objetiva e sequer seria próprio lhe atribuir qualquer pretensão de neutralidade, e é natural que seja assim. O diagnóstico dos problemas decorre das percepções e orientações políticas de quem o faz. Outras concepções podem discordar não apenas da abordagem de quem propõe a norma, mas inclusive da caracterização do fenômeno como um problema. Também as informações trazidas serão, no mais das vezes, parciais e contestáveis por outras: outras perspectivas, outras razões e outros dados podem favorecer uma compreensão inteiramente distinta da realidade. Daí a importância de a justificativa não apenas existir, mas ser pública e facilmente acessível, e de haver oportunidade para que críticas lhe sejam dirigidas e outras visões e concepções sejam apresentadas, de modo a ensejar um debate sobre a questão.

Esse ponto é importante para que se atribua à descrição do problema constante da justificativa o peso e o *status* que ele pode e deve ter, considerado o contexto político no qual se produz. Não se trata, portanto, da "revelação da verdade" ou de um documento produzido por agentes desinteressados (caso eles existissem) ou abertos a múltiplas visões que estudaram o assunto sem um compromisso ideológico específico. Se todos estamos inexoravelmente vinculados às nossas pré-compreensões, mesmo quando tentamos fazer um esforço para produzir a neutralidade possível, essa realidade será naturalmente mais pronunciada no espaço político.

Em resumo, o primeiro conteúdo mínimo do direito constitucional ao devido procedimento na elaboração normativa envolve a identificação do problema que a norma pretende enfrentar. Se o Estado pretende intervir na realidade por meio da edição de uma norma, há um direito difuso das pessoas, e uma imposição das normas constitucionais que estruturam o Estado brasileiro, no sentido de que essa iniciativa seja justificada. Um primeiro conteúdo essencial dessa justificava é a resposta à pergunta: qual o problema que a norma pretende resolver? Além da identificação da realidade sobre a qual a norma pretende incidir, e que ela pretende conformar, outros dois conteúdos são indispensáveis para que se possa efetivamente cogitar de um direito à justificativa, e é sobre eles que se passa a tratar nos próximos tópicos.

6.3.2 Segundo conteúdo mínimo: quais os resultados pretendidos com a medida proposta?

Além de identificar o problema que motiva a proposta da norma, um segundo conteúdo mínimo do devido procedimento na elaboração normativa envolve a indicação, por quem propõe a norma, dos resultados pretendidos por ela, isto é: dos resultados que se imagina a norma será capaz de produzir no mundo dos fatos no enfrentamento do problema identificado. A ação normativa do Estado não deve ser inconsequente, aleatória ou leviana: ela deve ter em vista resultados e deverá se mover de forma tão coerente quanto possível em direção a eles.[319] Alguns esclarecimentos são relevantes neste ponto.

É preciso reconhecer que a capacidade humana de fazer avaliação prognóstica – qual será o resultado futuro de uma ação presente – é bastante limitada. O ponto já foi discutido nos capítulos iniciais deste estudo. Não é incomum que planos estatais e privados – estudados e planejados – não produzam o resultado que se imaginava.[320] A realidade é complexa e o futuro nem sempre é tão previsível quanto se gostaria: estranhamente, a imprevisibilidade é um elemento previsível na realidade humana.

Não se cogita aqui, portanto, de uma indicação precisa do resultado pretendido pela norma, ou que se possa verificar retroativamente como "correta". Essa pretensão, além de impossível, seria inútil do ponto de vista do debate democrático e da promoção dos direitos. O devido procedimento na elaboração normativa exige, porém, que haja alguma avaliação, diante dos elementos disponíveis no momento de

---

[319] MENDES, 1993, p. 268-269: "Para verificar a adequação dos meios a serem utilizados deve-se proceder a uma análise dos objetivos que devem ser atingidos com a aprovação da proposta. (...) impõe-se aferir, com a utilização de critérios de probabilidade (prognósticos), se os meios a serem empregados se mostram adequados a produzir as consequências desejadas".

[320] SCOTT, 1998, posição 6468: "(...) call attention to how routinely planners ignore the radical contingency of the future".

elaboração da norma,[321] acerca de quais são esses resultados que se espera sejam produzidos a partir de sua edição e execução.[322] É relevante também observar que a noção de resultados pretendidos pela norma é ampla e não se confunde, por exemplo, com uma perspectiva economicista das realidades sociais.[323] Os agentes competentes para elaboração da norma poderão até valer-se de ferramentas dessa natureza em suas avaliações, mas essa será uma escolha política, e não uma imposição constitucional ou lógica. A observação é importante, pois Direito e Economia têm se aproximado e, embora a aproximação seja de grande utilidade para o Direito, os objetivos e os métodos de ambos os conhecimentos não são necessariamente os mesmos e, portanto, é preciso compreender as funcionalidades de ambos.[324] O tema é amplíssimo e não é o caso de discuti-lo. Registre-se apenas um exemplo para ilustrar o ponto que se quer destacar aqui.

---

[321] WINTGENS, 2013, posições 504, 515, 521, 529: "Once the assumption of rationality of the legislator is abandoned or at least tailored to the real world, it falls on the legislator to show how he makes sense of the complexity of the world. (...) The legislator knows only probabilistically the state of affairs of the social world. (...) the legislator has only probabilistic knowledge of facts due to the contingency of the world on the one hand and his bounded rationality on the other. (...) Prognosis of the consequences however again suffers from contingency since they are only probabilistic. Prognosis of the consequences, due to the probabilistic character of the connection between situation u and situation d requires a twofold critical appraisal of it. It first requires a comparison with alternative means to obtain situation d. In addition, it requires a reasonable prospection of future circumstances".

[322] VIEIRA, 2004, p. 195-196: "As instituições são mecanismos humanamente concebidos para moldar as interações humanas. Desta forma, a reforma legal ou a reengenharia constitucional, como se prefere atualmente, parte do pressuposto de que a mudança do marco normativo tem a capacidade de transformar o comportamento dos agentes em relação à esfera regulamentada, balizando as transformações numa determinada sociedade. Ao estabelecer incentivos e constrangimentos, as normas e instituições por elas criadas limitam o número de alternativas que cada agente pode escolher, redirecionando suas decisões. Essas proposições partem da crença de que somos seres racionais e que tomamos nossas decisões a partir de uma série de elementos, entre os quais as normas legais, que constituem instituições de extrema relevância na organização das relações sociais. Assim, escolhendo os meios corretos, seria possível atingir os objetivos desejados. Ao propor mudanças legais e desenhar novas instituições, portanto, seria fundamental ter, em primeiro lugar, uma noção razoavelmente precisa do fim almejado, compreender as razões que movem os diversos agentes envolvidos e, por fim, escolher incentivos e constrangimentos adequados para dirigir a conduta dos agentes no sentido dos objetivos a serem alcançados. Por mais que estejamos evoluindo na compreensão da racionalidade humana, infelizmente as ciências humanas nos oferecem modelos ainda pouco seguros a respeito do modo como funcionamos".

[323] O ponto é importante, pois em um primeiro momento a ênfase da chamada "análise econômica do direito" era marcadamente economicista. V. MACEDO JUNIOR, 2013, p. 225-248.

[324] V. interessante abordagem dessa comunicação em TIMM, 2009. Para uma abordagem mais convencional sobre o tema (a partir da Economia), v. COOTER; ULEN, 2010. Para uma abordagem geral sob a perspectiva do Direito, v. SALAMA, 2008.

No famoso livro *Freakonomics*, os autores estabeleceram uma relação estatística entre a ampliação do aborto nos Estados Unidos, prática que seria concentradamente adotada por mulheres negras e pobres, e a redução da criminalidade no país no final do século XX. Os temas tinham todos profundas implicações morais, como é fácil perceber: aborto, pobreza, questões de gênero e raciais, e combate à criminalidade. Além de objeções metodológicas, o trabalho foi amplamente criticado porque sugeriria a adoção de políticas pró-aborto em geral e em particular dirigidas a mulheres negras e pobres, e porque induzia a uma discriminação contra esse grupo de mulheres, associando pobreza, raça e criminalidade. Os autores se defenderam sob o argumento de que não tinham qualquer pretensão normativa, que pretendiam apenas questionar a sabedoria convencional e que, a rigor, seriam contra qualquer política nesse sentido.[325]

A controvérsia em torno do livro reflete o equívoco de se imaginar que a metodologia econômica deva ser o critério único ou decisivo em escolhas político-normativas. As informações obtidas por meio dessa metodologia podem ser úteis e certamente não devem ser ignoradas. Mas a verdade é que a realidade é muito mais complexa que relações estatísticas. Além de relações econômicas, ela envolve concepções morais, valores, princípios, direitos, ideologias e visões de mundo plurais: também as normas jurídicas, portanto, refletem essa complexidade humana. Feito esse esclarecimento, cabe prosseguir.

A indicação dos resultados pretendidos pela norma proposta tem múltiplas funções. Em primeiro lugar, e na linha do que já se expôs, trata-se de uma exigência do direito fundamental das pessoas a receber justificativas acerca de atos estatais que as afetem, de se levar a sério os direitos fundamentais a serem afetados pelas normas, e dos princípios que estruturam o Estado brasileiro. Não se pode imaginar a edição de uma norma – com todos os impactos que ela produz e com todas as pretensões que ela carrega – sem uma reflexão mínima acerca dos resultados que se espera que ela vá produzir. A própria compreensibilidade de uma norma depende de se saber qual o resultado que ela pretende alcançar afinal.

Em segundo lugar, a exposição desses resultados esperados por quem propõe a norma permite o debate no ambiente democrático: visões diferentes sobre como resolver o mesmo problema ou alcançar tais resultados, outras perspectivas acerca dele, percepções sobre

---

[325] LEVITT; DUBNER, 2005.

equívocos da proposta ou sobre elementos não considerados, dentre muitas outras críticas e contribuições que podem ser apresentadas em contraponto à justificativa que acompanha a proposta normativa. Além das virtudes democráticas associadas à ampliação do debate, já discutidas, mais transparência e mais discussão têm no mínimo o potencial de evitar abusos, e eventualmente podem contribuir para melhorar a qualidade da norma.

Em terceiro lugar, a indicação dos resultados pretendidos é relevante para que se possa avaliar, ao longo do tempo, se eles estão ou não acontecendo de fato, e se há necessidade de rever a tal norma. Esse ponto é especialmente importante. Como discutido no capítulo II, uma norma, ou uma política pública de forma mais ampla, não produzirá os seus efeitos de imediato. Muito ao contrário, em geral, uma razoável quantidade de tempo será indispensável para uma contínua produção de atos de implementação, até que se possam visualizar efetivamente quais os resultados produzidos pela norma em questão.

Ora bem. O objetivo de um Estado comprometido com a promoção sustentável e equitativa de direitos – repita-se – não é a edição de normas sobre o assunto, mas a efetiva promoção, proteção e respeito dos direitos na vida real das pessoas. A edição de normas é apenas um meio para atingir determinadas finalidades. Nesse sentido, a edição da norma não encerra a ação estatal no particular, mas, a rigor, apenas a inicia. Depois de editada a norma, será preciso acompanhar sua execução, avaliar os resultados produzidos, fazer as correções necessárias (normativas se necessário), prosseguir no acompanhamento, e assim sucessivamente, até que o resultado pretendido seja alcançado.

Assim, quando o Legislativo promulga uma lei, cabe-lhe acompanhar sua execução pelo Executivo e monitorar os resultados das políticas públicas delineadas, de modo a avaliar a necessidade de eventuais ajustes e correções, sendo certo que a própria concepção da norma e da política por ela prevista deve levar em conta a necessidade de monitoramento posterior.[326] O mesmo se verifica quando outros órgãos ou entidades editam normas no âmbito de suas competências. A edição da norma não resolve magicamente o problema identificado. É preciso verificar ao longo do tempo se o resultado pretendido com a edição da norma efetivamente está se realizando, mas, para isso, é

---

[326] Como referido, o Regimento Interno da Câmara dos Deputados prevê estruturas específicas para auxiliar a Casa nesse monitoramento (art. 275 e 276) e o Regimento Interno do Senado Federal é expresso em determinar que as comissões devem fazer esse acompanhamento e avaliação das políticas públicas.

indispensável que se saiba qual era esse resultado pretendido e que esse resultado possa ser monitorado.³²⁷

Nesse sentido, portanto, a justificativa a ser apresentada quando da elaboração da norma deve indicar os resultados por ela pretendidos, resultados esses que sejam passíveis de mensuração e, portanto, de monitoramento ao longo do tempo. Mas o que significam exatamente "resultados" nesse contexto e, adicionalmente, o que seriam resultados mensuráveis?

Em primeiro lugar, por "resultados pretendidos" não se deve entender, apenas quanto dinheiro será investido ou economizado em função do que determinada norma venha a prever (*input*). A questão financeira é relevante, não há dúvida, mas em geral, sobretudo no caso de normas que tratam de direitos fundamentais, quanto se gastou ou não será apenas um meio: o verdadeiro resultado é a efetiva consequência no mundo dos fatos, na vida das pessoas, no incremento do respeito, da proteção e da promoção dos direitos. Até porque, eventualmente o dinheiro previsto poderá até ser investido e a norma cumprida, mas o resultado esperado não se produzir por alguma outra razão.³²⁸

---

[327] WINTGENS, 2013, posições 547, 554 e 608: "It then, at the moment of its promulgation, a legislative norm is held to be rational, it is not because it is bestowed with rationality from a 'one shot' a-temporal perspective. The latter reflects the product approach according to which law is omnitemporally rational upon the incarnation of Reason in its omniscient author. The process approach to legislation for its part which I am advocating here suggests that legislators act in a context that is inherently contingent and complex. The rationality of legislation then depends on how it is made, that is, on how its author copes with the complexity of the context in making (...) I am advocating here, a rational legislator is required to keep track of his norms over time. (...) Legislative evaluation provides the ruler with reliable knowledge as to whether or not the implementation of his norms has taken place as planned, whether the target group has behaved as predicted or ordered, whether the outcome indicators move in the 'right' direction, and whether these changes can be plausibly connected to the legislative norm". e SCOTT, 1998, posição 6500: "In an experimental approach to social change, presume that we cannot know the consequences of our interventions in advance. Given this postulate of ignorance, prefer wherever possible to take a small step, stand back, observe, and then plan the next small move".

[328] Alguns exemplos interessantes são descritos por Salinas (2013) distinguindo entre eficácia e efetividade da norma, sob a perspectiva da avaliação legislativa, 2013, p. 239: "Observase que a eficácia não corresponde necessariamente a uma garantia da efetividade. A eficácia, segundo Mader, apenas garantirá a realização da efetividade se a observância à norma realmente conduzir à realização dos objetivos estabelecidos pelo legislador. Observa-se, no entanto, que embora a eficácia não corresponda necessariamente a uma garantia da efetividade, aquela representa um fator condicionante desta, uma vez que a realização dos objetivos de uma norma pode decorrer de outros fatores que não a obediência à legislação, situação esta em que uma lei jamais poderá ser considerada eficaz. Para ilustrar as dimensões da eficácia e da efetividade, menciona-se o exemplo de uma lei que obrigue todos os motoristas a utilizarem cinto de segurança com o objetivo de reduzir o número de acidentes de trânsito. Se puder se afirmar, com certo grau de

Assim, indicar como resultado esperado por uma norma apenas o investimento de determinada quantidade de recursos, por exemplo, em educação, em moradia ou em saúde, está longe de ser suficiente para indicar qual o resultado pretendido pela norma que se pretende expedir. Para além dos recursos eventualmente necessários, o que realmente importa saber é que ações concretas serão tomadas por força da norma (*outputs*) e quais os resultados ao fim pretendidos por essas ações (*outcomes*).[329] Que ações concretas serão desenvolvidas em relação ao tema da educação, moradia ou saúde? E qual o resultado esperado dessas ações?[330]

Assim, imagine-se o exemplo de uma norma que trate da expansão, pelo Poder Público, da oferta de ensino regular noturno para adultos em determinado Município. A execução da norma envolverá gastos (*inputs*). Esses gastos devem estar associados a ações concretas necessárias para a efetiva prestação do serviço educacional (*outputs*). O resultado final efetivamente pretendido, porém, não é o gasto de dinheiro e nem mesmo a existência do serviço, mas sim que os adultos, que não tiveram acesso à educação na idade própria, tenham acesso agora ao serviço e consigam desenvolver as habilidades associadas com esse aprendizado (*outcome*).

Esse resultado final, real esperado (*outcome*) do ensino noturno para adultos demandará tempo e não se produzirá automaticamente. Se, ao fim de determinado período, for verificado que o serviço está sendo prestado, os adultos estão frequentando as aulas, mas o aprendizado

---

confiabilidade, que a maioria dos motoristas usa o cinto de segurança porque há uma norma que os obriga a tal conduta, essa norma será considerada efetiva. Por sua vez, se houver evidências comprovando que o uso de cinto de segurança reduz o número de acidentes de trânsito, então a mesma norma poderá ser considerada efetiva. Observa-se que, nesse exemplo, caso houvesse uma redução no número de acidentes de trânsito não atribuída ao uso do cinto de segurança, a lei em exame não seria eficaz, tampouco efetiva. Outro exemplo fornecido por Caupers diz respeito a uma lei que tenha estipulado o uso obrigatório do capacete para motoristas e passageiros que trafegam em rodovias, visando reduzir o número de mortes por traumatismo craniano nos acidentes por choque de veículos. Se a lei conseguir generalizar o uso dos capacetes entre condutores, ela será considerada eficaz. Se, no entanto, as estatísticas comprovarem que, não obstante os motoristas tenham passado a utilizar o capacete, o número de fatalidades causadas por traumatismo craniano não diminuiu, essa lei será então inefetiva".

[329] NORTON; ELSON, 2002; FREITAS, 2001; PEDERIVA, 1998.
[330] No âmbito das normas produzidas pelo Poder Executivo, o Decreto nº 9.191/17, assim como o anterior Decreto nº 4.176/2002, é bastante detalhado ao indicar várias outras questões a serem examinadas e que de certo modo podem ser reconduzidas ao tema dos resultados previstos pelas normas, como, por exemplo, questões relacionadas com a exequibilidade do que foi previsto, a identificação das autoridades encarregadas da execução da norma, bem como das providências necessárias para sua execução.

não está ocorrendo – *e.g.*, os adultos analfabetos continuam analfabetos após alguns anos frequentando o serviço –, a conclusão é a de que o resultado não está sendo alcançado e será preciso reavaliar. É apenas uma questão de mais tempo? A linguagem adotada não permite a compreensão pelos alunos? Qual a opinião dos cidadãos e usuários do serviço? Outras medidas precisam ser adotadas? Sejam quais forem as possíveis respostas para tais questões, é indispensável, no contexto do devido procedimento na elaboração normativa, que o resultado pretendido pela norma seja mensurável ao longo do tempo, de modo que sua realização possa ser acompanhada e avaliada.[331]

Ou seja: os resultados pretendidos pela norma que se pretende elaborar devem incluir não apenas as atividades-meio que ela prevê, mas também, e sobretudo, o efeito real, concreto, sobre o direito fundamental que se pretende proteger, promover ou respeitar. É fácil perceber, do exemplo acima, que se o resultado for definido apenas como o gasto do recurso público ou mesmo a existência do serviço, ter-se-ia a ilusão de que a norma produziu efetivamente os resultados pretendidos. A realidade, porém, não seria essa e o dinheiro público – *rectius*: dinheiro das pessoas – estaria sendo gasto sem, no entanto, que o que se pretende efetivamente estivesse acontecendo. O acompanhamento, como se vê, é fundamental em particular no caso de políticas públicas relacionadas com direitos fundamentais.[332]

Mas é preciso, adicionalmente, que esses resultados pretendidos sejam mensuráveis ao longo do tempo, sob pena de ser impossível monitorá-los para avaliar se eles estão sendo ou não atingidos: é preciso que a justificativa apresente/sugira metas que, naturalmente, possam ser observadas e avaliadas para o acompanhamento desses resultados afinal pretendidos. Não basta dizer genericamente, no exemplo do ensino noturno para adultos, que o resultado pretendido é que os indivíduos se tornem plenamente desenvolvidos como pessoas e recebam preparo para a cidadania e qualificação para o trabalho (CF, art. 205). Como monitorar essa espécie de resultado? Como saber se isso está ou não acontecendo na vida real das pessoas?

Esse ponto pode apresentar algumas complexidades que não cabe ao Direito resolver, mas que ele precisa ao menos compreender.[333] Em relação a alguns temas, a fixação de metas observáveis e mensuráveis

---

[331] CALLAHAN, 2007.
[332] PONTES; PEDERIVA, 2004.
[333] GREEN, 2001.

é razoavelmente objetiva. Políticas envolvendo a ampliação da eletrificação ou das conexões de residências a uma rede de saneamento, por exemplo, podem ser medidas de forma numérica facilmente. A questão já será mais complexa, por exemplo, em temas como saúde: embora o resultado final (*outcome*) seja a promoção, proteção e recuperação da saúde (CF, art. 196), em geral é mais fácil estabelecer metas acerca das prestações efetivamente realizadas em relação a cada política específica, isto é: quantos procedimentos foram realizados, ou quantos exames, ou quantas consultas, etc. (*outputs*). Há uma certa presunção relativa de que mais exames, consultas, procedimentos e medicamentos contribuirão para a promoção, proteção e recuperação da saúde das pessoas, mas a verdade é que não é possível ter certeza de que haja uma conexão necessária entre esses dois fenômenos sempre e para toda a população.

A complexidade aumenta ainda mais quando se trata do tema educação, por exemplo. Como medir se, após ser usuária dos serviços prestados pelo sistema educacional, a pessoa está preparada para exercer a cidadania, qualificada para o trabalho e plenamente desenvolvida, como pretende a Constituição (CF, art. 205)? Será preciso conceber algum tipo de indicador, ou um *proxy*, que permita uma aproximação desse fenômeno. Em muitas partes do mundo a performance dos estudantes em determinados testes padronizados, apesar de suas limitações, é o indicador mais comumente usado para esse fim. Há, porém, muitos debates acerca de qual seria a melhor forma de fazer essa avaliação e do que afinal significam pleno desenvolvimento da pessoa, qualificação para o trabalho e preparo para o exercício da cidadania.

Um exemplo interessante de outra dimensão dessa complexidade pode ser observado na pesquisa realizada pelo IPEA sobre a Lei Maria da Penha[334] e em sua discussão metodológica que, basicamente, pretendeu responder à seguinte pergunta: como medir e avaliar se a lei produziu resultados na redução da violência doméstica contra a mulher? É impossível saber quais seriam os níveis de violência caso a lei não existisse. O critério usado foi a comparação com os níveis de violência gerais observados da edição da lei, em 2006, até a realização do estudo, imaginando-se que o crescimento da violência doméstica entre as mulheres seria aproximadamente o mesmo: assim, eventual diferença relevante entre esses índices poderia ser razoavelmente imputada ao impacto da lei.

---

[334] Disponível em http://www.ipea.gov.br/atlasviolencia/artigo/22/avaliando-a-efetividade-da-lei-maria-da-penha- Acesso em 19 dez 2018.

Em resumo: a fixação de metas para uma política pública pode, em si, ensejar uma série de discussões de natureza político-ideológica, além de debates mais técnicos de natureza metodológica, particularmente sob a perspectiva estatística. Esse ponto é importante, pois, embora a fixação de metas seja fundamental para a política pública em matéria de direitos fundamentais – para que seja possível avaliar ao longo do tempo se a política está ou não produzindo os resultados desejados –, ela nem sempre será singela. Essa circunstância, naturalmente, não significa que o tema deva ser deixado de lado por quem pretende propor a edição de uma norma sobre o assunto, muito ao contrário. Se uma política pública não tem metas claras, observáveis e de alguma forma mensuráveis, simplesmente não será possível saber se o direito fundamental em questão está ou não sendo promovido, protegido ou respeitado. A realidade é complexa, mas é a realidade que o direito pretende transformar, de modo que não é possível fugir dessa complexidade.

Ainda uma última questão sobre a indicação de metas para as políticas públicas propostas por quem quer que as deseje aprovar como ato normativo. Como já se discutiu, o Brasil é um país desigual e as políticas públicas afetam desigualmente as pessoas em função de diferentes critérios: onde elas vivem, sua origem, sua renda, sua escolaridade, seu sexo, sua raça, sua cor, dentre tantas outras dimensões humanas. As metas de uma política pública devem se preocupar em captar essa realidade de forma desagregada e não por meio de uma média geral homogeneizadora.

Apenas a informação desagregada acerca da realidade da promoção dos direitos fundamentais será capaz de trazer à tona de forma concreta a desigualdade em suas múltiplas dimensões de modo que ela possa ser enfrentada. Como se viu, a promoção dos direitos fundamentais, ainda quando aconteça de fato, tende a manter essas desigualdades, beneficiando primeiro os grupos em melhores condições sociais. Essa não é apenas uma realidade brasileira, sendo observada ao redor do mundo.

Como já se observou, estudos demonstram que é assim que funcionam, como regra, as políticas públicas gerais adotadas pelo Estado: primeiro seus benefícios são apropriados pelas classes mais favorecidas aumentando inicialmente a desigualdade, e apenas depois os mais necessitados se beneficiarão dela. Sem informação, é razoável supor que essa concentração nas camadas mais favorecidas seja ainda maior. Informação desagregada, portanto, é indispensável para promover aquilo que a Constituição de 1988 estabelece como um dos objetivos da República (art. 3º, III): *erradicar a pobreza e a marginalização e reduzir as desigualdades sociais e regionais*. O ponto será retomado adiante, no terceiro conteúdo mínimo do DPEN.

Em resumo: as exigências inerentes ao DPEN servem como um ponto de partida na medida em que exige que sejam indicados quais os resultados finais pretendidos pela norma, resultados esses mensuráveis e, portanto, monitoráveis.[335] Essa informação é uma contribuição modesta, mas que pode facilitar que o tema seja discutido quando da elaboração da norma, que os destinatários da norma tenham ciência de suas pretensões, e que mecanismos de controle e monitoramento, estatais ou oriundos da sociedade civil, desenvolvam-se para acompanhar a realização (ou a não verificação) desses tais resultados. Sem a indicação dos resultados pretendidos, todas essas atividades ficam em alguma medida prejudicadas.

No capítulo VII se vai discutir a eficácia jurídica do devido procedimento na elaboração normativa e se vai sustentar ali uma hipótese possível de inconstitucionalidade por omissão, sanável pelos mecanismos disponíveis na Constituição de 1988 dependendo do objeto da norma. A hipótese que caracteriza a omissão inconstitucional é a seguinte: passado o tempo considerado suficiente para que os resultados pudessem ser produzidos, o Poder Público não monitora o que efetivamente resulta da incidência da norma e/ou verificado que o que se pretendia que acontecesse não está acontecendo, o tempo mais uma vez passa sem que nada seja feito para tentar reconduzir a ação estatal de modo a que os resultados pretendidos sejam afinal produzidos.

Isso não significa, porém, que a circunstância de os resultados pretendidos por uma norma não serem produzidos, a despeito de sua execução, seja um ilícito ou seja punível do ponto de vista jurídico. O objetivo do devido procedimento na elaboração normativa, sobretudo em relação à indicação dos resultados pretendidos, não é punitivo. Seu propósito é permitir o acompanhamento da execução da norma e verificar se de fato os resultados estão sendo produzidos e, se não, fomentar as discussões necessárias para reorientar a ação estatal. É certo que a verificação de que determinada norma não está produzindo os resultados anunciados será um dado político, utilizado pelos opositores do grupo que a propôs e aprovou, e poderá ter consequências negativas político-eleitorais. É natural que seja assim em uma democracia e até

---

[335] Para uma discussão mais específica sobre o dever de monitoramento, v. BARCELLOS, 2018.

mesmo desejável para que eventuais equívocos sejam trazidos à tona, rediscutidos, reavaliados e, eventualmente, corrigidos.

Em resumo, o segundo conteúdo mínimo do DPEN exige a indicação dos resultados pretendidos pela norma. Esses resultados devem incluir não apenas eventuais atividades-meio, mas o resultado final efetivamente esperado (*outcome*) da execução da norma. Além disso, os resultados devem poder ser de alguma forma mensurados para fins de monitoramento por meio de metas, de modo que seja possível avaliar, ao longo do tempo, se eles estão efetivamente se produzindo: caso não estejam, tais dados poderão ensejar o debate acerca de eventuais mudanças que sejam necessárias para que os resultados imaginados possam ser melhor perseguidos.

As considerações feitas até aqui sobre o problema que a norma pretende enfrentar e os resultados que imagina produzir pressupõem uma lógica quase linear, que estabelece relações entre um problema e a tentativa de superá-lo. A verdade, porém, é que as questões são mais complexas do que isso. Os meios cogitados para resolver um problema podem gerar outros problemas, desencadear impactos diversos, e quem propõe uma norma não poderá ignorar esse fenômeno. Esse é o objeto do terceiro conteúdo do devido procedimento na elaboração normativa que se passa a discutir.

6.3.3 Terceiro conteúdo mínimo: quais os custos e impactos da medida proposta?

O terceiro conteúdo mínimo que o devido procedimento na elaboração normativa exige para a justificativa a ser apresentada por quem propõe a edição de uma norma envolve considerações sobre os custos e impactos da medida proposta. Assim, além de identificar o problema e indicar quais os resultados que a norma pretende ver realizados, a justificativa deve considerar também os custos e impactos que a medida poderá ter sobre outros bens. A obrigatoriedade de discutirem-se os custos e impactos da medida proposta obriga quem elabora a norma a fazer alguma reflexão sobre sua proporcionalidade e facilita a discussão sobre eventuais medidas alternativas que apresentem custos e impactos menos graves.[336]

---

[336] MENDES, 1993, p. 268-269: "A definição da decisão legislativa deve ser precedida de uma rigorosa avaliação das alternativas existentes, seus prós e contras. (...) Na avaliação das alternativas, não se devem perder de vista aspectos relevantes relativos à aplicação e

A intervenção estatal em geral, e a normativa em particular, ainda quando tenha por objetivo uma alteração pontual, terá sempre múltiplos impactos, alguns imprevisíveis, mas vários que podem ser antecipados. É verdade que as dificuldades da avaliação prognóstica, já discutidas, se colocam aqui novamente. Mas, a despeito de nossos limites cognitivos, existem custos e impactos que podem ser previstos com relativa segurança por sua probabilidade. Nesse contexto, a proposta de uma norma deve ser capaz de justificar-se publicamente diante da antecipação desses custos e impactos.

Dito de outro modo, a justificativa que acompanha a proposta normativa deverá sustentar que, a despeito dos custos e impactos previsíveis, a proposta é boa. Isso não significa, por evidente, que a proposta seja de fato boa, até porque as perspectivas a partir das quais essa avaliação pode ser feita são múltiplas. Também não significa que a proposta encerre uma relação de proporcionalidade ótima, ou sequer mínima, ou que se concorde com seu conteúdo. Esses serão outros planos de análise eventualmente pertinentes em relação ao conteúdo da norma, caso ela seja editada. O devido procedimento na elaboração normativa exige apenas que haja um enfrentamento desses pontos: custos e impactos da medida proposta. Omitir, ignorar ou desconsiderar os custos e impactos que podem ser conhecidos antecipadamente é uma forma de manipulação do dever de apresentar justificativa, incompatível com o Estado Democrático de Direito.

Mas quais são esses custos e impactos que devem ser considerados e abordados na justificativa? A Constituição indica dois temas gerais que certamente devem receber atenção de quem elabora uma norma: os custos econômicos gerados para o Estado e o impacto sobre os direitos fundamentais, especialmente sob a ótica da desigualdade. A redução das desigualdades é um dos objetivos do Estado brasileiro (art. 3º, I) e o impacto sobre os direitos fundamentais é absolutamente relevante, já que eles constituem o centro do sistema constitucional e é para sua proteção e promoção que o Estado afinal existe e se justifica. Adicionalmente, e como já se observou, a realidade de fruição dos direitos no âmbito da sociedade é desigual, e o impacto das políticas públicas sobre essa realidade frequentemente produzirá também resultados desiguais: essa dimensão deve ser considerada na justificativa a ser apresentada.

execução da lei (análises das repercussões econômico-financeiras, relação custo-benefício; testes e experimentos relacionados com as possíveis consequências que poderão advir da aplicação do novo modelo legal; etc.)".

Os custos são igualmente relevantes do ponto de vista constitucional, como se viu das várias disposições que cuidam do assunto. Como já observado, a Constituição assume que as proposições normativas encaminhadas pelo Executivo, por exemplo, terão uma estimativa de custo, até para que seja possível avaliar se emendas parlamentares aumentarão ou não a despesa prevista.[337] Os impactos associados a alterações sugeridas pelo Legislativo ao projeto de lei do orçamento anual também devem ser avaliados.[338] E, a partir da EC nº 42/03, cabe ao Senado Federal, nos termos do art. 52, XV, "avaliar periodicamente a funcionalidade do Sistema Tributário Nacional, em sua estrutura e seus componentes, e o desempenho das administrações tributárias da União, dos Estados e do Distrito Federal e dos Municípios". Embora o conteúdo, o objeto e o propósito dessa avalição não estejam definidos, a preocupação com os custos é claramente extraída do sistema constitucional.

O já referido Decreto nº 9.191/17, por exemplo, traz uma série de questões sobre esses temas que devem ser enfrentadas pelo Poder Executivo na elaboração de suas propostas normativas, muitas delas relacionadas a esses dois temas: direitos fundamentais e custos.[339] Não

---

[337] Constituição de 1988, art. 63.
[338] Constituição de 1988, art. 166 §3º.
[339] Decreto nº 9.191/17: "2.3. Quais instrumentos de ação parecem adequados, considerando-se os seguintes aspectos: 2.3.1. desgastes e encargos para os cidadãos e a economia; 2.3.2. eficácia (precisão, grau de probabilidade de consecução do objetivo pretendido); 2.3.3. custos e despesas para o orçamento público; 2.3.4. efeitos sobre o ordenamento jurídico e sobre as metas já estabelecidas; 2.3.5. efeitos colaterais e outras consequências; (...) 10. As regras propostas afetam direitos fundamentais? As regras propostas afetam garantias constitucionais? 10.1. Os direitos de liberdade podem ser afetados? 10.1.1. Direitos fundamentais especiais podem ser afetados? 10.1.2. Qual é o âmbito de proteção do direito fundamental afetado? 10.1.3. O âmbito de proteção sofre restrição? 10.1.4. A proposta preserva o núcleo essencial dos direitos fundamentais afetados? 10.1.5. Cuida-se de direito individual submetido a simples reserva legal? 10.1.6. Cuida-se de direito individual submetido a reserva legal qualificada? 10.1.7. Qual seria o outro fundamento constitucional para a aprovação da lei? (Exemplo: regulação de colisão de direitos.); 10.1.8. A proposta não abusa de formulações genéricas? (Exemplo: conceitos jurídicos indeterminados.); 10.1.9. A fórmula proposta não se afigura extremamente casuística? 10.1.10. Observou-se o princípio da proporcionalidade ou do devido processo legal substantivo? 10.1.11. Pode o cidadão prever e aferir as limitações ou os encargos que lhe poderão advir? 10.1.12. As normas previstas preservam o direito aos princípios do contraditório e da ampla defesa no processo judicial e administrativo? 10.2. Os direitos de igualdade foram afetados? 10.2.1. Observaram-se os direitos de igualdade especiais? (Exemplo: proibição absoluta de diferenciação.); 10.2.2. O princípio geral de igualdade foi observado? 10.2.3. Quais são os pares de comparação? 10.2.4. As iguais foram tratados de forma igual e os desiguais de forma desigual? 10.2.5. Existem razões que justifiquem as diferenças decorrentes ou da natureza das coisas ou de outros fundamentos de índole objetiva? 10.2.6. As diferenças existentes justificam o tratamento diferenciado? Os pontos em comum legitimam o

se sugere aqui, no entanto, que a listagem de questões veiculada pelo decreto referido corresponderia ao conteúdo do devido procedimento na elaboração normativa. A lista transcrita corresponde à opção política em vigor do Poder Executivo Federal, mas outras são perfeitamente possíveis em um ambiente plural.

Não há dúvida de que esses dois temas constitucionais podem desdobrar-se em múltiplos detalhamentos e ênfases. Os direitos fundamentais, afora sua variedade, assumem diferentes dimensões: individuais, coletivas e comunitárias, presentes e futuras. Há ainda questões que não são diretamente temas de direitos fundamentais, mas que os afetam indiretamente, como a inflação. Os custos também não são um fenômeno simples e podem ser encarados de diferentes perspectivas. O que deverá afinal ser objeto de consideração pela justificativa exigida pelo devido procedimento na elaboração normativa?

Seria inviável cogitar de uma justificativa que pretendesse se ocupar de todo tipo de impacto imaginável. A inviabilidade seria, em primeiro lugar, epistemológica: seria impossível antecipar todos os impactos de uma intervenção humana e o eventual esforço de tentar avaliar todo tipo de impacto em detalhes provavelmente consumiria tempo e recursos consideráveis, paralisando a ação estatal. Mas a

---

tratamento igualitário? 10.3. A proposta pode afetar situações consolidadas? Há ameaça de ruptura ao princípio de segurança jurídica? 10.3.1. Observou-se o princípio que determina a preservação de direito adquirido? 10.3.2. A proposta pode afetar ato jurídico perfeito? 10.3.3. A proposta contém possível afronta à coisa julgada? 10.3.4. Trata-se de situação jurídica suscetível de mudança? (Exemplos: institutos jurídicos, situações estatutárias, garantias institucionais.); 10.3.5. Seria recomendável a adoção de cláusula de transição entre o regime vigente e o regime proposto? (...) 16. Existe relação equilibrada entre custos e benefícios? Procedeu-se a análise? 16.1. Qual o ônus a ser imposto aos destinatários da norma? 16.1.1. Que gastos diretos terão os destinatários? 16.1.2. Que gastos com procedimentos burocráticos serão acrescidos? (Exemplo: calcular, ou, ao menos, avaliar os gastos diretos e os gastos com procedimentos burocráticos, incluindo verificação do tempo despendido pelo destinatário com atendimento das exigências formais.); 16.2. Os destinatários da norma, em particular as pessoas naturais, as microempresas e as empresas de pequeno porte, podem suportar esses custos adicionais? 16.3. As medidas pretendidas impõem despesas adicionais ao orçamento da União, dos Estados, do Distrito Federal e dos Municípios? Quais são as possibilidades existentes para enfrentarem esses custos adicionais? 16.4. Quais são as despesas indiretas dos entes públicos com a medida? Quantos servidores públicos terão de ser alocados para atender as novas exigências e qual é o custo estimado com eles? Qual o acréscimo previsto para a despesa de custeio? 16.5. Os gastos previstos podem ser aumentados por força de controvérsias judiciais ou administrativas? Qual é o custo potencial com condenações judiciais e com a estrutura administrativa necessária para fazer face ao contencioso judicial e ao contencioso administrativo? 16.6. Há previsão orçamentária suficiente e específica para a despesa? É necessária a alteração prévia da legislação orçamentária? 16.7. Há compatibilidade entre a proposta e os limites individualizados para as despesas primárias de que trata o art. 107 do Ato das Disposições Constitucionais Transitórias?".

inviabilidade de uma pretensão tão abrangente em relação aos impactos de uma proposição normativa seria também política. Tendo em mente os dois grandes temas constitucionais referidos – custos econômicos e impactos sobre direitos fundamentais –, é certo que os diferentes grupos consideram como importantes aspectos diferentes da realidade e, portanto, enfatizam os possíveis impactos sobre esses aspectos em particular. Outros grupos não consideram tais impactos relevantes ou ao menos não lhes dão o mesmo peso atribuído a outras questões.

Grupos de defesa das pessoas com deficiência, por exemplo, visualizam o possível impacto das normas sobre elas, e raciocínio semelhante se verificará com os grupos que estão preocupados com emprego – em uma determinada região, de uma determinada categoria, etc. –, ou com a discriminação contra determinados grupos, ou com a inovação tecnológica, ou com as exportações, ou com a qualidade do ensino público, ou com a segurança pública, ou com os refugiados, etc.. Como em tudo o mais, não existe resposta neutra e é natural que seja assim em uma democracia plural.

Ou seja: há um espaço próprio de apreciação política em relação ao conteúdo específico que cada justificativa apresentará acerca do tema dos impactos e dos custos. Mesmo assumindo custos apenas em um sentido bastante estrito, há muitas perspectivas a partir das quais eles podem ser abordados. Há os custos diretos de uma obra pública, por exemplo, mas é possível cogitar dos impactos positivos em termos de atividades econômicas que serão desenvolvidas em função da tal obra, gerando tributos e aumentando empregos, com redução dos custos sociais. Outro grupo pode examinar a mesma questão sob a perspectiva dos custos de oportunidade: outras questões seriam mais importantes que não a tal obra pública, ou seria possível executar a obra com menor custo público, por meio de mecanismos de parceria com a iniciativa privada. Enfim, mesmo o tema dos custos financeiros não está infenso às diferentes concepções políticas existentes na sociedade.

Veja-se que essas diferentes visões e concepções políticas terão melhores condições de se manifestar por meio do debate, da crítica e da oposição caso quem propõe a norma exponha em sua justificativa quais os custos e impactos que foram considerados. Nesse sentido, o devido procedimento na elaboração normativa poderá contribuir para a ampliação dos debates democráticos e, eventualmente, para a produção de normas que incorporem mais preocupações do que apenas aquelas inicialmente consideradas. Nada garante, é certo, que esses resultados serão alcançados. O DPEN não se justifica propriamente, do ponto de vista jurídico, por esses potenciais efeitos benéficos sobre o funcionamento da democracia. Como se viu, o devido procedimento na elaboração normativa decorre de um conjunto de fundamentos constitucionais vinculados tanto aos direitos fundamentais quanto aos princípios que estruturam o Estado brasileiro nos termos da Constituição de 1988. Para além de seus fundamentos, porém, o DPEN funciona com um incentivo para a ampliação dos debates, e a identificação dos custos e impactos tem um papel relevante nesse contexto.

O ponto é importante pois o papel do devido procedimento na elaboração normativa não é, como já se destacou, avaliar o mérito dessa justificativa ou fazer escolhas sobre as diferentes concepções políticas que estarão subjacentes ao conteúdo específico que cada uma delas tomará ao examinar custos e impactos. Para situações extremas já existe a possibilidade de, aprovado o ato normativo, sua constitucionalidade ser examinada pelo Poder Judiciário. Fora dessas situações extremas, porém, o DPEN pretende apenas que essa justificativa seja elaborada e tornada pública.

Isso não significa, entretanto, que qualquer justificativa sirva, como já discutido. Nos termos constitucionais, os custos econômicos que a norma gera para o Estado e os impactos sobre os direitos fundamentais devem efetivamente ser considerados. E embora esses dois temas admitam uma grande variedade de apreciações políticas, eles também estabelecem um limite mínimo que deverá ser respeitado, sob pena de não se estar justificando coisa alguma no particular.

Algumas observações finais são necessárias neste ponto. Existe uma crítica importante dirigida contra os mecanismos adotados por alguns países de avaliação legislativa e regulatória por sua excessiva ênfase na questão econômico-financeira, e na necessidade de controle dos gastos públicos, em detrimento de outros impactos relacionados a aspectos não quantificáveis da existência humana e particularmente aos direitos fundamentais.[340]

Os custos eventualmente necessários para a execução de uma proposição normativa não podem ser ignorados. Se a execução da norma envolverá custos, não se pode fingir que esse não é um dado relevante a ser considerado.[341] A aprovação de uma norma sem qualquer

---

[340] Para uma crítica sobre o ponto no contexto europeu, v. THIELE, 2000; ACKERMAN, 2008.

[341] CLÈVE, 2006, p. 34: "A metáfora do cobertor curto é adequada para a compreensão de qualquer orçamento, mas é mais adequada ainda para a compreensão dos limites do orçamento público brasileiro. Trata-se de um cobertor insuficiente para cobrir, ao mesmo tempo, todas as partes do corpo. Se cobre os pés, deixa as mãos sob o efeito do clima. Mas se cobre as mãos, não consegue dar conta dos pés. (...) Por isso os recursos públicos

compromisso com a alocação de recursos para sua execução ao longo do tempo é frequentemente um instrumento de mero engodo político da população, como se a simples existência da norma transformasse magicamente o mundo dos fatos e promovesse por si só a fruição dos direitos. O ponto já foi observado antes. Não é incomum, no Brasil, por exemplo, que leis sejam aprovadas consagrando os direitos mais variados e as mais ambiciosas ações estatais, sem que sequer se cogite de qualquer repercussão dessa norma sobre o orçamento ou de qualquer outro mecanismo para iniciar sua implementação.[342] Há, porém, dois aspectos a considerar.

Em primeiro lugar, a identificação dos custos – que já enseja múltiplas visões, como se viu – não se confunde com o debate acerca da disponibilidade financeira ou de quais meios poderão ser utilizados para lidar com esses custos. Existem muitos mecanismos por meio dos quais o Poder Público pode lidar com custos que sejam considerados importantes, e todos eles envolvem decisões e avaliações políticas: não são dados estáticos e imutáveis.[343]

Não se trata de um comentário ingênuo que imagina que os recursos vão magicamente se materializar quando necessários, ou que a escassez poderá sempre ser superada pela política. A realidade, porém, é que há decisões políticas possíveis, por exemplo, acerca de prioridades acerca da ação estatal, que podem reduzir despesas em determinadas áreas e concentrar em outras;[344] acerca do incremento de

---

devem ser muito bem manejados. O cuidado com a escassez permitirá, dentro dos limites oferecidos pela riqueza nacional, implementar políticas públicas realistas. Daí a insistência na tese de que incumbe ao poder público consignar na peça orçamentária as dotações necessárias para a realização progressiva dos direitos. Não se trata de adiar a sua efetividade. Trata-se de estabelecer de modo continuado as ações voltadas para a sua realização num horizonte de tempo factível".

[342] Apenas um exemplo ilustra o ponto. A Lei nº 10.098/00, dentre outras providências, previu o dever do Poder Público de promover as reformas necessárias para garantir acessibilidade às pessoas com deficiência (basicamente deficiências em matéria de mobilidade) em logradouros e edifícios públicos. Quase 25 anos depois, a execução da norma tem sido pontual e aleatória. Na maior parte das cidades ela segue descumprida, sem que haja sequer um planejamento para sua execução de forma ampla e equitativa.

[343] OLIVEIRA, 2013.

[344] SARLET, 2015b, p. 474: "Outro caminho a ser trilhado (ou aperfeiçoado) diz respeito ao controle judicial e social das opções orçamentárias e da legislação relativa aos gastos públicos em geral (inclusive da que dispõe sobre a responsabilidade fiscal), já que com isso se poderá, também, minimizar os efeitos da reserva do possível, notadamente no que diz com sua componente jurídica, considerando a possibilidade (ainda que manuseada com saudável e necessária cautela) de redirecionar recursos (ou mesmo suplementá-los) no âmbito dos recursos disponíveis e, importa frisar, disponibilizáveis. Com efeito, o que se verifica, em muitos casos, é uma inversão hierárquica tanto em termos jurídico-normativos quanto em termos axiológicos, quando se pretende bloquear

eficiência; acerca da tributação e da exploração dos bens de titularidade do Estado, dentre muitos outros temas.

Ademais, a execução das normas e os custos necessários acontecem ao longo do tempo e não exatamente no momento de sua edição. Há sempre a possibilidade, portanto, de se planejar medidas capazes de viabilizar eventuais necessidades de recursos. Em resumo: a avaliação dos custos não se confunde com as decisões políticas eventualmente necessárias para fazer frente a esses custos. A afirmação simplista de que "não há dinheiro" corresponde em geral a opções políticas acerca de como obter recursos, como gastá-los e em quê. Mas a afirmação igualmente simplista de que a questão dos custos não é relevante avança pouco a discussão. O tema dos custos precisa ser enfrentado e aqueles que apoiam proposições normativas relacionadas com a promoção de direitos devem ser capazes de apontar com clareza, no debate público, as decisões políticas necessárias para viabilizar a implementação real dessas normas.[345]

O segundo aspecto a observar pode ser enunciado nos seguintes termos. O fato de que a questão dos custos é relevante e inescapável não significa que ela seja o único critério a ser considerado no âmbito das decisões normativas. Justamente porque as decisões em torno da disponibilidade de recursos envolvem em boa medida avaliações políticas, o custo é apenas um elemento, mas outros critérios devem ser considerados.[346]

No que diz respeito à Constituição de 1988, os direitos fundamentais constituem o centro do sistema e, portanto, os resultados pretendidos pela norma em matéria de direitos e os eventuais impactos sobre direitos terão peso significativo em qualquer avaliação sobre a edição de uma norma no Estado brasileiro. Ou seja: a abordagem sobre uma

---

qualquer possibilidade de intervenção nesse plano, a ponto de se privilegiar a legislação orçamentária em detrimento de imposições e prioridades constitucionais e, o que é mais grave, prioridades em matéria de efetividade de direitos fundamentais".

[345] Sobre várias discussões acerca do tema dos custos em matéria de direitos fundamentais e o argumento da "reserva do possível", v. SARLET; TIMM, 2009.

[346] Para uma resposta aos críticos do *cost-benefit analyis* no contexto do RIA, v. RADAELLI, 2004, p. 726: "But the main point is that, in the absence of RIA, the decision to regulate or not (and to regulate with one instrument or another) does not become easier: the problems of distribution, fairness, equity, and threats to the environment and biodiversity would still be there. The main difference being that the decision-maker would have to address these problems with less empirical information. Add to this the fact that empirical information for RIA can be produced by techniques different from cost-benefit analysis, such as multi-criteria analysis. Criticisms of cost-benefit analysis do not automatically apply to all types of RIA".

proposição normativa não será puramente economicista pelo fato de se considerar o elemento custo, mas será necessariamente multicritério. A crítica que se faz aos instrumentos de avaliação normativa e regulatória é justa na medida em que eles focalizem apenas a questão econômica, sem consideração de outros elementos e impactos, mas esse é um problema da sua utilização, e não da ideia em si de que é preciso avaliar os impactos da providência normativa de que se cogita.[347]

Cabe agora concluir este tópico. Como se viu, o conteúdo mínimo do dever de justificativa que decorre do devido procedimento na elaboração normativa envolve a identificação do problema, com seu dimensionamento, o resultado efetivamente pretendido pela norma e os custos e impactos da medida proposta que possam ser antecipados. Quem propõe uma norma deve apresentar com ela justificativa que tenha esse conteúdo mínimo de forma pública, de tal modo que haja acesso fácil e permanente a ela. O tópico seguinte trata dessa outra dimensão do devido procedimento na elaboração normativa que é a publicidade e a memória dessas justificativas.

6.3.4 Publicidade e memória

O devido procedimento na elaboração normativa impõe o dever de apresentar justificativa àquele que apresenta propostas normativas no âmbito do Estado e já se discutiu o conteúdo mínimo dessa justificativa. Adicionalmente, porém, essa justificativa deverá ser pública e manter-se disponível em caráter permanente: essa é a dimensão da memória. O meio natural para a publicidade dessa espécie de dado, na linha do que já prevê o art. 3º, III, da Lei nº 12.527/11 (Lei de Acesso à Informação), envolverá a "utilização de meios de comunicação viabilizados pela tecnologia da informação". Ou seja: bancos de dados digitais acessíveis por meio de ferramentas de busca no âmbito da internet.

Já se tratou de forma específica do dever de publicidade previsto constitucionalmente, e do correlato direito de acesso à informação também assegurado pelo texto constitucional, e não há necessidade de

---

[347] ISSALYS, 2013, p. 254: "Par ailleurs, la justification politique d'une action publique ne saurait se cantonner systématiquement au seul terrain de la prévision économique rationnelle. Ces considérations ont fait naître le souci d'évaluer prospectivement d'autres types d'impact de l'action publique. Ainsi ont été introduites, ici et là, des formes particulières d'AI adaptées à l'évaluation, au moins en partie qualitative, des effets prévisibles d'une mesure sur la santé publique, la distribution de la richesse, le développement régional ou l'égalité des sexes".

reproduzir o que já foi discutido. O dever de publicidade da justificativa a ser produzida no âmbito do devido procedimento na elaboração normativa decorre diretamente das referidas normas constitucionais, que são bastante analíticas. Apenas três observações adicionais devem ser feitas neste ponto: duas breves e uma mais extensa.

Como já se observou, entre a edição de uma norma e a efetiva produção de seus resultados, ou a percepção de que eles não estão sendo produzidos como imaginado, haverá um intervalo de tempo. A discussão em torno de uma norma, portanto, não se encerra com a sua edição, mas é um trabalho que se desenvolve ao longo dos anos. Daí a necessidade de que à publicidade seja agregado um qualificador, que é a permanência. Assim como os termos da norma devem estar permanentemente disponíveis, o mesmo regime deve ser aplicado à justificativa que acompanhou sua proposição.

Em segundo lugar, a publicidade permanente deve aplicar-se também a eventuais outros materiais que tenham sido apresentados em contribuição, críticas ou oposição de qualquer tipo acerca daquela proposição normativa, por exemplo, pela minoria no âmbito dos Legislativos, ou por interessados no âmbito de outros órgãos estatais. No tópico seguinte se vão discutir os procedimentos adicionais do devido procedimento na elaboração normativa, para além do conteúdo mínimo descrito, e eles envolvem, sobretudo, a oportunidade de que visões diferentes ou especialistas possam se manifestar sobre proposições normativas. A ideia, portanto, é a de que também os materiais produzidos nesse contexto sejam públicos e estejam disponíveis.

E isso porque, embora tais contribuições não tenham sido produzidas pelo Poder Público, elas foram oferecidas ao Poder Público, destinam-se a influenciar suas decisões e fazem parte do debate público sobre o tema. A publicidade das razões e informações eventualmente dissonantes daquelas apresentadas na justificativa original da proposta normativa contribui para a compreensão da questão e cria um ônus político de examinar tais críticas para aqueles que terão que tomar uma decisão.

Por fim, um tema paralelo que se quer mencionar aqui envolve um aspecto aparentemente técnico, mas da maior relevância para a democracia: trata-se da efetividade do acesso, por parte da população em geral, a todos esses dados nos sítios da internet onde eles estejam arquivados. Muitos países têm procurado se organizar de forma a concentrar suas interações com os cidadãos por meio da *internet* (*e-government*) e o Brasil não é exceção. A opção da Lei nº 12.527/11, além de parecer realmente inexorável diante da evolução tecnológica e da tendência internacional, está alinhada também a alguns estudos já existentes que sugerem que a internet pode ter um impacto positivo nas relações entre cidadãos e o Poder Público, incrementando a participação.[348] Não há dúvida de que a internet proporciona meios realmente sem precedentes na história humana, em capacidade de armazenamento e em ferramentas de busca, que permitem localizar, com relativa rapidez e em um universo enorme de dados disponíveis, a informação desejada. Além disso, a divulgação dos dados na internet permite que um número indeterminado de pessoas possa ter acesso a eles simultaneamente, em função de seus próprios interesses, sem a necessidade de grandes deslocamentos, reduzindo o custo com transporte e tempo. Todas essas potencialidades, no entanto, são acompanhadas de uma série de desafios que merecem atenção, sobretudo em países em desenvolvimento, como é o caso do Brasil.[349]

Em primeiro lugar, há o desafio do acesso físico.[350] Se o cidadão não tem acesso real à internet, o fato de ela se tornar o meio preferencial (e tendencialmente único) de informação acerca da ação governamental em geral, e do material produzido no contexto do DPEN, trará pouco proveito. No Brasil, apenas uma fração da população tem acesso à internet, embora esse número venha crescendo ano a ano. Esse desafio envolve, portanto, universalizar o acesso físico à internet, com qualidade de transmissão que permita utilizar os recursos existentes nos sites, o que, em geral, significará internet de banda larga. Há muitas formas de promover a universalização do acesso à internet.[351]

O desafio do acesso envolve não apenas o acesso físico, mas também a educação digital, que vem a ser a capacidade do indivíduo de lidar com um computador, entender o funcionamento básico da internet e ser capaz de buscar ali as informações que deseje. Se o indivíduo não tiver treinamento para lidar com as possibilidades disponíveis pela internet, de pouco adiantará o acesso físico. Esse é um desafio considerável no Brasil, observando os altos índices de analfabetismo funcional[352] e o crescimento da população idosa, que, caso não tenha

---

[348] YANG; LAN, 2010.
[349] NASCIMENTO, 2013.
[350] Em maio de 2011 o Relator Especial, para promoção e proteção dos direitos à liberdade de opinião e expressão da ONU, Frank La Rue, divulgou um relatório no qual afirmou ser o direito de acesso à internet um direito humano. Disponível em: http://www2.ohchr.org/english/bodies/hrcouncil/docs/17session/A.HRC.17.27_en.pdf. Acesso em: 05 out. 2015. A declaração gerou alguma controvérsia e o tema encontra-se em discussão.
[351] LEMOS; MARTINI, 2010.
[352] INEP, 2012.

tido acesso a meios eletrônicos no passado, demandará treinamento específico para lidar com as novas tecnologias. Não custa lembrar que a educação digital é essencial hoje não apenas para o exercício da cidadania, mas também para o pleno desenvolvimento da pessoa e para qualificá-la para o trabalho, sendo esses os três objetivos vinculados ao direito à educação pelo art. 205 da Constituição brasileira de 1988.

Um segundo desafio diz respeito à qualidade dos sistemas eletrônicos nos quais estarão armazenadas as informações públicas produzidas no âmbito do DPEN. A expressão qualidade pretende designar uma série de atributos, alguns dos quais enunciados a seguir. Em primeiro lugar, a qualidade do sistema depende do acervo de dados disponíveis e de sua atualidade: se a justificativa de um projeto de lei em discussão no Congresso Nacional só estiver disponível após sua aprovação, continuará a ser útil, é claro, mas terá havido um prejuízo importante para o debate. A qualidade envolve também a segurança desses dados e o controle de modificações, de modo a evitar fraudes.

Um outro indicador de qualidade diz respeito às ferramentas de busca e sua capacidade de recuperar adequadamente as informações. Imagine-se, por exemplo, que não seja possível recuperar a justificativa apresentada relativamente a um projeto de lei por meio do tema geral ou do número da lei, mas apenas com a indicação conjunta do número originário do projeto, a data de sua apresentação e seu autor. O obstáculo ao acesso seria evidente. A verdade é que se o sistema eletrônico não conseguir fornecer aos cidadãos as informações procuradas porque a ferramenta de busca não funciona bem, o dever de publicidade não terá sido realizado adequadamente. A importância da construção do "como" não pode ser minimizada.[353] Embora a concepção e execução das ferramentas de busca envolvam conhecimentos técnicos, há decisões políticas subjacentes que podem facilitar ou não o acesso das informações por quem as busque.

Até aqui se discutiu o conteúdo mínimo do devido procedimento na elaboração normativa que decorre do sistema constitucional e o dever de publicidade a ele associado. Na sequência se vão discutir procedimentos adicionais do DPEN, que não se consideram mandatórios com fundamento constitucional, mas que geram um ônus político e argumentativo específico, caso ignorados em determinadas circunstâncias. E, em qualquer caso, o dever de publicidade aplica-se indistintamente

---

[353] Discutindo as dificuldades de acesso sobre informações disponíveis nos sites das Casas Legislativas, v. MEDEIROS, 2013.

tanto ao conteúdo mínimo do DPEN – isto é: à justificativa produzida por quem propõe a norma contendo os três conteúdos mínimos descritos – quanto aos eventuais materiais produzidos em decorrência dos procedimentos adicionais que se passa a examinar.

6.4 Procedimentos adicionais do direito constitucional ao devido procedimento na elaboração normativa

Nos tópicos anteriores discutiu-se o conteúdo mínimo do dever de apresentar justificativa que decorre de forma obrigatória do direito constitucional ao devido procedimento na elaboração normativa e o dever de publicidade associado a ele. Ou seja: o que se sustenta aqui é que há um dever constitucional da parte de quem apresenta qualquer espécie de proposta normativa de apresentar publicamente justificativa abordando os três conteúdos mínimos explicitados. A eventual violação desse dever terá algumas consequências, como se vai discutir no capítulo sobre a eficácia jurídica do DPEN.

Para além desse conteúdo mínimo, porém, há dois procedimentos adicionais que merecem uma rápida discussão como desenvolvimentos possíveis e desejáveis do DPEN, sobretudo em relação a determinados temas que podem ser objeto de disciplina normativa pelo Poder Público. Embora não se associe a esses dois procedimentos as mesmas modalidades de eficácia jurídica próprias do conteúdo mínimo, sua inobservância não será indiferente para o Direito Constitucional.

O primeiro desses procedimentos adicionais é a abertura formal de oportunidade, no âmbito do processo de elaboração normativa, e após a publicidade da justificativa elaborada por quem propõe a norma, para a manifestação/oitiva tanto de interessados quanto de especialistas no tema ou em aspectos específicos dele. Embora os interessados sempre possam se articular informalmente e apresentar suas visões de múltiplas maneiras, o procedimento adicional do DPEN envolve uma oportunidade formal para que essas manifestações sejam colhidas, e também para que *experts* sejam ouvidos quando seja o caso.

Como discutido ao longo do texto, o dever de justificativa que corresponde ao núcleo essencial do DPEN, e seus três conteúdos mínimos, é exigível constitucionalmente por conta da centralidade dos direitos fundamentais e dos princípios que estruturam o Estado brasileiro. Para além disso, o DPEN tem a pretensão de funcionar também como um incentivo, um estímulo para a ampliação do debate democrático acerca das razões e informações subjacentes às propostas normativas.

É certo, porém, como também já se apontou, que nada garante que haverá efetivamente esse debate ou que ele será ampliado por conta de se dar publicidade à justificativa que deve acompanhar uma proposta normativa. Não há garantias nesse particular.

Esse primeiro conteúdo adicional do DPEN é, na realidade, um estímulo adicional à existência desse debate público em torno das propostas normativas, na medida em que se organiza um momento formal e estruturado no qual os interessados poderão se manifestar.[354] Embora também aqui não haja garantias de que haverá realmente um debate ou que os interessados se utilizarão desse espaço, é certo que a voz única da autoridade que propõe a norma pode facilmente distorcer dados e omitir repercussões importantes da norma. A apresentação de outras visões pode enriquecer o debate e ajudar a esclarecer aspectos não abordados na justificativa.[355] Seja como for, essa oportunidade formal reduz em alguma medida os custos para a participação por parte dos diferentes grupos que possam ter interesse no assunto, sobretudo para os setores menos articulados da sociedade, que contarão assim com uma via institucional e organizada para esse fim.

Com efeito, se não há um momento formal de oitiva, os interessados que queiram participar precisam monitorar constantemente a apresentação das propostas normativas e tentar de algum modo levar ao conhecimento das autoridades encarregadas de tomar decisões suas visões sobre o tema.[356] Esse esforço envolve custos, organização e depende em boa medida da receptividade das autoridades a eventuais contribuições dos diferentes grupos. A existência desse momento de participação formal simplifica e, portanto, facilita a eventual participação dos interessados.[357]

---

[354] HOULE, 2008.
[355] HOULE, 2008, p. 343: "Consultar os propositores e o público em geral tem por meta dois objetivos. O primeiro é garantir que a autoridade regulamentar não se equivoque na compreensão do problema; e o segundo, garantir maior adesão voluntária às novas exigências regulamentares. Acredita-se que, submetendo as políticas a atores econômicos e sociais, a autoridade regulamentar enriquece e não empobrece o processo. Já que uma autoridade regulamentar afirma conhecer a causa na raiz de um problema e a melhor cura para ele, por que não submeter sua interpretação ao escrutínio daqueles que serão afetados pela regulamentação proposta? Por um lado, se as partes afetadas pela regulamentação discordam do governo, seus comentários podem fazer com que a autoridade regulamentar repense inteiramente ou parcialmente sua abordagem do problema. E, mesmo que tais comentários não sejam tão bem aceitos, a sua própria existência dará um sinal claro para a autoridade regulamentar de que uma persuasão adicional é necessária (...)".
[356] DINIZ; BOSCHI, 1999.
[357] É certo que o procedimento institucional simplifica a participação para todos e os setores mais articulados provavelmente terão melhores condições de aproveitar essa

Além da participação de interessados, esse primeiro procedimento adicional do DPEN envolve também a eventual oitiva de especialistas ou *experts* sobre os temas eventualmente relevantes para a proposta normativa em discussão. Há aqui uma certa delicadeza que deve ser pontuada. Ao longo da história o homem acumulou conhecimentos técnicos e científicos sobre temas que podem autorizar a afirmação, com razoável certeza, de que determinadas possibilidades ou opiniões são adequadas e outras não, ou ainda que algumas concepções são realmente melhores que outras, não por conta de quem as emite, mas por seu próprio conteúdo. Ou seja: há temas em relação aos quais nem todas as opiniões são equivalentes ou têm a mesma valia, podendo-se falar de especialistas ou *experts* em contraposição aos demais indivíduos que não detêm esses conhecimentos específicos.[358]

Se é assim, e se se pretende elaborar norma que de alguma forma envolva conhecimentos dessa natureza, é mais que recomendável que os especialistas sejam ouvidos para que sua opinião seja considerada. A delicadeza consiste, em primeiro lugar, em que frequentemente o conhecimento técnico-científico é menos certo ou indisputado do que se poderia supor. O ponto já foi discutido quando se tratou da natureza e da complexidade da informação e não há necessidade de retomá-lo. Não se trata de reduzir a importância do conhecimento científico, mas de revelar sua complexidade, que frequentemente impede a existência de respostas simples.[359]

---

oportunidade, mas ao menos se ampliam as oportunidades também para os setores menos organizados.

[358] Sobre o ponto, vale conferir o interessante debate suscitado por Post, 2012. É preciso, porém, não idealizar excessivamente a figura do *expert*, pois há muito menos certezas nas chamadas ciências do que por vezes se supõe. O ponto será discutido no texto na sequência.

[359] A complexidade da coleta de informações científicas necessárias para a deliberação política tem levado alguns países e organizados sistemas de informação para esse fim em apoio, por exemplo, aos trabalhos do Poder Legislativo. Confira-se, sobre a experiência alemã, GRUNWALD, 2005, p. 224: "The increasing dependency of modern society on the innovative potential of science and technology, the dismay caused by the indirect effects of technology in society, problems of legitimisation, and conflicting technologies are an enormous challenge for technology, research, and science policy. The need for advice on the part of decision-makers in politics has been growing for decades. In order to improve the basis for making decisions, anticipatory estimates of future demands on economic efficiency, of future market conditions or potential societal conflicts, of the need for governmental regulation, and of the benefits and hazards of scientific and technical innovations in general, are needed. Technology assessment as scientific advice to politics is an instrument for analysing these future developments, for making their concealed normative premises explicit, and for integrating them into the political processes of opinion formation and decision-making. (...) Technology assessment as advice for decision-making is concerned with making the knowledge required available (TA's

Um segundo aspecto da delicadeza acerca da oitiva de *experts* ou especialistas se relaciona com essa primeira e envolve o tema, também já discutido, de que não existe visão inteiramente neutra ou objetiva, mesmo no campo científico ou técnico. Justamente por conta da complexidade própria da realidade e, *a fortiori*, da ciência, escolhas são feitas pelos especialistas orientadas por uma determinada visão de mundo que tem necessariamente reflexos políticos. O especialista ou *expert*, portanto, nunca será alguém totalmente despido da sua humanidade e descontextualizado. Por isso mesmo, sua opinião não terá necessariamente um peso decisório ou uma autoridade irrefutável. A conexão desta questão com o segundo procedimento adicional do DPEN poderá tornar mais claro o ponto que se quer destacar aqui.

O segundo procedimento adicional do DPEN consiste, para além do conteúdo mínimo e do primeiro procedimento, em uma nova oportunidade de manifestação, na qual poderão ser contraditadas as razões e informações anteriormente apresentadas pelos interessados e especialistas. O segundo procedimento adicional do DPEN terá lugar depois que todos os elementos anteriores tenham se verificados: quem propõe a norma apresentou a justificativa própria (o conteúdo mínimo do DPEN), o primeiro procedimento aconteceu – isto é: a oitiva de interessados e especialistas –, e as manifestações apresentadas são públicas e estão disponíveis, de tal modo que possam ser examinadas e, nesse segundo momento, possa haver novas participações, em contradita às anteriores.

Esse segundo procedimento adicional do DPEN permite, da mesma forma como no primeiro procedimento adicional, uma segunda oportunidade formal e estruturada para uma nova manifestação dos interessados e especialistas em confronto com as manifestações que tenham sido apresentadas anteriormente. Não se cogita aqui de uma sequência de réplicas e tréplicas indefinidamente. O objetivo deste segundo procedimento adicional do DPEN é apenas permitir um momento de reflexão e crítica não apenas em relação à justificativa apresentada inicialmente por quem propõe a norma, mas também em relação às manifestações ou considerações técnicas que tenham sido defendidas por grupos de interesse. Esse segundo procedimento adicional do DPEN poderá ser especialmente útil para colocar em

cognitive dimension), deliberating on criteria and methods of evaluation (normative dimension), developing options of political action (pragmatic dimension), and finding ways of dealing with the incompleteness and uncertainty of the knowledge provided as a basis for decision-making".

perspectiva, em sendo o caso, eventuais opiniões técnico-científicas que tenham sido apresentadas.

Aplica-se também aos dois procedimentos adicionais do DPEN, como já observado, a regra da publicidade e memória discutida acerca do conteúdo mínimo do devido procedimento na elaboração normativa. Isto é: as manifestações apresentadas em qualquer dos dois momentos devem ser públicas e permanecer disponíveis em memória para consulta. As mesmas razões discutidas que exigem a publicidade em relação ao conteúdo mínimo do DPEN exigirão idêntico tratamento aqui, sempre que esses procedimentos adicionais forem utilizados.

O conteúdo mínimo do DPEN e os dois procedimentos adicionais descritos não interferem, não limitam ou afastam eventuais outras exigências procedimentais previstas em lei para a edição de atos normativos por parte de órgãos ou entidades da Administração Pública. Para além do devido procedimento na elaboração normativa que decorre da Constituição, e cumulativamente com suas exigências, também a lei poderá criar outros procedimentos para a elaboração normativa por outros órgãos ou entidades que não o Legislativo, que deverão igualmente ser observados.

Cabe agora fazer algumas observações finais acerca dos dois procedimentos adicionais do DPEN. Em primeiro lugar, quando eles devem ser utilizados, já que não se trata de um conteúdo obrigatoriamente imposto pela Constituição? Caberá ao Poder Público decidir a questão, mas tais procedimentos serão tão mais recomendáveis quanto maior o impacto sobre os direitos fundamentais da norma cuja elaboração se discute. Não há dúvida de que as normas editadas pelo Poder Público têm relevância e impacto diversos, ainda que algum impacto sempre se verifique a justificar, em qualquer caso, a exigência da justificativa inerente ao conteúdo mínimo do DPEN. Os procedimentos adicionais, portanto, serão tão mais necessários e relevantes em relação a normas que, seja porque limitam liberdades ou direitos, seja porque pretendem promovê-los, seja pelas duas perspectivas, terão uma repercussão especialmente relevante sobre os direitos fundamentais.

Em segundo lugar, a aplicação desses procedimentos adicionais do DPEN no âmbito dos Poderes Legislativos demanda alguns comentários. No normal das circunstâncias, como já discutido, o processo legislativo ordinário envolve mais oportunidades de participação e contradita, sobretudo no âmbito das comissões, do que o que se descreveu como os dois procedimentos adicionais do DPEN. Nesse sentido, os procedimentos adicionais do DPEN seriam mais relevantes para a produção normativa oriunda de outras instâncias estatais. Com efeito, caso uma proposição legislativa percorra o *iter* ordinário no âmbito das Casas Legislativas, o normal é que esses procedimentos adicionais do DPEN sejam observados do ponto de vista formal. Lembre-se que continua exigível o conteúdo mínimo do DPEN, e a eventual observância dos procedimentos adicionais não afasta o dever de justificativa de quem propõe a norma nos termos expostos.

Ocorre, porém, que, como se viu, uma quantidade importante de proposições legislativas aprovadas pelo Congresso Nacional, e também pelos Legislativos dos Estados e dos Municípios, não é processada nos termos ordinários por conta dos regimes de urgência que podem lhes ser aplicados. Nessas hipóteses, portanto, a utilização de mecanismos que viabilizem esses procedimentos adicionais do DPEN no âmbito do processo legislativo será da maior importância.

Em terceiro lugar, qual a consequência, do ponto de vista jurídico, da não utilização desses procedimentos adicionais do DPEN, uma vez que eles não são considerados obrigatórios? A consequência haverá de ser um ônus argumentativo maior ou menor – conforme a utilização de tais procedimentos ou não – exigido por parte do Poder Judiciário no eventual exame da validade das normas que sejam afinal produzidas. Assim, se a norma resultou de um procedimento de elaboração que permitiu ampla participação nos termos descritos, o ônus imposto ao Poder Judiciário para considerá-la inválida por qualquer fundamento será maior.[360] Isso não significa que a eventual não utilização desses procedimentos por si só torne a norma gravemente suspeita de invalidade. Mas esse será um dado a ser considerado pelo Judiciário, caso a questão lhe seja submetida.

Se a autoridade, por qualquer razão, decidiu não ouvir as manifestações de eventuais interessados sobre norma que afeta de forma importante direitos fundamentais, há aqui algo que não corresponde ao ideal no que toca às relações entre cidadãos e agentes que exercem poder político em uma democracia. É até possível que haja razões

---

[360] BARROSO, 2012b; e CLÈVE; LORENZETTO, 2015, p. 462-463: "Além dos casos que reclamam uma postura ativa por parte da Corte, entende-se que outras ocasiões demandam um controle débil (soft), a auto-contenção ou deferência para com as decisões do legislador: (...) C) nos resultados plebiscitários, referendários, leis de iniciativa popular, momentos constituintes e, mesmo, leis novas que resultam de um processo regular e aberto de deliberação, deve-se, como regra, prestar deferência diante dos resultados e das razões do legislador. Não se trata aqui de admitir uma postura procedimentalista. Trata-se de, no processo argumentativo e deliberativo levado a termo pelo Judiciário, considerar, com peso adequado, as razões do legislador. Nesses casos há uma presunção forte de constitucionalidade das leis, a qual pode, não obstante, ser afastada por outras razões, mesmo não populares, mas determinantes".

plausíveis para essa opção – de urgência ou de sigilo, por exemplo –, mas essas razões serão certamente excepcionais e, em qualquer caso, devem também ser apresentadas publicamente, particularmente pelos órgãos e entidades diversos do Poder Legislativo. Ou seja: a não utilização desses procedimentos deve ser justificada. E caberá ao Judiciário considerar esse elemento em conjunto com os demais aspectos relativos ao conteúdo da norma propriamente dito.

Examinados os procedimentos adicionais do DPEN, cabe agora retornar ao seu conteúdo mínimo – isto é: o dever de apresentar justificativa de quem proponha a edição de norma no âmbito do Estado brasileiro – e sua eficácia jurídica. Esse é o tema do próximo tópico.

CAPÍTULO VII

EFICÁCIA JURÍDICA DO DIREITO CONSTITUCIONAL A UM DEVIDO PROCEDIMENTO NA ELABORAÇÃO NORMATIVA

A imperatividade dos efeitos pretendidos é o que caracteriza essencialmente e distingue as normas *jurídicas* das demais normas sociais. As normas jurídicas não são conselhos, recomendações, indicações ou lembretes: sua observância é obrigatória, imperativa. Mas o Direito não confia apenas na boa disposição dos destinatários de obedecerem a suas normas: para garantir a imperatividade, existe a sindicabilidade, isto é, a possibilidade de exigir, por meio da utilização da força, se necessário, o cumprimento das normas. E se a Constituição é uma norma jurídica, imperatividade e sindicabilidade são notas que caracterizam seus dispositivos.[361]

A característica descrita, típica das proposições jurídicas,[362] deve desencadear necessariamente o que se denomina de *eficácia jurídica*, isto é: eficácia juridicamente qualificada. Por força dela tem-se que, desrespeitada uma norma, podem ser exigidas providências diante do Judiciário, instituição responsável por sua imposição coativa. É verdade que nem sempre essas providências serão capazes de produzir exatamente o efeito que a norma pretendia. Dependendo das

---

[361] BOBBIO, 1997, p. 21-2; ENGISCH, 1983, p. 27 et seq.; DEL VECCHIO, 1979, p. 394 et seq; DANTAS, 1977, p. 57 et seq. Para uma visão das críticas formuladas por autores diversos à afirmação de que a coercibilidade é elemento essencial do direito, veja-se ainda, dentre outros, DEL VECCHIO, 1979, p. 395 et seq., embora não se considere que qualquer dessas críticas tenha sido capaz de abalar a ideia exposta.

[362] LARENZ, 1969, p. 214.

circunstâncias, essas consequências podem ter características diversas e funções variadas. Por vezes elas terão uma natureza substitutiva, ou reparatória. Em outras ocasiões, a consequência associada à violação da norma é uma pena ou, ainda, privar de efeitos o ato ilícito praticado, dentre outras possibilidades.[363] Seja como for, alguma consequência deve ser associada ao descumprimento da norma e poderá ser exigida judicialmente se necessário.[364]

A eficácia jurídica associada a uma norma depende da identificação de alguns elementos: (i) os efeitos pretendidos pela norma, em termos de direitos e obrigações,[365] (ii) quem são os destinatários dos deveres por ela criados e dos direitos consagrados, (iii) o que se poderá exigir, uma vez que esses deveres sejam desrespeitados, e (iv) quem poderá exigir o que quer que se entenda que possa ser exigido.

No capítulo VI discutiu-se o conteúdo do devido procedimento na elaboração normativa, isto é: os efeitos que essa norma, implícita no sistema constitucional, pretende produzir no mundo dos fatos. Nos dois tópicos seguintes se vai sistematizar (i) quem são os destinatários do direito e dos deveres próprios ao devido procedimento na elaboração normativa, e (ii) o que se poderá exigir na hipótese de violação desses deveres. Na exposição se vai abordar também, embora brevemente, a questão envolvendo quem poderá exigir a eficácia jurídica reconhecida ao DPEN.[366]

7.1 Destinatários do direito e dos deveres correlatos

O direito constitucional a um devido procedimento na elaboração normativa é, a rigor, um direito difuso, titularizado pelas pessoas

---

[363] Em algumas situações simplesmente não é possível que o efeito originariamente pretendido pela norma se realize, ainda que com a intervenção da força. Os casos mais clássicos dessa limitação do ordenamento se referem ao descumprimento de obrigações personalíssimas, que só poderão ser substituídas pela reparação pecuniária. Situação peculiar é a do direito penal que, na maior parte dos casos, exceto nos crimes contra o patrimônio, não tem condições de oferecer uma forma coativa substitutiva dos efeitos da norma que não tenham sido observados. Outra hipótese é a das nulidades ou anulabilidades, cuja consequência em geral será o não reconhecimento dos efeitos dos atos praticados com inobservância de determinadas normas.

[364] Para uma discussão sobre as modalidades de eficácia jurídica das normas constitucionais, v. SARLET, 2015a, p. 233 et seq.; e BARCELLOS, 2011, p. 60 et seq.

[365] É interessante notar a distinção dos efeitos das normas nesse contexto – que descrevem apenas os direitos e deveres por ela criados – dos resultados finais pretendidos com sua edição, tema do segundo conteúdo do DPEN. Os direitos e obrigações criados são, em geral, meios para produzir o resultado final efetivamente desejado.

[366] O tema da legitimidade ativa nesse contexto envolve outras considerações próprias do direito constitucional processual que não serão examinadas com detalhes neste estudo.

e pela sociedade como um todo. Nesse sentido, todas as pessoas têm o direito de ter acesso à justificativa que deverá ser apresentada por quem propôs a edição de uma norma, justificativa essa que deverá tratar dos três conteúdos mínimos já discutidos.[367] O ponto é simples e já foi mencionado em outros momentos ao longo deste estudo.

Mas a quem exatamente se dirigem os deveres impostos pelo devido procedimento na elaboração normativa? Ou seja: quem é responsável por elaborar e tornar pública a justificativa que deve acompanhar a proposição normativa? Em várias partes do texto identificou-se genericamente o destinatário desses deveres como aquele que propõe a edição de uma norma, mas é chegada a hora de detalhar um pouco mais essa noção.

No sistema político brasileiro, o destinatário mais frequente dos deveres do DPEN será o Chefe do Poder Executivo, maior responsável pela proposição de normas no país, seja por meio de edição direta – *e.g.*, medidas provisórias –, seja pelo encaminhamento ordinário de projetos ao Poder Legislativo.[368] Na mesma categoria encontram-se os órgãos que tenham algum tipo de iniciativa legislativa prevista constitucionalmente, como o Poder Judiciário e o Ministério Público.[369] As propostas encaminhadas ao Poder Legislativo por iniciativa externa devem ser acompanhadas da justificativa adequada exigida pelo conteúdo mínimo do devido procedimento na elaboração normativa. Assim, além do Chefe do Executivo, também os Presidentes dos Tribunais, em cada caso, ou os Chefes do Ministério Público estaduais ou federal serão os destinatários dos deveres decorrentes do devido procedimento na elaboração normativa.

São também destinatários dos deveres oriundos do DPEN os órgãos ou entidades públicas que tenham alguma espécie de competência para a edição de normas diretamente, isto é, sem submissão ao Poder Legislativo, seja por autorização constitucional, seja pelo exercício de alguma espécie de poder regulamentar ou por força de delegação

---

[367] Uma descrição dos direitos difusos pode ser encontrada, como se sabe, no Código de Defesa do Consumidor, sob a perspectiva da forma de sua tutela: "Art. 81. A defesa dos interesses e direitos dos consumidores e das vítimas poderá ser exercida em juízo individualmente, ou a título coletivo. (...) I - interesses ou direitos difusos, assim entendidos, para efeitos deste código, os transindividuais, de natureza indivisível, de que sejam titulares pessoas indeterminadas e ligadas por circunstâncias de fato;".

[368] Como já mencionado, no caso do Executivo Federal, por meio de decretos – tanto o Decreto nº 4.176/02, quanto o Decreto no 9.191/97, que o substituiu – procurou-se organizar o processo de elaboração normativa listando uma série de questões e perguntas que devem ser analisadas quando da elaboração de propostas normativas.

[369] É o caso, por exemplo, das competências previstas nos art. 93, 125, §1º, e 128, §5º.

legislativa válida. A exemplificação aqui é vasta: órgãos e entidades do Poder Executivo, Agências Reguladoras, Tribunais de Contas, Conselhos do Poder Judiciário e do Ministério Público, órgãos do Poder Judiciário, incluindo os órgãos da Justiça Eleitoral,[370] dentre outros. O DPEN está vinculado à competência de propor, e mais ainda de elaborar, norma, de modo que quem quer tenha tal competência (ou considere ter) terá o dever de observar o devido procedimento na elaboração normativa.[371]

No âmbito do Poder Legislativo, algumas considerações específicas devem ser feitas. O destinatário dos deveres decorrentes do DPEN serão os Deputados e Senadores, individualmente, que apresentam proposições normativas ou emendas ou substitutivos, não os colegiados ou a Casa Legislativa. Ou seja: do mesmo modo que as proposições originárias de iniciativa externa devem ser acompanhadas de justificativa abordando os três conteúdos mínimos do DPEN, também as proposições originárias das próprias Casas submetem-se à mesma regra, e assim também as emendas parlamentares e substitutivos. Mesmo que tais proposições sejam aprovadas por um colegiado (uma comissão ou o próprio plenário, por exemplo), o destinatário do dever haverá de ser quem propôs a norma. Como se verá no capítulo VIII, seria inviável e impróprio alocar na Casa Legislativa os deveres inerentes ao DPEN.

Duas observações parecem importantes acerca dos deveres impostos aos parlamentares por força do devido procedimento na elaboração normativa. Em primeiro lugar, o dever de elaborar e tornar pública a justificativa correspondente a uma proposição normativa é pessoal do parlamentar que decide apresentá-la, mesmo que ele já não seja titular de mandato. Imagine-se que um projeto de lei é apresentado por um parlamentar no final de seu mandado desacompanhado da justificativa própria, e ele não é reeleito. A perda do mandato não afasta o dever do ex-parlamentar de fornecer os dados que deveriam ter constado de tal justificativa, caso solicitados pelos legitimados ativos para a tutela do direito difuso em questão.

Em segundo lugar, o dever imposto aos parlamentares em decorrência do devido procedimento na elaboração normativa não afeta em qualquer medida a imunidade que lhes é reconhecida constitucionalmente

---

[370] O Código Eleitoral, como já referido, atribui à Justiça Eleitoral competências normativas que, por isso mesmo, submetem-se ao devido procedimento na elaboração normativa.
[371] Como já se mencionou, os deveres próprios do DPEN não afastam outros que possam ser impostos pelo Legislador para a elaboração normativa por outros órgãos ou entidades.

por suas opiniões, palavras e votos.[372] Veja-se bem: o dever aqui em discussão envolve apenas a elaboração e apresentação de uma justificativa que deve acompanhar eventual proposição normativa ofertada pelo parlamentar. A consequência do descumprimento desse dever não caracteriza nem autoriza qualquer espécie de sanção civil ou penal dirigida ao parlamentar: como se verá, nenhuma das modalidades de eficácia jurídica associadas ao descumprimento do DPEN envolve qualquer tipo de sanção.

Os deveres associados ao devido procedimento na elaboração normativa geram um ônus político para os agentes públicos em geral, e para os parlamentares em particular, mais ainda na hipótese de algum legitimado ativo se valer do Judiciário para exigir a divulgação da justificativa que deixou de ser apresentada. É possível que o episódio gere um certo desgaste para o parlamentar e é também possível que adversários políticos utilizem o recurso ao Judiciário para a obtenção da justificativa justamente como um mecanismo de produzir esse desgaste, e vice-versa.

Tudo isso é esperado na esfera política e não é o caso de julgar as intenções dos agentes políticos ao se utilizarem dos instrumentos existentes no sistema jurídico. Seja como for, esse ônus ou desgaste político não caracteriza qualquer sanção vedada pela figura da imunidade. Muito ao revés, trata-se de um ônus inerente à democracia e à representação política: o ônus da diligência constitucionalmente esperada de quem propõe a edição de uma norma que afetará a vida das pessoas e o ônus da prestação de contas. Há um direito à justificativa que decorre do devido procedimento na elaboração normativa e esse direito poderá ser exigido.

Uma nota final deve ser feita acerca da possibilidade da iniciativa legislativa popular de que cuida o art. 60, §2º da Constituição.[373] Seria

---

[372] Constituição de 1988: "Art. 29. O Município reger-se-á por lei orgânica, votada em dois turnos, com o interstício mínimo de dez dias, e aprovada por dois terços dos membros da Câmara Municipal, que a promulgará, atendidos os princípios estabelecidos nesta Constituição, na Constituição do respectivo Estado e os seguintes preceitos: (...) VIII - inviolabilidade dos Vereadores por suas opiniões, palavras e votos no exercício do mandato e na circunscrição do Município; (...) Art. 53. Os Deputados e Senadores são invioláveis, civil e penalmente, por quaisquer de suas opiniões, palavras e votos".

[373] Constituição de 1988: "Art. 61. A iniciativa das leis complementares e ordinárias cabe a qualquer membro ou Comissão da Câmara dos Deputados, do Senado Federal ou do Congresso Nacional, ao Presidente da República, ao Supremo Tribunal Federal, aos Tribunais Superiores, ao Procurador-Geral da República e aos cidadãos, na forma e nos casos previstos nesta Constituição. (...) §2º A iniciativa popular pode ser exercida pela apresentação à Câmara dos Deputados de projeto de lei subscrito por, no mínimo, um

também exigível, no caso de iniciativa popular de lei, que ela fosse acompanhada de justificativa nos termos discutidos aqui, de responsabilidade, portanto, do conjunto de eleitores subscritores do projeto ou do primeiro signatário do projeto? Ou seja: o conjunto de eleitores que subscrevem um projeto de lei seria também destinatário dos deveres inerentes ao devido procedimento na elaboração normativa?

A rigor, a sociedade como um todo sempre tem o direito de receber a justificativa sobre qualquer proposição normativa que possa vir a afetá-la, independentemente de sua origem e mesmo no caso de iniciativa popular. A circunstância de um projeto de lei ser originário de iniciativa popular não altera a natureza ou o impacto dessa norma, acaso editada, sobre a vida das pessoas. Nada obstante, talvez o ônus de elaborar essa justificativa possa ser excessivo para os eleitores, podendo ser melhor alocado no Deputado Federal, Estadual ou Vereador, conforme o caso, que venha a funcionar como o autor da proposição. Assim, caso o projeto de iniciativa popular não venha acompanhado de uma justificativa adequada, caberá ao parlamentar que venha a receber os poderes e atribuições de autor da proposição também essa atribuição: apresentar ou complementar a justificativa relativa ao projeto em questão.[374]

Pois bem. Considerados os agentes públicos, os destinatários dos deveres próprios ao devido procedimento na elaboração normativa são relativamente intuitivos e estão associados, como referido, à existência de um poder de propor a edição de uma norma ou, por evidente, de editá-la diretamente. Os destinatários do direito também decorrem logicamente de sua estrutura: trata-se de um direito difuso. Mas o que se poderá exigir na hipótese de violação a tais deveres? Esse é o tema do próximo tópico.

---

por cento do eleitorado nacional, distribuído pelo menos por cinco Estados, com não menos de três décimos por cento dos eleitores de cada um deles".

[374] No plano federal, as proposições de origem interna são apresentadas à Câmara dos Deputados e, no caso de iniciativa popular, um Deputado assumirá o projeto com os poderes de autor da proposição. V. Regimento Interno da Câmara dos Deputados: "Art. 252. A iniciativa popular pode ser exercida pela apresentação à Câmara dos Deputados de projeto de lei subscrito por, no mínimo, um centésimo do eleitorado nacional, distribuído pelo menos por cinco Estados, com não menos de três milésimos dos eleitores de cada um deles, obedecidas as seguintes condições: (...) X - a Mesa designará Deputado para exercer, em relação ao projeto de lei de iniciativa popular, os poderes ou atribuições conferidos por este Regimento ao Autor de proposição, devendo a escolha recair sobre quem tenha sido, com a sua anuência, previamente indicado com essa finalidade pelo primeiro signatário do projeto".

7.2 Eficácia jurídica do direito constitucional ao devido procedimento na elaboração normativa

O devido procedimento na elaboração normativa impõe, como se viu, o dever de apresentação de uma justificativa por quem proponha a edição de alguma norma no âmbito do Estado brasileiro, justificativa essa que deverá abordar necessariamente três temas: o problema que a norma pretende enfrentar, os resultados pretendidos com a medida proposta e os custos e impactos que já se possa antecipar resultarão da norma caso editada. Mas, caso essa justificativa não seja apresentada, ou não aborde esses temas, o que se poderá exigir judicialmente? Qual a eficácia jurídica do devido procedimento na elaboração normativa afinal?

Antes de prosseguir, vale repetir uma observação que já foi feita algumas vezes ao longo do texto até aqui. O devido procedimento na elaboração normativa tem uma natureza essencialmente procedimental. Isto é: o efeito por ele pretendido é que aquele que propõe ou edita uma norma apresente uma justificativa adequada para tanto e o papel do Poder Judiciário haverá de ser o de tentar garantir, na medida do possível, o cumprimento desse dever. Ainda que o magistrado discorde das razões apresentadas ou considere que as informações fornecidas são parciais ou pouco acuradas, não lhe cabe fazer esse controle. O objetivo do DPEN não é tutelar o debate político, mas fomentá-lo.

Não se trata, portanto, de transferir para o Judiciário a apreciação do mérito das razões ou das informações apresentadas ou a decisão política entre as diferentes visões sobre a matéria. O Judiciário poderá eventual e posteriormente decidir que a norma afinal editada é inconstitucional por incompatibilidade com exigências mínimas da razoabilidade ou da proporcionalidade, ou por qualquer outro fundamento. Essa, porém, é uma possibilidade diversa que não é ampliada – talvez, ao contrário – pelo devido procedimento na elaboração normativa. Feito esse esclarecimento, prossiga-se no argumento.

Parece possível cogitar de duas modalidades de eficácia jurídica na hipótese de violação ao devido procedimento na elaboração normativa. *Em primeiro lugar*, a ausência da justificativa exigida pelo devido procedimento na elaboração normativa caracterizará uma inconstitucionalidade formal cuja consequência, assim como acontece com outras inconstitucionalidades formais, será a invalidade da norma afinal editada.[375] Essa eficácia, portanto, se opera no plano da validade

---

[375] FORST, 2007, p. 182: "Judicial review then can be understood accordingly as having the two tasks of checking political decisions with respect to the question of whether the

da norma que foi editada sem que o devido procedimento na elaboração normativa tenha sido observado.³⁷⁶

O dever de apresentar justificativas na elaboração normativa não é um favor ou uma gentileza, nem apenas uma conveniência política da qual a autoridade que edita a norma – mesmo que ela seja o Poder Legislativo – possa abrir mão. Trata-se de uma exigência constitucional de natureza procedimental que corresponde a um direito fundamental das pessoas em geral, e dos cidadãos em particular, em um Estado democrático.³⁷⁷ Os agentes públicos exercem poder político por delegação do povo e, ao disporem de alguma competência para propor ou editar normas – exercício desse poder político delegado, não podem simplesmente dispor do direito ao devido procedimento na elaboração normativa, que não lhes pertence. Não custa lembrar que o DPEN torna obrigatória a prestação de contas que dá conteúdo à justificativa que deve acompanhar as propostas normativas. E seu objetivo é justamente permitir que a população controle o exercício do poder político por esses seus agentes delegados.

E isso porque, como se viu, o devido procedimento na elaboração normativa decorre, de um lado, do direito fundamental das pessoas a receber explicações acerca dos atos do Poder Público que possam lhe afetar e da necessidade de levar a sério os direitos como um todo, e, de outro lado, dos princípios básicos que estruturam o Estado brasileiro – como os princípios republicano, democrático, do Estado de Direito e a garantia do devido processo legal. Os titulares desse direito não são os demais agentes públicos, mas a sociedade. A ausência de justificativa em um projeto de lei encaminhado, por exemplo, pelo Executivo ao Legislativo, ou apresentado por um parlamentar, não é um problema interno da Casa Legislativa, mas a violação de um direito difuso de

---

criteria of reciprocity and generality have been satisfied, that is, whether important moral (reciprocally and generally nonrejectable) reasons have been neglected or trumped by inappropriate considerations, and with respect to the question of whether the procedures of political participation, inclusion, and justification have been adequately followed". O autor, como se vê, sustenta a possibilidade de controle judicial a partir de parâmetros mais abrangentes do que aqueles sustentados no texto.
Sobre a questão da inconstitucionalidade formal no Brasil, v. CLÈVE, 2000, p. 39 et seq., e BARROSO, 2012, p. 30.

376 Nesse sentido, de certo modo, decidiu em 2010 o Tribunal Constitucional alemão (BVerfGE, v. 125, p. 175 et seq.), ao invalidar legislação que alterava o código de proteção social (a chamada Lei Hartz IV), dentre outras razões, pela falta de demonstração dos critérios utilizados para o cálculo dos valores dos benefícios sociais que seriam pagos. V. SARLET, 2015b; WILLIANS, 2010.

377 Não apenas dos cidadãos, como se viu, já que mesmo os não cidadãos serão afetados pelas normas editadas pelo Estado onde vivam.

estatura constitucional da sociedade como um todo, que deve ter uma consequência relevante.

Nesse contexto, a inconstitucionalidade formal da norma editada sem observância do devido procedimento na elaboração normativa é a consequência natural para o desrespeito ao procedimento constitucionalmente estabelecido para a criação do Direito no âmbito do Estado. O papel do Judiciário nesse particular será apenas o de verificar o desrespeito ao conteúdo mínimo do devido procedimento na elaboração normativa e, em sendo esse o caso, declarar a inconstitucionalidade da norma editada. Nada impede, por evidente, que as autoridades competentes proponham e editem nova norma de conteúdo idêntico, agora já acompanhada pela justificativa adequada.

A questão envolvendo a invalidade da norma cuja elaboração desrespeitou o devido procedimento na elaboração normativa poderá ser suscitada, como qualquer outro tema envolvendo a inconstitucionalidade formal de normas, no âmbito tanto do controle concentrado ou difuso de constitucionalidade. E nesse ponto já se indica a resposta à pergunta: quem poderá exigir perante o Poder Judiciário as consequências próprias da eficácia jurídica associada à violação do DPEN? A resposta parece direta: os legitimados ativos para o manejo dos mecanismos de controle concentrado de constitucionalidade das leis e atos normativos, observadas as particularidades próprias ao cabimento de cada mecanismo, e qualquer interessado, no âmbito do controle difuso e incidental.

Embora não seja o caso de aprofundar-se aqui em aspectos processuais acerca do cabimento dos diferentes mecanismos de controle de constitucionalidade existentes no sistema brasileiro, faz-se um registro para posteriores desenvolvimentos. Mesmo no caso de atos normativos que não sejam considerados primários, na linha da jurisprudência do Supremo Tribunal Federal acerca do cabimento de ação direta de inconstitucionalidade, por exemplo,[378] isto é, em relação aos quais haja, entre o ato normativo e a Constituição, a intermediação de uma lei, a violação do DPEN em sua elaboração caracteriza uma inconstitucionalidade. O ponto não é complexo.

Como se expôs, o devido procedimento na elaboração normativa decorre da Constituição e se aplica a todo exercício de competência normativa no âmbito do Estado brasileiro, seja ela legislativa propriamente ou não. Assim, mesmo que um ato normativo seja editado por órgão

---

[378] Sobre o ponto, v. BARROSO, 2012, p. 134 et seq.

ou entidade diverso do Legislativo, por força de alguma espécie de delegação operada por lei, o tal órgão ou entidade está obrigado – por imposição constitucional – a respeitar o devido procedimento na elaboração normativa. E a violação do DPEN caracterizará não propriamente uma ilegalidade, mas uma inconstitucionalidade.[379]

Um segundo desdobramento da eficácia jurídica do DPEN envolve a possibilidade de exigir acesso e publicidade ao conteúdo da justificativa que não tenha sido apresentada com a proposição normativa, isto é, às razões e, sobretudo, às informações que tenham sido utilizadas pelas autoridades para a elaboração da proposta normativa. Essa segunda eficácia é autônoma em relação à discussão acerca da invalidade formal da norma. Eventualmente pode não haver interesse na declaração de invalidade da norma afinal editada ou a proposta normativa pode ainda encontrar-se em discussão, sem, entretanto, que a justificativa tenha sido apresentada. Independentemente do debate em torno da invalidade formal da norma afinal editada, ou mesmo da edição afinal de qualquer norma, haverá sempre o direito difuso de ter acesso ao conteúdo da justificativa das proposições normativas.

Veja-se bem. O devido procedimento na elaboração normativa não é uma mera formalidade. Seu objetivo é que as razões e informações acerca dos três conteúdos mínimos que devem ser abordados na justificativa de qualquer proposição normativa existam efetivamente, tenham sido considerados por aqueles que conceberam a norma, sejam explicitados e conhecidos pela sociedade, viabilizando, ainda que em tese, um debate sobre o tema. Como já discutido, o DPEN se relaciona com essas duas dimensões simultaneamente: a diligência esperada de quem elabora normas jurídicas, que deve tentar fazer o melhor possível, tendo em conta o impacto que o Direito sempre tem sobre a vida das pessoas, e a indispensável necessidade de justificar esse esforço diante dos destinatários.

Ademais, o conhecimento dessas razões e informações não é pertinente apenas durante as discussões em torno da edição ou não da norma. Como se mencionou, a relevância do debate e do conteúdo dessa justificativa não se esgota com a edição da proposição normativa. A norma é apenas um ponto de partida e seus resultados dependerão de tempo e de vários outros atos para se produzirem no mundo dos fatos e na vida das pessoas. Ao longo de todo esse percurso, as discussões em

---

[379] Salvo, por natural, se a lei incorporar como exigências para o exercício da delegação legislativa pelo órgão ou entidade que recebeu tal competência exigências equivalentes àquelas inerentes ao DPEN.

torno do problema que a norma pretendia/pretende resolver, os resultados que ela almejava produzir e seus custos e impactos continuam a ser temas da maior importância para o debate político.

Em resumo, existe um direito de ter acesso às razões e às informações que deveriam ter constado da justificativa de uma proposição normativa, mas que, por alguma circunstância, não constaram. Para além de outras consequências (como a invalidade da norma produzida), esse direito poderá ser exigido judicialmente, caso desrespeitado. Essa segunda modalidade de eficácia jurídica do DPEN envolve, portanto, a possibilidade de acionar-se o responsável pela proposição normativa ou mesmo pela edição da norma (no caso de órgãos ou entidades distintos do Legislativo) para que ele exiba as razões e informações que deveriam ter constado da justificativa.

Cabe avançar um pouco mais no exame da questão e imaginar uma decisão judicial que determine exatamente que as razões e informações pertinentes a determinada proposição normativa sejam apresentadas. Sob a perspectiva do réu, é possível cogitar de duas situações. Em uma primeira possibilidade, o réu oferece as razões e informações relativas à proposição normativa e o papel do Judiciário se encerra no particular. Ou seja: as razões e informações existiam e apenas não deram origem a uma justificativa pública. Ou mesmo que elas não existissem, mas passaram a existir agora, a sua divulgação pública já submeterá ao debate e à crítica elementos relevantes acerca do tema subjacente a tal norma ou proposição normativa.[380]

Em um segundo cenário, porém, é possível que esses dados não existissem e nem existam, mesmo já no momento da discussão judicial, sobretudo no caso das informações, já que as razões sempre podem ser desenvolvidas. Ou seja: a proposição normativa não foi precedida das reflexões mínimas quanto aos fatos, a despeito do que pretende o devido procedimento na elaboração normativa, e a rigor sequer existem informações atuais sobre a questão tratada pela proposta normativa.

Nessa segunda hipótese, não há muito mais o que se possa exigir do responsável pela proposição normativa, cabendo-lhe o ônus político de uma decisão judicial que declare o descumprimento dos deveres

---

[380] De fato, não é implausível imaginar um cenário no qual o responsável pela proposição normativa, instado a responder uma ação solicitando a justificativa que não foi apresentada no momento próprio, valha-se de razões e informações atuais, e não contemporâneas à elaboração da norma, sobretudo se não houve efetivamente uma reflexão prévia à sua elaboração. Ainda assim, a publicidade dessa justificativa "substitutiva", desencadeada pela intervenção judicial, poderá ser igualmente relevante, já que submete ao debate público razões e informações – ainda que atuais – acerca do tema objeto da norma.

inerentes ao devido procedimento na elaboração normativa, mas não se cogita, como já discutido, aplicar qualquer sanção jurídica no particular. De toda sorte, abre-se a possibilidade de uma outra intervenção judicial, mediante pedido específico nesse sentido, mais complexa e de natureza diversa, e que fica aqui apenas registrada, pois envolve outro tema já indicado no tópico sobre o direito à informação. Nessas circunstâncias, é possível cogitar uma intervenção judicial solicitando providências mais complexas destinadas a obter a produção da informação, e não apenas a exibição da informação, caso ela não exista.[381]

Antes de concluir, cumpre fazer uma brevíssima nota sobre a legitimidade ativa para solicitar as razões e informações que deveriam ter constado da justificativa não apresentada em companhia da proposição normativa. Não há dúvida de que os legitimados para a defesa de interesses difusos – como o Ministério Público, Defensoria Pública e Associações – terão legitimidade para solicitar os dados que correspondem ao conteúdo mínimo do DPEN em relação a alguma proposição normativa ou mesmo norma já editada. Não se vai discutir aqui a possibilidade de atribuir-se legitimidade individual a cada cidadão para levar tal questão ao Judiciário, mas esse é um tema que talvez mereça atenção dos processualistas.

Parece evidente que os parlamentares podem valer-se do Judiciário para obter tais dados em relação às proposições encaminhadas às Casas que integram ou mesmo relativamente às matérias já aprovadas por essas mesmas Casas. Esse poderá ser um importante instrumento das minorias parlamentares para limitar a ação do bloco majoritário e exigir a prestação de contas à população em geral.[382] Repita-se que o

---

[381] SABEL; SIMON, 2004.

[382] O STF já reconheceu, por exemplo, o importante papel das minorias no controle da maioria quando discutiu o direito à instauração de comissões parlamentares de inquérito (STF, MS 26.441, Rel. Min. Celso de Mello, DJe 18.12.2009: "MANDADO DE SEGURANÇA CONCEDIDO. O ESTATUTO CONSTITUCIONAL DAS MINORIAS PARLAMENTARES: A PARTICIPAÇÃO ATIVA, NO CONGRESSO NACIONAL, DOS GRUPOS MINORITÁRIOS, A QUEM ASSISTE O DIREITO DE FISCALIZAR O EXERCÍCIO DO PODER. - Existe, no sistema político-jurídico brasileiro, um verdadeiro estatuto constitucional das minorias parlamentares, cujas prerrogativas – notadamente aquelas pertinentes ao direito de investigar – devem ser preservadas pelo Poder Judiciário, a quem incumbe proclamar o alto significado que assume, para o regime democrático, a essencialidade da proteção jurisdicional a ser dispensada ao direito de oposição, analisado na perspectiva da prática republicana das instituições parlamentares. - A norma inscrita no art. 58, §3º, da Constituição da República destina-se a ensejar a participação ativa das minorias parlamentares no processo de investigação legislativa, sem que, para tanto, mostre-se necessária a concordância das agremiações que compõem a maioria parlamentar. - O direito de oposição, especialmente aquele reconhecido às minorias legislativas, para que não se transforme numa prerrogativa constitucional inconsequente, há de ser aparelhado com instrumentos de atuação que viabilizem a sua prática efetiva e concreta

interesse em tais dados não se esgota com a aprovação da norma, já que o seu contínuo monitoramento, até para a avaliação dos resultados da norma e da eventual necessidade de revisão de seus termos, persistirá no tempo.

Para além dessas duas modalidades de eficácia jurídica próprias do devido procedimento na elaboração normativa, o DPEN será particularmente relevante para a eficácia jurídica do sistema constitucional em duas outras circunstâncias que merecem rápido registro.

Em vários momentos ao longo do texto se destacou que a ação normativa estatal não se esgota com a edição de uma norma. A norma existe para produzir resultados e conformar a realidade, sendo um meio, portanto, para atingir determinados fins. Em certa medida, a vigência de uma norma depende de seus efeitos efetivamente se produzirem, ainda que em um nível mínimo,[383] e do ponto de vista dos comandos constitucionais, sobretudo em relação aos direitos fundamentais, o que se espera do Estado não é apenas a realização de atividades-meio, mas o efetivo respeito, proteção e promoção desses direitos.

Assim, se há um dever constitucional de disciplinar determinado tema, há igualmente um dever constitucional de monitorar os resultados

---

no âmbito de cada uma das Casas do Congresso Nacional. - A maioria legislativa não pode frustrar o exercício, pelos grupos minoritários que atuam no Congresso Nacional, do direito público subjetivo que lhes é assegurado pelo art. 58, §3º, da Constituição e que lhes confere a prerrogativa de ver efetivamente instaurada a investigação parlamentar, por período certo, sobre fato determinado. Precedentes: MS 24.847/DF, Rel. Min. CELSO DE MELLO").
Em 24.08.2015 o STF reconheceu repercussão ao recurso extraordinário 865.401 no qual se discute o direito de vereador de obter diretamente do Executivo informações e documentos sobre a gestão municipal (direito negado pelo TJMG sob o entendimento de que apenas a Casa Legislativa como um todo – e, *a fortiori*, a maioria – pode fiscalizar o outro Poder). O Relator, Min. Dias Toffoli, indicou a repercussão geral com a seguinte manifestação: "O acesso à informação, seja ela de interesse particular, coletivo ou geral, a transparência da gestão e das contas públicas, a publicidade dos atos da Administração e a deferência para com o cidadão, manifesta por meio da prestação de contas e da exibição de documentos sempre que solicitadas constituem, e quanto a isso inexiste celeuma, pilares do Estado Democrático de Direito, o que por si só bastaria para justificar a relevância do tema em apreço".

[383] WINTGENS, 2013, posições 685, 688, 694, 695, 698: "Kelsen's thesis on the validity of law now shows its fruitfulness for legisprudence in the following way. The thesis holds that formally valid norms, that is, norms formally validated at the moment of their promulgation, cannot be a priori assumed to be effective, efficacious, or efficient. Since ineffectiveness, inefficacy, or inefficiency can negatively affect a norm's validity, the process of legislation does not stop at the moment of a norm's promulgation. In order to make rational law, the law must made be made rationally throughout the process of legislation. The process of legislation therefore extends to the norm's entire existence and requires keeping track of its effects. (...) Put differently, formally valid norms require constant reconfirmation or validation, and possibly correction, in order to meet a minimal degree of Wirksamkeit for a norm to remain valid".

da norma editada e, eventualmente, de corrigi-la ou ajustá-la ao longo do tempo, a fim de promover o resultado pretendido.[384] Ou seja: o monitoramento e a eventual correção ou ajuste da norma pertinente integram, juntamente com a edição da norma em si, a ação esperada do Estado acerca do tema subjacente à norma. Assim, por exemplo, se há um dever do Estado de legislar sobre determinado aspecto do direito à educação, há igualmente um dever de monitorar e acompanhar os resultados produzidos ou não por essa norma, e de rever seus termos periodicamente, caso os resultados não estejam se produzindo como esperado.

É possível identificar, assim, a possibilidade de uma declaração de inconstitucionalidade por omissão na hipótese de, passado o tempo, não haver monitoramento dos resultados pretendidos pela norma editada e/ou inexistir qualquer iniciativa no sentido de alterar a ação estatal caso se apure que os resultados pretendidos não se verificaram.[385] A declaração de inconstitucionalidade por omissão, como se sabe, embora tenha como efeito principal apenas cientificar os poderes responsáveis por sua omissão, constitui um instrumento jurídico pelo qual o Poder Judiciário interfere em alguma medida na pauta política.

É certo que essa modalidade de eficácia jurídica – a saber: a declaração da inconstitucionalidade por omissão – está muito mais ligada à norma constitucional que imponha a ação estatal relativamente a determinado tema do que propriamente ao devido procedimento na elaboração normativa.[386] De toda sorte, um dos conteúdos mínimos do DPEN envolve justamente a indicação dos resultados pretendidos pela norma, o que poderá conferir maior clareza e controlabilidade aos deveres de monitoramento e revisão dos termos da norma referidos.

---

[384] MENDES, 1993, p. 269: "A metodologia empregada para a obtenção da decisão legislativa estaria incompleta se entendêssemos que a tarefa do legislador se encerra com a edição do ato normativo. Uma planificação mais rigorosa do processo de elaboração legislativa exige um cuidadoso controle das diversas consequências produzidas pelo novo ato normativo. (...) A falta de um efetivo controle de resultados pode ensejar a configuração de inconstitucionalidade por omissão, já que o legislador está obrigado a proceder a permanente atualização e adequação das normas".

[385] CLÈVE, 2000, p. 327: "Como a omissão inconstitucional não se reconduz a conceito naturalístico ('não fazer'), mas a um conceito normativo ('não fazer algo devido'), as ordens constitucionais de legislar e as imposições constitucionais podem ser descumpridas pelo silêncio transgressor ('um não atuar o devido'), mas também pelo agir insuficiente ('um não atuar completamente o devido')".

[386] Essa modalidade de eficácia jurídica se insere no debate mais geral sobre o controle das políticas públicas, que tem sido objeto de exame no país nos últimos anos. Sobre o tema, v. GRINOVER; WATANABE, 2011; VANICE, 2009; APPIO, 2006; FREIRE JÚNIOR, 2005; BARCELLOS, 2005; FRISCHEISEN, 2000; KRELL, 2000; COMPARATO, 1997; BUCCI, 1996; BANDEIRA DE MELLO, 1983.

Um segundo ambiente no qual o devido procedimento na elaboração normativa será particularmente relevante é o do controle de constitucionalidade das normas e atos normativos por violação à razoabilidade e à proporcionalidade. Não se trata de uma novidade e há muitas décadas no Brasil, e em várias partes do mundo, o Judiciário entende exigível, como requisito de validade, que as normas atendam a requisitos mínimos de razoabilidade e de proporcionalidade. Ora, o devido procedimento na elaboração normativa funciona como um incentivo para que aqueles que elaboram normas no âmbito do Estado levem a sério a razoabilidade e a proporcionalidade, na medida em que são obrigados a justificar publicamente a aderência na norma proposta aos requisitos essenciais desses parâmetros de validade.

Nesse sentido, o devido procedimento na elaboração normativa será relevante em múltiplos sentidos no controle de constitucionalidade das normas que venham a ser editadas com fundamento nesses parâmetros. O DPEN explicita as conexões lógicas que foram consideradas por quem propôs a norma, que deverão constar da justificativa, sendo certo que o Poder Judiciário não poderá ignorar tais dados. Com efeito, qualquer exame da razoabilidade ou proporcionalidade de uma norma terá de necessariamente enfrentar as razões e informações que foram apresentadas quando de sua edição, seja para apontar seu equívoco, impertinência ou omissão.

Na realidade, a explicitação contida na justificativa poderá por vezes tornar ainda mais evidente a inconstitucionalidade da norma, na medida em que não faça sentido, ou seja claramente omissa ou imprópria. Em outras hipóteses, porém, a consideração do conteúdo da justificativa apresentada exigirá maior deferência por parte do Poder Judiciário e lhe imporá um ônus argumentativo maior para superar as razões e informações consideradas relevantes pela autoridade responsável pela propositura ou edição do ato normativo.[387] Ou seja: o DPEN não amplia nem restringe o controle de constitucionalidade das leis e atos normativos com fundamento na razoabilidade e na proporcionalidade, ele apenas fornece mais substância aos parâmetros a serem utilizados.

---

[387] OLIVER-LALANA, 2013, posição 4029: "At least in legal systems where an explicit constitutional ban of arbitrariness exists or a general reasonableness principle applies, there seems to be a strong case for extending judicial review to lawmaking argumentation. It would be then possible to challenge the constitutionality of certain legislative choices, for instance, when parliamentarians do not give any reasons for them, as this amounts to lacking justification and hence to arbitrariness; and the scrutiny might be even stronger if courts go into the quality of deliberation and try to for 'soundness', e.g. in forcing MPs to give reasons backed by adequate empirical information".

De outra parte, cabe ao Poder Judiciário ter o cuidado próprio ao examinar o conteúdo da justificativa que acompanha as proposições normativas, particularmente quando ele não tenha sido produzido em um ambiente plural e não tenha sido submetido a qualquer espécie de crítica, como a que poderá ocorrer no âmbito dos procedimentos adicionais do DPEN.[388] Tal justificativa é relevante e deve ser considerada a sério pelo Judiciário, mas não se pode encará-la como um documento com pretensões de neutralidade ou objetividade. Além disso, as informações que se pode obter a partir da justificativa que tenha sido produzida quando da edição da norma não têm o mesmo *status* que a norma e nem superam a interpretação jurídica a partir dos elementos do sistema normativo.[389]

Por fim, como já discutido, a não utilização dos procedimentos adicionais do DPEN é igualmente um dado a ser considerado pelo Poder Judiciário na avaliação da razoabilidade e proporcionalidade da norma. E também será relevante para esse exame levado a cabo pelo Judiciário o conteúdo das manifestações dos interessados e dos especialistas, que por acaso tenham sido produzidas no âmbito dos procedimentos adicionais do DPEN.

Em resumo, a violação do devido procedimento na elaboração normativa desencadeia duas modalidades de eficácia jurídica: a invalidade formal da norma afinal editada com violação a essa exigência procedimental de extração constitucional e a possibilidade de exigir-se acesso ao conteúdo da justificativa que deveria ter sido apresentada. Além disso, o devido procedimento na elaboração normativa será relevante também para o fim de caracterizar a omissão inconstitucional, na hipótese de inexistir monitoramento dos resultados pretendidos pela norma, e no controle de constitucionalidade de leis ou atos normativos com fundamento na sua irrazoabilidade ou desproporcionalidade.

7.3 O que o direito constitucional ao devido procedimento na elaboração normativa não é

Antes de encerrar essa parte sobre a eficácia jurídica do devido procedimento na elaboração normativa, parece importante fazer alguns

---

[388] ISSALYS, 2013, p. 272-274; MUNDAY, 2008. De outra parte, e pelas mesmas razões, a adoção de um procedimento aberto e participativo na elaboração da norma deve conduzir o Judiciário a uma postura de maior deferência como já discutido (CLÈVE; LORENZETTO, 2015).

[389] HOULE, 2008.

registros sobre o que o DPEN não é e não deve ser, do ponto de vista jurídico, sendo certo que algumas dessas observações já foram feitas ao longo do texto e serão aqui apenas recapituladas. No próximo capítulo se vão examinar de forma específica críticas mais gerais ao devido procedimento na elaboração normativa

O devido procedimento na elaboração normativa está diretamente relacionado, como se expôs inicialmente, com um papel que o Direito Constitucional pode desempenhar regulando o funcionamento dos poderes majoritários e fomentando a democracia nesses ambientes. E isso porque um Estado que garanta de forma sustentável e equitativa os direitos depende inevitavelmente de uma democracia que funcione de forma minimamente adequada nos espaços majoritários.

Nesse contexto, portanto, o papel do Poder Judiciário é da maior relevância, mas não será de protagonismo em relação às decisões políticas. Sua atuação em relação ao devido procedimento na elaboração normativa deverá concentrar-se na garantia dos procedimentos. O controle de abusos poderá ser levado a cabo sobre o conteúdo das eventuais normas que sejam editadas. Não se deve equiparar a "abuso", porém, tudo aquilo com o que se discorda.[390]

Nesse contexto, o devido procedimento na elaboração normativa não é uma tentativa de importação, para a atividade normativa estatal, da teoria dos motivos determinantes largamente adotada no país para os atos administrativos. Como é corrente, e de forma simples, a teoria dos motivos determinantes postula que o ato administrativo vincula-se ao motivo declinado pela autoridade para sua prática, de modo que se o motivo revelar-se falso, por exemplo, essa circunstância acarretará a invalidade do ato.[391]

Não se sustenta aqui que haja esse efeito entre a justificativa exigida pelo DPEN e o ato normativo editado. A eventual verificação de falsidade ou incorreção da justificativa poderá ser objeto de crítica e controle no debate político. No âmbito judicial, o controle possível é o da existência da justificativa e não de sua precisão ou consistência. Continuará a existir, como referido, o controle de constitucionalidade do conteúdo da norma ou do ato normativo, inclusive com fundamento nas exigências da razoabilidade e da proporcionalidade, para o que a eventual falsidade de dados constantes da justificativa poderá ou não

---

[390] OLIVER-LALANA, 2013, posição 4057: "For sure, we all wish a better deliberation in parliament, but the challenge is how the judicial review of legislative reasons can be construed in a feasible and democratically harmless manner to encourage it".

[391] DI PIETRO, 2014, p. 220 et seq.

ser relevante.

O devido procedimento na elaboração normativa também não pretende atribuir um peso especial, do ponto de vista jurídico, a considerações técnicas, supostamente neutras, em face de argumentos morais ou valorativos. Como já discutido, as questões técnicas também não são neutras, e as decisões políticas são sempre multifacetadas, sendo certo que o peso que se atribui a vários tipos de argumentos é também, no mais das vezes, uma decisão política. O DPEN pretende apenas que as razões e as informações consideradas relevantes e o peso a elas atribuídos sejam explicitados, e não hierarquizar razões e menos ainda transferir tais avaliações e decisões para o Poder Judiciário.

O devido procedimento na elaboração normativa também não exige ou assume que deva haver uma coerência perfeita do sistema jurídico como um todo. Esse é um ponto delicado, mas importante. A Constituição de 1988, ao ser editada, promoveu uma filtragem constitucional em relação à ordem jurídica anterior, e novos atos serão com ela incompatíveis caso lhe contrariem o conteúdo ou sejam editados em contrariedade com os procedimentos por ela previstos. Ainda assim, e dentro do campo do que é constitucionalmente possível, algum nível de inconsistência no âmbito do sistema jurídico é natural da dinâmica democrática e do pluralismo. Novas premissas são acolhidas pela sociedade e levam à alteração de determinadas normas, mas outras, que talvez logicamente devessem ser igualmente modificadas, permanecem como estão, porque não se formou consenso para sua alteração, ou porque o tema não ingressou na pauta política, e é preciso conviver com essa realidade.[392]

O devido procedimento na elaboração normativa não tem a pretensão de alterar a natureza da sociedade ou da disputa política em uma democracia, que envolve sempre pluralismo, conflito, oposição e as negociações possíveis em cada momento. A contribuição que o Direito Constitucional pode oferecer por meio do devido procedimento na elaboração normativa é mais limitada, mas nem por isso desimportante.

---

[392] MARMOR, 2006, p. 137-138: "The failure of legislative integrity here stems from both practical and principles reasons. Even if the new government wanted to wipe the slate clean and change or repeal all those laws and policies that are inconsistent with its new ones, it would normally fail. (...) First, there is a principle of legal stability and continuity. (...) Second, and more important in the present context, a general recognition that partisan realignment should not involve an attempt to wipe the previous legislative slate clean also stems from a principle of respect for pluralism".

CAPÍTULO VIII

EXAMINANDO ALGUMAS CRÍTICAS AO DIREITO CONSTITUCIONAL AO DEVIDO PROCEDIMENTO NA ELABORAÇÃO NORMATIVA

Neste capítulo se vai apontar e enfrentar algumas das críticas que já podem ser antecipadas ao devido procedimento na elaboração normativa discutido ao longo do texto. Algumas dessas críticas se desenvolveram em outros países relativamente a fenômenos próximos, mas não exatamente equivalentes ao devido procedimento na elaboração normativa. De toda sorte, elas são pertinentes e seu enfrentamento ajuda a esclarecer o sentido e alcance da tese que se sustenta aqui.

8.1 A crítica da inutilidade. Uma resposta

Uma primeira crítica geral que se pode formular ao devido procedimento na elaboração normativa é a de que o esforço do Direito Constitucional de ordenar em alguma medida o debate político, a fim de lhe conferir maior coerência, racionalidade, ou qualquer adjetivo nesse campo semântico de que se queira cogitar, seria, afinal, inútil. Essa inutilidade decorreria de duas ordens de razões distintas, mas relacionadas.

Em primeiro lugar, alguns autores sustentam que a elaboração e discussão de proposições normativas no espaço político envolvem sobretudo conflito e competição. A argumentação nesse ambiente seria, portanto, basicamente estratégica. Os agentes políticos não estão interessados ou comprometidos em explicitar as razões ou informações reais subjacentes a suas proposições, nem em um debate de ideias ou mesmo em convencer racionalmente quem quer que seja. As razões e informações por acaso apresentadas são selecionadas apenas estrategicamente para produzir o resultado desejado em função do público-alvo, e o devido procedimento na elaboração normativa, não teria condições de alterar essa realidade.[393]

Um segundo argumento para a inutilidade do DPEN seria, de forma mais geral, as limitações próprias do Direito na sua pretensão de transformar a realidade ou mesmo de interferir para direcionar de algum modo relevante a realidade política em particular. A realidade política seria extremamente complexa, repleta de relações multicausais. Os recursos jurídicos seriam muito limitados e não teriam condições de interferir nesse ambiente para produzir qualquer tipo de resultado que se pudesse antecipar.

A crítica, como é fácil perceber, não é impertinente, muito ao revés. De fato, a argumentação política é marcada, no mais das vezes, pelo agir estratégico e as relações nesse ambiente são complexas e multifacetadas. Nem por isso, no entanto, o devido procedimento na elaboração normativa seria inútil. Ou seja: as premissas são substancialmente verdadeiras, mas delas não decorre a inutilidade do DPEN.

Quanto ao primeiro ponto, o devido procedimento na elaboração normativa não tem a pretensão de transformar a natureza do debate político, que subitamente passaria a se caracterizar pela sinceridade e pelo esforço colaborativo desinteressado. Entretanto, mesmo em um ambiente de competição e de argumentação estratégica, a exigência de explicitação das razões e informações relacionadas com uma proposição normativa tem um papel importante a desempenhar.

As razões e informações podem até ser falsas ou manipuladas, mas quanto mais absurdas elas forem, mais o agente responsável por sua elaboração e divulgação ficará sujeito à crítica de seus opositores políticos e à exposição pública diante de seus eleitores e apoiadores em geral. Além desse limite do ridículo ou do absurdo que a exposição acaba por impor, a publicidade facilita a crítica dos argumentos

---

[393] FRICKEY; SMITH, 2001, p. 29: "The process of building majorities or supermajorities under conditions of a conflict of interest, generate competition. Competition, in turn, produces strategies that undermine the purposes of deliberation. Legislators may selectively reveal information about their own goals, objective conditions, or their causal reasoning. Legislators may reveal incomplete or misleading information about their own goals, objective conditions, or their causal reasoning. Strategic disclosure muddies the legislative record and greatly complicates the task of applying a legal standard that asks judges to evaluate the quality of that record".

e a contradita de informações manipuladas ou parciais.³⁹⁴ Ou seja: o devido procedimento na elaboração normativa não pressupõe que o debate político seja diferente do que ele é, mas justamente por conta das características desse debate é que o DPEN é tão essencial.

Quanto ao segundo ponto, é verdade é que o Direito não é um recurso ilimitado ou mágico e sua capacidade de transformar a realidade é condicionada por múltiplas variáveis sobre as quais frequentemente a norma jurídica não tem qualquer controle. Ainda assim, o Direito tem alguma capacidade de estimular e desestimular condutas, de criar incentivos e desincentivos, e não é diferente na esfera política.³⁹⁵ O Direito não tem, nem deve ter, a pretensão de resolver todos os problemas, suas previsões não produzirão efeitos rápidos e ele certamente não será a panaceia para os desafios da democracia contemporânea. Mas é preciso ter humildade para tentar desenvolver o potencial dos recursos jurídicos mesmo quando eles sejam limitados: sem ambições impróprias, mas da melhor forma possível.

Até porque, se é certo que a realidade política é complexa e multicausal, é igualmente certo que um dos elementos dessas múltiplas relações multicausais é o conjunto de normas jurídicas que regula as atividades nesse ambiente. O devido procedimento na elaboração normativa não garante resultados, como se já discutiu em vários pontos. O DPEN cria um procedimento que, para além de constituir um direito fundamental, fornece um estímulo ao sistema político. Esse estímulo poderá, ao longo do tempo, contribuir para o processo histórico de aprendizagem social da democracia.³⁹⁶

8.2 A crítica do prejuízo à lógica política própria do Legislativo. Uma resposta

Uma segunda crítica ao devido procedimento na elaboração normativa se dirige de forma específica a sua aplicação no âmbito da

---

³⁹⁴ VERMEULE; GARRETT, 2001, p. 1291: "The last point emphasizes the civilizing force of hypocrisy. The need to articulate public-regarding rationales requires participants to move away from positions too obviously tailored to their self-interest, and partially commits them to maintain prior positions even in changed circumstances. Norms governing deliberation thus modify actions and outcomes as well as speech". Sobre os mecanismos pelos quais o discurso de justificação de conduta das pessoas é alterado a fim de não serem percebidas como excessivamente autointeressadas, por exemplo, v. ELSTER, 1999a, p. 332-402.
³⁹⁵ VIEIRA, 2004, p. 195-196.
³⁹⁶ OLIVEIRA, 2006.

elaboração legislativa que tem lugar nos parlamentos, no caso brasileiro no Congresso Nacional, Assembleias Legislativas e Câmaras de Vereadores. A crítica, em suma, é a de que o DPEN seria incompatível e, a rigor, prejudicial à lógica política própria de funcionamento das Casas Legislativas e isso por duas razões.[397]

Em primeiro lugar, a formação da vontade no âmbito do Legislativo é coletiva, não se podendo falar ou identificar um conjunto de razões ou mesmo de informações único ou unitário. Existem diversas comissões, comitês, grupos de trabalho que geram e discutem múltiplos documentos e fundamentações para uma mesma proposição normativa. Ou seja: as razões e informações subjacentes a uma proposta de norma são múltiplas e têm várias origens. Além disso, as Casas Legislativas se instruem, obtêm informações, trocam e debatem argumentos entre si e com os setores interessados da sociedade não apenas nas ocasiões formais das audiências públicas, ou por meio de documentos escritos, mas nos mais variados ambientes e encontros informais, e por meio de múltiplas fontes de informação que lhes chegam ao conhecimento.[398]

Assim, a tentativa de estruturar e reduzir toda essa dinâmica e esse conjunto de razões e informações a uma justificativa escrita a cargo de quem propõe a norma, como pretenderia o devido procedimento na elaboração normativa, seria simplesmente incompatível com a lógica própria que orienta os trabalhos do Poder Legislativo.

O argumento é sem dúvida relevante. Porém, do ponto de vista democrático, o que se acaba de expor talvez levasse à conclusão de que cada agente público que participa da decisão que resulta em uma norma deveria justificar seu voto publicamente. Ou seja: cada parlamentar ou membro de comissão ou colegiado em qualquer dos outros Poderes que aprova um ato normativo deveria fazer uma declaração expondo as razões pelas quais votou em determinado sentido.

---

[397] Para uma crítica bastante abrangente sob essa perspectiva no contexto da realidade norte-americana, v. BRYANT; SIMEONE, 2001.

[398] FRICKEY; SMITH, 2001, p. 30: "Our critique of the Court's approach in the federalism cases has been largely descriptive: the judicially imposed procedural lawmaking obligations are simply inconsistent with any sophisticated understanding of congressional processes". Os autores examinam decisões da Suprema Corte americana (*Federalism cases*) nas quais leis federais que interferiam em competências estaduais foram declaradas inválidas (por exemplo, o caso Board of Trustees v. Garrett - 121 S. Ct. 955, 2001). De forma geral, o argumento da Suprema Corte baseou-se no exame dos trabalhos legislativos (*legislative record*), concluindo que as evidências apuradas pelo Congresso não conferiam competência à União para tratar dos temas em detrimento da competência estadual. A visão dos autores é crítica da jurisprudência da Suprema Corte por várias razões, uma das quais a dinâmica própria da formação de decisões dentro do parlamento.

Como já se esclareceu, não é essa a proposta que se apresenta como conteúdo mínimo do devido procedimento na elaboração normativa, porque justamente diante da multiplicidade de razões, informações, argumentos e debates isso seria pouco viável.

O devido procedimento na elaboração normativa não pretende estruturar ou simplificar de forma artificial a dinâmica interna dos Legislativos, que continuará a se desenvolver como sempre. E é muito possível que a justificativa exigida pelo DPEN frequentemente não seja capaz de retratar de forma adequada toda a riqueza dos debates e informações que são produzidos no âmbito da Casa Legislativa. Essa limitação, porém, não significa que nada desse universo possa ser objeto de uma justificativa pública disponível para a sociedade.

Veja-se bem. Entre um mecanismo ideal de registrar e tornar públicos os debates parlamentares – que não existe – e nenhum mecanismo, existem possibilidades intermediárias das quais o Direito pode se valer. O devido procedimento na elaboração normativa, sobretudo em sua incidência sobre a atividade legislativa, é, sem dúvida, um mecanismo limitado pelo qual apenas uma parcela do que acontece no âmbito dessas Casas será levada ao conhecimento dos cidadãos. Entretanto, trata-se de uma exigência mínima absolutamente elementar para o funcionamento da democracia que ao menos quem propõe a norma (ou propõe alterações a ela) apresente a justificativa correspondente, e não todos aqueles que participam da deliberação acerca dela.

Dito de outra forma, a justificativa apresentada por quem propõe a norma funciona como um indicador *proxy* das principais razões e informações consideradas quando de sua elaboração e, caso a proposição seja afinal aprovada, consideradas também, em tese, pela maioria. Além disso, o devido procedimento na elaboração normativa como sugerido aqui não agrega ônus particularmente pesados aos agentes políticos: quem propuser a norma terá feito o levantamento das informações e terá refletido sobre as razões que deverão constar da justificativa a ser apresentada, ou deverá tê-lo feito.

Esse mecanismo poderá ser enriquecido, como se viu, por meio dos mecanismos adicionais do procedimento na elaboração normativa, na medida em que outros grupos, inclusive parlamentares, poderão apresentar suas próprias razões e as informações que considerem relevantes. Ou seja: quem quer que seja contra a proposição por qualquer fundamento, ou mesmo seja a favor por razões diversas, terá a oportunidade de se manifestar e todas essas manifestações receberão a mesma publicidade destinada à justificativa original apresentada com a proposição normativa.

A crítica da incompatibilidade do DPEN com a lógica de funcionamento do Poder Legislativo tem ainda um segundo fundamento que pode ser descrito nos seguintes termos. Os Legislativos devem dialogar com a população e não com o Judiciário ou com especialistas. Ocorre que as espécies de razões que mobilizam a população em torno de um tema seriam diversas daquelas que impressionam os Tribunais ou *experts*. O público é atraído e mobilizado por casos reais, histórias pessoais e dramas que se comuniquem com a sua realidade concreta do dia a dia e com as suas experiências, ao passo que o Judiciário e os especialistas se impressionam com argumentos sistêmicos e estruturais, estatísticas e abordagens mais complexas, de pouco impacto para a população em geral.[399] Em outras palavras, o devido procedimento na elaboração normativa imporia ao Legislativo a utilização de uma linguagem e de uma abordagem que não seriam as mais adequadas para a comunicação e interação com o público em geral.

Não se vai discutir aqui de forma específica o tema fascinante e complexo de como as diferentes pessoas, individual ou coletivamente consideradas, absorvem e processam informações e argumentos e como são ou não convencidas por eles. Também não se vai abordar aqui o tema, correlato e essencial, dos limites éticos e lógicos da argumentação em geral e da argumentação política nesse contexto. Para os fins deste estudo, algumas respostas parecem suficientes para lidar com a crítica que se acaba de resumir.

Em primeiro lugar, o devido procedimento na elaboração normativa não sugere ou indica qualquer tipo de razão como preferencial e nem estabelece como destinatário primário da justificativa a ser elaborada o Poder Judiciário ou especialistas no tema subjacente à norma. Na realidade, o público primário da justificativa haverá de ser a população como um todo, cabendo a quem propõe a norma escolher e incluir nela a argumentação que considera mais pertinente e convincente. Tanto é assim que, como já discutido, não cabe ao Judiciário fazer um controle de mérito em relação ao conteúdo da justificativa, mas apenas verificar a sua apresentação e disponibilidade, e nem mesmo se cogita, como também abordado, de filtros materiais acerca das razões que podem ser veiculadas nessa justificativa. O foco, como já se destacou, é procedimental e eventual controle de mérito será realizado já em face da norma editada, e não propriamente da justificativa apresentada.

De todo modo, a justificativa produzida no âmbito do DPEN não é o único mecanismo de comunicação do Parlamento com o público.

---

[399] BRYANT; SIMEONE, 2001, p. 388 et seq.

Os parlamentares se comunicam cotidianamente com o público por meio de pronunciamentos nos mecanismos de comunicação tradicionais, nas mídias sociais, bem como de todo tipo de publicidade válida. Múltiplas abordagens podem ser utilizadas como lhes parecer mais conveniente e, a rigor, nada impede que também a justificativa exigida pelo DPEN traga a narrativa de casos concretos e dramas humanos, por exemplo.

É certo, porém, que a liberdade decisória do Parlamento e dos agentes políticos encontra limites na Constituição e, nesse sentido, ainda que indiretamente, a liberdade argumentativa também receberá algum impacto desses limites. Esses limites não foram criados nem decorrem propriamente do devido procedimento na elaboração normativa, mas do sistema constitucional como um todo. Assim, se determinados argumentos, mesmo que impactantes ou sedutores para o público, derem origem a uma norma cujo conteúdo seja desproporcional ou incompatível com a Constituição sob qualquer outro fundamento, os parlamentares podem sempre valer-se deles, mas a invalidade da norma poderá ser declarada pelo Judiciário.

Nesse contexto, aliás, é que se coloca a exigência de que a justificativa apresente não apenas razões, mas também informações, por exemplo, sobre o problema a ser enfrentado pela norma. Como já se discutiu, algum nível de informação sobre o problema acerca do qual se pretende editar uma norma é uma exigência constitucional elementar que decorre tanto da centralidade dos direitos fundamentais quanto dos princípios de funcionamento do Estado eleitos pela Constituição de 1988. Assim, independentemente da avaliação que os agentes públicos possam ter sobre o impacto persuasivo de apresentar ou não informações, *e.g.*, sobre o problema que a norma pretende enfrentar, trata-se de uma exigência que decorre da Constituição e, portanto, deve constar da justificativa como um conteúdo mínimo do devido procedimento na elaboração normativa.

O mesmo se diga de eventuais questões técnicas e científicas. Embora a justificativa inerente ao DPEN não se destine a *experts*, uma pressuposição técnica que possa ser considerada realmente equivocada, e que seja central para a lógica da norma editada, não se transforma em correta pelo fato de receber aceitação popular. A história traz tristes exemplos de normas editadas a partir de apelos xenófobos, por exemplo, que se baseavam em supostas relações de causa e efeito que eram simplesmente incorretas do ponto de vista científico.[400]

---

[400] Sobre o tema, v. ROMERO-BOSH, 2008; SCHEIBER, 1981.

Ou seja: o devido procedimento na elaboração normativa não afeta a liberdade argumentativa dos agentes públicos, sendo certo que todos os órgãos e entidades públicas – aí incluído o Poder Judiciário – exercem poder político em última análise e precisam se comunicar em alguma medida com o público. O devido procedimento na elaboração normativa, ademais, não postula um controle do conteúdo das justificativas das proposições normativas discutidas pelo Legislativo. Há, entretanto, limites que decorrem do sistema constitucional (e não propriamente do devido procedimento na elaboração normativa) à liberdade decisória das maiorias, de modo que o conteúdo da norma afinal aprovada sempre poderá ser controlado a partir dos parâmetros constitucionais.

8.3 A crítica do agigantamento do papel do Judiciário. Uma resposta

Uma terceira crítica ao devido procedimento na elaboração normativa é a de que ele acabaria por ampliar ainda mais os poderes atribuídos ao Poder Judiciário e contrair o espaço do Poder Executivo e, sobretudo, do Poder Legislativo. Isso porque o Judiciário acabaria por tratar o Poder Legislativo como uma mera agência da Administração Pública, impondo procedimentos e controlando de forma rígida o mérito das decisões, em detrimento do debate político e da margem de apreciação própria do Legislativo em uma democracia plural.[401] O risco apontado pela crítica referida não é desprezível, tendo em conta a realidade brasileira na qual, de fato, por variadas razões, o nível de interferência do Poder Judiciário na dinâmica dos demais Poderes, inclusive do Legislativo, tem crescido de forma significativa.[402]

É verdade que o devido procedimento na elaboração normativa amplia a possibilidade de interferência do Poder Judiciário na rotina dos demais Poderes, e do Legislativo em particular, na medida em que se poderá exigir o respeito ao procedimento inerente ao DPEN, a saber: a justificativa que deve acompanhar as proposições normativas abordando os conteúdos mínimos já discutidos. Nesse sentido, caso a autoridade preferisse não apresentar qualquer justificativa para sua proposta de norma, de fato o devido procedimento na elaboração normativa limitaria sua liberdade nesse particular. O que se sustentou

---

[401] BRYANT; SIMEONE, 2001.
[402] V. BARROSO, 2012b; 2013; VIEIRA, 2008a.

ao longo do estudo, porém, é que o sistema constitucional não admite essa suposta liberdade: muito ao revés, existe efetivamente um dever de justificar publicamente a proposta de normas. Ou seja: na verdade, a margem de apreciação e de liberdade de conformação próprias ao Legislativo não inclui a possibilidade de não justificar as proposições normativas que sejam apresentadas. Não há necessidade de discutir aqui se a circunstância de essa possibilidade estar excluída da margem de apreciação do Legislativo descaracterizaria o DPEN como uma restrição à liberdade do Legislador, se se trataria de um limite interno ou externo.[403] Parece mais simples e direto afirmar apenas que o DPEN de fato restringe a liberdade do Legislador, que poderia preferir não justificar suas proposições, o que, porém, não é admitido pelo sistema constitucional.

O devido procedimento na elaboração normativa, porém, não sugere, bem ao contrário, uma ampliação do controle pelo Poder Judiciário sobre o conteúdo das decisões tomadas pelo Poder Legislativo ou por qualquer outro órgão ou entidade estatal. Como se discutiu ao longo do texto, o objetivo do DPEN é fomentar a produção de razões e informações dirigidas ao espaço público e nesse espaço é que se desenvolverá a crítica, a oposição, o debate propriamente dito. Não cabe ao Judiciário pretender ocupar o espaço da sociedade e do debate plural em uma democracia para impor a sua visão política acerca de determinada questão. O que o devido procedimento na elaboração normativa propõe, como reiteradamente debatido, é um controle de natureza procedimental da elaboração normativa, e não das razões e informações apresentadas, e nem uma ampliação do controle já existente sobre o conteúdo das opções políticas formuladas por quem tenha competência para tomar tais decisões.

A rigor, o devido procedimento na elaboração normativa poderá mesmo conduzir a uma maior deferência do Poder Judiciário em relação às decisões dos outros Poderes, sobretudo ao se valer dos parâmetros da razoabilidade e da proporcionalidade para aferir a constitucionalidade das normas. E isso porque, o debate judicial sobre a validade da norma já não se travará apenas com base nos argumentos eventualmente postos nos autos, ou naqueles selecionados pelos magistrados como dignos de exame. As razões e informações subjacentes às decisões tomadas por outras instâncias estatais constantes da justificativa terão de ser enfrentadas. Questões por vezes complexas e multicausalidades,

---

[403] SILVA, 2009.

frequentemente ignoradas pelo Judiciário, terão de ser incluídas no debate judicial e não poderão ser evitadas. Ou seja: a atividade judicial de controle dos atos dos demais Poderes poderá ganhar em balizamento e profundidade, o que poderá promover maior deferência ou, ao menos, decisões judiciais mais consistentes e fundamentadas.[404]

8.4 A crítica de um novo originalismo. Uma resposta

Uma quarta crítica evoca a concepção originalista de interpretação da Constituição oriunda da experiência norte-americana,[405] para sugerir que o devido procedimento na elaboração normativa conduziria a uma vinculação do Judiciário aos materiais legislativos e à intenção do legislador, em detrimento dos demais elementos tradicionais de interpretação jurídica. Na realidade, a crítica pressupõe uma compreensão equivocada do que seja o devido procedimento na elaboração normativa.

O devido procedimento na elaboração normativa não é um parâmetro específico de interpretação jurídica. Trata-se de um dever constitucional imposto a quem propõe ou edita normas de elaborar, e tornar pública, justificativa abordando os conteúdos mínimos discutidos no capítulo VI deste estudo. O direito constitucional ao devido processo na elaboração legislativa envolve, como se viu, o controle procedimental da produção normativa. A interpretação das normas afinal elaboradas é fenômeno diverso que continuará a valer-se dos elementos tradicionalmente consagrados pela teoria do direito.

Com efeito, os elementos tradicionais que conduzem a atividade jurisdicional eram, e continuam a ser, os elementos semântico, histórico, sistemático e teleológico de interpretação.[406] Como se sabe, a decisão judicial deve se reportar a um texto normativo compreendido no sistema no qual se insere, tendo a Constituição em seu cimo hierárquico. O intérprete submete-se ainda à finalidade pretendida pela norma, não

---

[404] OLIVER-LALANA, Daniel, 2013, posição 4006: "On the one hand, the rise of constitutionalism has led to a so remarkable growth of judicial powers that the conflict between juristocracy and democracy has become entrenched in contemporary legal systems. The quality of lawmaking debates must play some part in this struggle, supporting either one or another side – or ameliorating the tension in between. With respect to the general, academic disputes on institutional design, the rationale for judicial review would be weakened if it could be demonstrated that a sound argumentation underlies legislation and parliamentarians succeed in providing a justification of their".
[405] WHITTINGTON, 1999.
[406] BARROSO, 2009-a, p. 124 et seq.; LARENZ, 1969, p. 450 et seq.

necessariamente pelo legislador, embora o elemento histórico possa ser útil para a compreensão desse propósito.[407] Paralelamente a esses elementos tradicionais, aplicáveis à interpretação de qualquer norma, há ainda os elementos de interpretação propriamente constitucionais, que também direcionam a ação do intérprete, a saber: a supremacia constitucional, já referida, a unidade da Constituição, a presunção de constitucionalidade dos atos do Poder Público (que poderá ensejar o uso da técnica da interpretação conforme) a razoabilidade e a proporcionalidade, também já mencionadas neste estudo.[408]

Ora, caso a norma seja aprovada, o eventual conteúdo da justificativa apresentada quando ela foi proposta bem como outros materiais que tenham sido produzidos, por exemplo, nos procedimentos adicionais do devido procedimento na elaboração normativa, integrarão o elemento histórico mencionado. O elemento histórico é uma fonte importante de informação para o intérprete e não poderá ser ignorado, mas seu conteúdo não o vincula de forma específica, nem tem o condão de superar por si outros elementos de interpretação.

Em primeiro lugar, e como já referido, o conteúdo da justificativa, a despeito de sua importância, não está infenso a críticas. Trata-se de um documento elaborado em um contexto político, para atingir fins políticos e é nesse sentido que ele deve ser compreendido, mais ainda quando não haja qualquer material crítico à disposição produzido quando da elaboração da norma. Em segundo lugar, o conteúdo da justificativa terá apenas o efeito que lhe é possível: justificar politicamente a norma proposta. O Judiciário deverá atribuir o peso adequado à justificativa e à norma aprovada no contexto do seu exame, como uma manifestação da preferência política da maioria em uma democracia plural. E, como se viu, quanto maior o debate em torno da norma, maior haverá de ser a consideração atribuída pelos magistrados a tal decisão das instâncias majoritárias. Esse elemento histórico, porém, como sempre acontece, será considerado em conjunto com os demais elementos de interpretação e, particularmente, com o sistema constitucional.

---

[407] Na expressão de Engisch, a compreensão histórica de uma lei começa "com o sentido factualmente mentalizado e querido, põe seguidamente a claro as conexões históricas mais próximas, descobre os 'motivos', interroga os pontos de vista dos seus autores e, finalmente, investiga todo o subsolo das raízes históricas e a atmosfera espiritual em que a lei se desenvolveu e formou". V. ENGISCH, 1983, p. 169.
[408] BARROSO, 2009a.

8.5 A crítica do possível uso conservador. Uma resposta

Uma última crítica possível ao direito constitucional ao devido procedimento na elaboração normativa, já antecipada em alguns pontos do texto, é a de que ele teria ou poderia ter um efeito conservador servindo como argumento para obstaculizar a promoção dos direitos, sobretudo dos direitos sociais, que no mais das vezes demandam políticas públicas e o investimento de recursos públicos para sua realização.

Na realidade, essa é uma crítica que foi tradicionalmente dirigida aos RIA (*Regulatory Impact Assessment*), na medida em que frequentemente as questões examinadas por esses relatórios de impacto envolviam apenas o tema dos custos e da eficiência econômica da medida, sem outras considerações.[409]

Paralelamente, uma vez que os orçamentos dos países estão, no mais das vezes, comprometidos com todo tipo de despesa, a discussão sobre os custos para a promoção dos direitos – e a provável ausência de dinheiro para arcar com esses custos – poderia servir de argumento de bloqueio para a aprovação de políticas que visem a sua proteção ou promoção, impedindo a realização progressiva dos direitos em geral, e dos direitos sociais em particular. Assim, do ponto de vista estratégico, como já mencionado, seria melhor aprovar a norma que veicula a política de promoção dos direitos independentemente do debate sobre os custos. Na sequência, a própria norma aprovada seria um instrumento importante na disputa política de obter os recursos necessários para sua implementação, disputa essa que poderia contar inclusive com o apoio do Judiciário, já que se trataria da execução da legislação em vigor.

A crítica é pertinente e merece exame e consideração em suas duas perspectivas. Em primeiro lugar, na medida em que os relatórios de avaliação de impacto se tornam mais detalhados, eles estarão inevitavelmente refletindo determinada concepção político-econômica do que é mais importante e do que deve ser considerado, como já se registrou. A doutrina especializada destaca que os documentos produzidos pela OCDE sobre o tema, por exemplo, consagravam uma concepção liberal, a saber: Estado mínimo ou subsidiário, eficiência econômica e competição como objetivos políticos fundamentais.[410] Durante certo tempo, portanto, os RIA foram (e talvez continuem a ser em alguns lugares) um instrumento de realização de uma determinada concepção político-econômica.

---

[409] ISSALYS, 2013.
[410] FLUECKIGER, 2010; ISSALYS, 2013.

Dois comentários, porém, devem ser feitos nesse ponto. O DPEN, como já se registrou, não se confunde com a legística e seus esforços para a melhoria da legislação, ou, de forma específica, com os relatórios de avaliação de impacto (RIA). O conteúdo mínimo do DPEN envolve apenas três questões básicas: qual o problema que a norma pretende enfrentar, quais os resultados pretendidos pela norma e quais os custos e impactos da norma. Não há dúvida de que o eventual detalhamento dessas três questões sob a forma de relatórios de impacto, caso venha a ocorrer, poderá priorizar determinados temas em detrimento de outros. Mas do mesmo modo que as questões listadas nos RIAs em determinado momento priorizaram a eficiência econômica, nada impede que esse mesmo instrumento seja utilizado para priorizar, por exemplo, a promoção dos direitos. O eventual efeito conservador do instrumental não está no instrumento em si, mas no seu uso.[411]

Vários países europeus, por exemplo, introduziram na sua avaliação de impacto não apenas as repercussões financeiras de uma norma em discussão, mas também os impactos que a norma poderia ter, por exemplo, sobre a saúde pública, sobre o desenvolvimento regional, sobre a distribuição ou concentração de riquezas ou sobre a igualdade de gênero, dentre outros aspectos.[412] É apenas natural que esse instrumental seja apropriado para a realização de fins políticos, fins esses que serão decididos pela maioria no ambiente democrático. Não existe neutralidade ou objetividade no mundo dos homens, e menos ainda no espaço público. O objetivo do DPEN é mais limitado e não é incompatível com o que se acaba de afirmar. O direito constitucional ao devido procedimento na elaboração normativa exige apenas que justificativas sejam apresentadas publicamente quando da proposta ou edição de atos normativos abordando aqueles três conteúdos mínimos. Como cada maioria irá desenvolver a realização desse dever, e como a sociedade reagirá a tais escolhas, faz parte da dinâmica democrática.

---

[411] O uso ideológico desse instrumental foi observado por Atienza, mas naturalmente não o desqualifica. V. ATIENZA, 1989, p. 387: "Y el tercer objetivo era el de evitar un uso ideológico, una sobrevaloración de la teoría y de la técnica de la legislación, que lleve no ya a la solución de problemas, sino a su enmascaramiento. El riesgo de dicha utilización ideológica deriva sobre todo, en mi opinión, de que este tipo de estudios son una consecuencia directa de la crisis del Estado del bienestar, en una de sus facetas: la crisis de la legislación; cabría decir incluso que la técnica legislativa surge de la necesidad de dar una respuesta práctica a la crisis, y la teoría de la legislación de la necesidad de encontrar una explicación del fenómeno".

[412] ISSALYS, 2013, p. 254.

Em resumo, a crítica resumida se dirigiu, historicamente, ao uso conservador dos RIA (*Regulatory Impact Assessment*). Ao longo do tempo essa realidade se alterou em boa medida e muitos países (re)construíram esses instrumentos de modo a fomentar a promoção de direitos, a redução das desigualdades e a proteção do meio ambiente. O devido procedimento na elaboração normativa não se confunde com o RIA, mas é certo que o eventual detalhamento e abordagem que se venha a dar aos conteúdos mínimos do devido procedimento na elaboração normativa também poderá prestigiar, em cada caso, e mais ou menos, diferentes concepções políticas.

Cabe agora examinar a crítica sob a perspectiva dos custos propriamente ditos, o que já foi em parte feito quando se discutiu o conteúdo mínimo do DPEN. Ainda que os eventuais relatórios de avaliação de impacto desenvolvidos possam incluir outros aspectos das políticas, e focalizar na realização dos direitos ou dimensões qualitativas das normas a serem elaboradas, é certo que um dos custos que deverá ser considerado inevitavelmente é o custo financeiro. Na linha da crítica resumida, isso poderia ser, do ponto de vista estratégico, deletério para a promoção dos direitos, devendo por isso ser evitado.

A ideia que parece subjacente ao raciocínio é de que, eventualmente, será possível conseguir apoio político para aprovar uma lei que trate de direitos, mas não o suficiente para sua efetiva execução. Haveria, assim, ao menos dois momentos de disputas políticas em torno de direitos: o momento de sua afirmação normativa e um segundo momento de sua efetiva realização. Daí porque, muitas vezes, uma lei é aprovada, mas sua execução não acontece. De toda sorte, a existência da lei poderia vir a ser um argumento político importante nesse segundo momento a fim de se conseguir arregimentar apoio para as providências necessárias à efetiva execução da norma.[413]

Algumas considerações parecem importantes nesse contexto. Em primeiro lugar, se o raciocínio exposto é plausível, do ponto de vista de estratégia política, também é plausível o uso conservador e puramente simbólico da própria lei. A lei é aprovada, como se esse ato em si já promovesse o respeito, a proteção e promoção dos direitos, as demandas sociais parecem ter sido atendidas e as forças políticas são desmobilizadas. Como já referido, porém, a efetiva promoção dos direitos fundamentais depende, como regra, da efetiva execução da

---

[413] GAURI; BRINKS, 2008, p. 6.

norma no mundo real, e não apenas de sua existência. A lei, ou de forma mais geral a norma, é um ponto de partida, não de chegada, mas poderá tanto ser um passo no caminho quanto um obstáculo a que ele seja realmente percorrido.

É certo que a existência da lei poderá sempre desencadear o recurso ao Poder Judiciário como mecanismo de coação para garantir sua execução. Entretanto, como já se discutiu no início deste estudo, a capacidade do Judiciário de garantir a real execução da norma é limitada, sobretudo quando se cogita de uma execução em caráter geral e que beneficie de forma específica, e prioritária, os mais necessitados. Além disso, mesmo em caráter pontual, providências um pouco mais complexas, que envolvam atos variados dos demais Poderes, mesmo quando determinadas por decisões judiciais, acabam por depender substancialmente da colaboração dessas outras instâncias estatais. O ponto já foi discutido no capítulo II e não há necessidade de retomar o assunto.

De toda sorte, o que se propõe no âmbito do DPEN é uma avaliação dos custos e não propriamente da alocação específica de recursos para lidar com esse custo como um todo no momento da elaboração da norma. Até porque, como se discutiu ao tratar especificamente do ponto, os custos se apresentam ao longo do tempo, e não de imediato. As receitas, por seu turno, além de ser uma realidade dinâmica ao longo do tempo, decorrem de variadas decisões políticas que podem ser alteradas: custos atuais podem ser eliminados, a arrecadação pode ser alterada, fundos outros (externos) podem ser obtidos. O ponto foi examinado de forma mais detalhada quando se tratou do terceiro conteúdo mínimo do DPEN.

Por outro lado, do ponto de vista democrático, a tentativa de omitir questões relevantes de uma proposição normativa – como seus eventuais custos – no esforço de obter vantagens estratégicas é, no mínimo, incompatível com os deveres de prestação de contas já discutidos neste estudo e que vinculam os agentes públicos que pretendam apresentar proposições normativas. Ademais, parece inteiramente ilusório imaginar que os eventuais opositores de projetos de respeito, proteção e promoção dos direitos não irão invocar a questão dos custos no debate político simplesmente pelo fato de a justificativa original não cuidar do tema. Esse, aliás, é um ponto importante que já foi abordado e que vale retomar.

O esforço pela promoção dos direitos fundamentais não pode simplesmente fingir que a questão dos custos não existe no esforço de tentar evitar esse debate.[414] Ao contrário, é preciso enfrentá-lo de forma clara e criativa. É certo que as informações sobre os custos de uma proposição normativa podem ser utilizadas retoricamente contra sua aprovação, sob o argumento singelo da inviabilidade financeira para sua realização, por exemplo. Mas essas mesmas informações podem desencadear outras discussões, fundamentais para a democracia, acerca da definição de prioridades para a atuação do Estado, de providências que precisem ser tomadas para que haja recursos em face da fundamentalidade dos direitos em discussão, etc.[415] Ou seja: as informações sobre os custos não são um trunfo conservador, mas um dado que pode e deve ser abordado sob diferentes perspectivas.

---

[414] Para diferente perspectivas sobre o tema, GALDINO, 2005; AMARAL, 2001; SUNSTEIN; HOLMES, 1999.
[415] BILCHITZ, 2007, p. 227-235.

CAPÍTULO IX

UM PROBLEMA PARALELO AO DPEN: UMA REFLEXÃO PRELIMINAR SOBRE AS PRERROGATIVAS DAS MINORIAS PARLAMENTARES EM UMA DEMOCRACIA E AS QUESTÕES *INTERNA CORPORIS*

O devido procedimento na elaboração normativa (DPEN) é uma proposta que se insere no contexto da atividade normativa do Estado e é certo que muitos outros problemas e desafios jurídicos se apresentam em ambientes nos quais essa atividade é levada a cabo. É preciso reconhecer que alguns desses problemas têm um impacto direto sobre uma das premissas lógicas do DPEN em relação ao funcionamento das Casas Legislativas e do processo legislativo em particular, de modo que cabe apresentar aqui uma reflexão preliminar sobre deles.

Como discutido nos capítulos anteriores, o funcionamento do DPEN depende logicamente da atuação da minoria, que faz oposição ao bloco governista formado pelo Executivo e pela maioria parlamentar no presidencialismo de coalisão brasileiro. E isso porque a elaboração de normas no âmbito do Executivo e do Legislativo é, em geral, controlada pela maioria política, de modo que dificilmente se poderá esperar, embora seja possível que integrantes da própria maioria suscitem críticas acerca das proposições em discussão e das justificativas que as tenham acompanhado.

Como visto, a proposta do DPEN é fomentar a produção de razões e informações sobre as proposições normativas para, assim, permitir e ampliar o debate, a crítica e o controle social e político do que se pretenda transformar em norma no âmbito do Estado. Mas a pergunta é: quem terá interesse direto em criticar as informações e razões apresentadas e levar a cabo algum tipo de controle da atividade da maioria? A resposta parece simples do ponto de vista da dinâmica política: em primeiro lugar, a minoria parlamentar. Simultaneamente, será também relevante a mobilização de organizações privadas e setores da sociedade de forma mais ampla que tenham interesse na discussão em torno de determinado tema, e até mesmo de determinados órgãos ou entidades públicos (Tribunais de Contas, Ministério Público, etc.).

Nesse contexto, é indispensável que no âmbito do processo legislativo a minoria parlamentar, e também esses outros agentes sociais, tenham acesso às razões e informações apresentadas e, sobretudo, tenham efetiva oportunidade de veicular sua crítica e contraponto às proposições normativas em tramitação, de modo a terem condições de influenciar o debate e, em alguma medida, a tomada de decisão final por parte da Casa Legislativa. Essa oportunidade é uma das prerrogativas mais elementares da minoria parlamentar em uma democracia e envolve, no mínimo, algum tempo e ocasião formal de se manifestar e apresentar suas críticas. Veja-se: a questão central é apenas a *oportunidade* de apresentação das críticas e questionamentos, mesmo que eles venham a ser superados pela manifestação posterior da maioria.

Como discutido no item 5.4.1., a Constituição de 1988 prevê expressamente que as competências normativas das Casas Legislativas envolvem *discutir* e votar os temas que lhe são submetidos, além de dispor de forma detalhada sobre as comissões no âmbito das quais parte importante dessa discussão deverá acontecer. Como se sabe, porém, e é natural que seja assim, boa parte das regras que organizam o processo legislativo encontram-se nos regimentos internos das Casas Legislativas e não na Constituição. Do ponto de vista operacional, portanto, a efetiva oportunidade da minoria de exercer algum controle sobre a atuação majoritária dependerá de normas regimentais que a assegurem e, mais que isso, dependerá de tais normas serem efetivamente respeitadas pela maioria parlamentar.

Neste ponto, porém, surgem alguns problemas. O primeiro deles é que nem sempre as Casas Legislativas – frequentemente por seus Presidentes ou por decisão dos Líderes da maioria – observam o que os regimentos internos preveem. E não é incomum, bem ao contrário, que esse desrespeito às normas regimentais, ou a adoção de práticas não previstas no regimento, impeçam a minoria de ter qualquer oportunidade de crítica das proposições em exame. Dois exemplos ilustram o que se afirma.[416]

---

[416] Para um exame sistemático do tema, vale conferir ESTEVES, 2018.

Nos termos dos regimentos internos tanto da Câmara dos Deputados quanto do Senado Federal compete ao Presidente elaborar a "pauta" de votações e a "Ordem do Dia", devendo consultar-se com o colégio de Líderes e observar as preferências previstas também nos regimentos. Isto é: cabe ao Presidente definir o que será objeto de discussão e votação pelo Plenário e quando isso acontecerá.

O regimento da Câmara dos Deputados, por exemplo, prevê (art. 17, I, s e t) que a agenda a ser elaborada pelo Presidente deve ser distribuída aos parlamentares e ter a "previsão das proposições a serem apreciadas no mês subsequente". A Ordem do Dia, de cada dia, por seu turno, deveria observar essa agenda mensal, "ressalvadas as alterações permitidas" pelo regimento.[417] No âmbito do Senado Federal, não há previsão de uma agenda a ser divulgada com antecedência, mas apenas a exigência de que as proposições tenham sido publicadas com dez dias de antecedência, antes de sua eventual inclusão na Ordem do Dia.[418]

---

[417] RICD: "Art. 17. São atribuições do Presidente, além das que estão expressas neste Regimento, ou decorram da natureza de suas funções e prerrogativas: I - quanto às sessões da Câmara: a) presidi-las; b) manter a ordem; c) conceder a palavra aos Deputados; d) advertir o orador ou o aparteante quanto ao tempo de que dispõe, não permitindo que ultrapasse o tempo regimental; e) convidar o orador a declarar, quando for o caso, se irá falar a favor da proposição ou contra ela; f) interromper o orador que se desviar da questão ou falar do vencido, advertindo-o, e, em caso de insistência, retirar-lhe a palavra; *(Alínea com redação adaptada aos termos da Resolução nº 25, de 2001)* g) autorizar o Deputado a falar da bancada; h) determinar o não-apanhamento de discurso, ou aparte, pela taquigrafia; i) convidar o Deputado a retirar-se do recinto do Plenário, quando perturbar a ordem; j) suspender ou levantar a sessão quando necessário; l) autorizar a publicação de informações ou documentos em inteiro teor, em resumo ou apenas mediante referência na ata; m) nomear Comissão Especial, ouvido o Colégio de Líderes; n) decidir as questões de ordem e as reclamações; *o) anunciar a Ordem do Dia e o número de Deputados presentes em Plenário;* p) anunciar o projeto de lei apreciado conclusivamente pelas Comissões e a fluência do prazo para interposição do recurso a que se refere o inciso I do §2º do art. 58 da Constituição Federal; *q) submeter a discussão e votação a matéria a isso destinada, bem como estabelecer o ponto da questão que será objeto da votação; r)* anunciar o resultado da votação e declarar a prejudicialidade; *s) organizar, ouvido o Colégio de Líderes, a agenda com a previsão das proposições a serem apreciadas no mês seqüente, para distribuição aos Deputados; t)* designar a Ordem do Dia das sessões, na conformidade da agenda mensal, ressalvadas as alterações permitidas por este Regimento; u) convocar as sessões da Câmara; v) desempatar as votações, quando ostensivas, e votar em escrutínio secreto, contando-se a sua presença, em qualquer caso, para efeito de *quorum;* x) aplicar censura verbal a Deputado; II - quanto às proposições: a) proceder à distribuição de matéria às Comissões Permanentes ou Especiais; *b) deferir a retirada de proposição da Ordem do Dia;* c) despachar requerimentos; d) determinar o seu arquivamento ou desarquivamento, nos termos regimentais; e) devolver ao Autor a proposição que incorra no disposto no §1º do art. 137;" (grifos acrescentados).

[418] RISF: "Art. 163. *As matérias serão incluídas em Ordem do Dia, a juízo do Presidente, segundo sua antiguidade e importância, observada a seguinte sequência:* I - medida provisória, a partir do 46º (quadragésimo sexto) dia de sua vigência (Const., art. 62, §6º); II - matéria urgente de iniciativa do Presidente da República, com prazo de tramitação esgotado (Const., art. 64, §2º); III - matéria em regime de urgência (Const., art. 336, I;

A despeito de tais previsões regimentais, a exceção se transformou em regra, sobretudo na Câmara dos Deputados, e tornou-se rotina que os temas sejam incluídos na Ordem do Dia no próprio dia em que serão submetidos à deliberação do Plenário, independentemente de previsão anterior em agenda mensal organizada. O resultado inevitável é que os parlamentares que não integram a liderança não têm quaisquer

---

IV - matéria preferencial constante do art. 172, II, segundo os prazos ali previstos; V - matéria em regime de urgência do art. 336, II; VI - matéria em regime de urgência do art. 336, III; VII - matéria em tramitação normal. §1º Nos grupos constantes dos incisos I a VII do caput, terão precedência: I - as matérias de votação em curso sobre as de votação não iniciada; II - as de votação sobre as de discussão em curso; III - as de discussão em curso sobre as de discussão não iniciada. §2º Nos grupos das matérias em regime de urgência, obedecido o disposto no §1º, a precedência será definida pela maior antiguidade da urgência. §3º Nos grupos dos incisos IV e VII do caput, obedecido o disposto no §1º, observar-se-á a seguinte sequência: I - as redações finais: a) de proposições da Câmara; b) de proposições do Senado; II - as proposições da Câmara: a) as em turno suplementar; b) as em turno único; c) as em segundo turno; d) as em primeiro turno; III - as proposições do Senado: a) as em turno suplementar; b) as em turno único; c) as em segundo turno; d) as em primeiro turno. §4º Na sequência constante do §3º, serão observadas as seguintes normas: I - nas proposições da Câmara, os projetos de lei precederão os de decreto legislativo; II - nas proposições do Senado, a ordem de classificação será: a) projetos de lei; b) projetos de decreto legislativo; c) projetos de resolução; d) pareceres; e) requerimentos. §5º Obedecido o disposto nos §§1º, 3º e 4º, a precedência será definida pela maior antiguidade no Senado. §6º Os projetos de código serão incluídos com exclusividade em Ordem do Dia. Art. 164. Os projetos regulando a mesma matéria (art. 258) figurarão na Ordem do Dia em série, iniciada pela proposição preferida pela comissão competente, de maneira que a decisão do Plenário sobre esta prejulgue as demais. Art. 165. Os pareceres sobre escolha de autoridades (art. 383) serão incluídos, em série, no final da Ordem do Dia. Art. 166. Constarão da Ordem do Dia as matérias não apreciadas da pauta da sessão deliberativa ordinária anterior, com precedência sobre outras dos grupos a que pertençam. Art. 167. Ao ser designada a Ordem do Dia, qualquer Senador poderá sugerir ao Presidente a inclusão de matérias em condições de nela figurar (art. 171). *Parágrafo único. Nenhuma matéria poderá ser incluída em Ordem do Dia sem que tenha sido efetivamente publicada no Diário do Senado Federal e em avulso eletrônico, no mínimo, com dez dias de antecedência.* Art. 168. Salvo em casos especiais, assim considerados pela Presidência, não constarão, das Ordens do Dia das sessões de segundas e sextas-feiras, matérias em votação. Parágrafo único. O princípio estabelecido neste artigo aplica-se ainda às matérias que tenham sua discussão encerrada nas sessões ordinárias das segundas e sextas-feiras. Art. 169. Somente poderão ser incluídas na Ordem do Dia, para deliberação do Plenário, em cada sessão legislativa, as proposições protocoladas junto à Secretaria-Geral da Mesa até a data de 30 de novembro. Parágrafo único. Ficam ressalvadas do disposto neste artigo as matérias da competência privativa do Senado Federal relacionadas no art. 52 da Constituição e, em casos excepcionais, até três matérias, por decisão da Presidência e consenso das lideranças. Art. 170. A Ordem do Dia será anunciada ao término da sessão anterior, publicada no Diário do Senado Federal e em avulso eletrônico antes de iniciar-se a sessão respectiva. §1º Não será designada Ordem do Dia para a primeira sessão de cada sessão legislativa. §2º No avulso eletrônico da Ordem do Dia deverá constar: I - os projetos em fase de recebimento de emendas perante a Mesa ou comissão; II - os projetos em fase de apresentação do recurso a que se refere o art. 91, §4º; III - as proposições que deverão figurar em Ordem do Dia nas três sessões deliberativas ordinárias seguintes. §3º Nos dados referidos no §2º, haverá indicação expressa dos prazos, número de dias transcorridos e, no caso do inciso I, da comissão que deverá receber as emendas" (grifo acrescentado).

condições – de tempo – de examinar o que será objeto de deliberação e menos ainda de se articular para apresentar críticas ou considerações.

Ou seja: qualquer controle ou contraponto às proposições da maioria restam inviabilizadas na prática simplesmente porque os parlamentares, e os integrantes da minoria em particular, são surpreendidos a cada dia com os temas que serão deliberados naquele momento. A oportunidade de a minoria parlamentar exercer suas prerrogativas de controle sobre a maioria são, na prática, obstadas. Essa dinâmica foi descrita pelo Ministro Nelson Jobim, tratando de sua experiência parlamentar, nos seguintes termos:

> Um problema grave é o da fixação da Ordem do Dia. Quem fixa a Ordem do Dia é quem tem o poder, ou seja, a Câmara e os órgãos legislativos se manifestam pela aprovação de temas, sejam projetos de lei, sejam leis complementares, resoluções, decretos legislativos, seja, inclusive, decisões sobre matérias específicas, mas a decisão final é da Presidência da Câmara. (...)
> O deputado não tem ciência da matéria a ser votada porque fica sabendo só na última hora e no último momento que ela está em plenário. E a matéria só vai para a pauta depois de os líderes terem acordado. Porque os líderes não querem se expor, porque ao não acordaram uma matéria estarão sujeitos a ter que estar sua voz de comando na bancada, a mostrar que têm os votos que nominalmente dizem que têm, que é o número da bancada.
> Uma das reformas regimentais fundamentais para fazer com que o processo decisório se abra seria estabelecer pautas das matérias, anunciar previamente uma organização mensal da pauta. E neste regimento eu tentei fazer isso, mas foi destruído na sua operacionalidade. Faz-se uma pauta de trinta dias, depois organiza-se um cronograma de votações e decisões das comissões e do plenário e divulga-se isso para que todo parlamentar possa ter a participação efetiva no processo decisório. Mas isso não interessa nem à liderança nem à presidência da Câmara. O controle da Ordem do Dia, que é o controle do parlamento, está nas mãos do presidente com os líderes da maioria, não com todos os líderes. E eles decidem o que e quando vai ser votado. Diversas vezes as matérias eram postas em votação em função da viagem de um parlamentar que não interessava estar naquele momento votando, porque ele tinha condições de fazer um discurso e virar o plenário. Descobria-se a data em que esse parlamentar estaria viajando para o exterior e colocava-se a matéria em votação.[419]

---

[419] JOBIM, 1994, p. 45, 47.

Um segundo exemplo desse mesmo problema envolve o chamado regime de "urgência urgentíssima", previsto no art. 155 do Regimento Interno da Câmara dos Deputados[420] e nos arts. 336 a 351 do Regimento Interno do Senado Federal.[421] Trata-se da possibilidade de uma proposição ser incluída automaticamente na Ordem do Dia do Plenário – daquele mesmo dia, note-se – independentemente da fase em que ela eventualmente se encontrasse.

O requerimento de urgência urgentíssima é em geral deliberado pelas lideranças partidárias e submetido a aprovação simbólica do Plenário e, embora os regimentos internos associem a urgência urgentíssima a determinadas justificativas – e.g., "matéria de relevante e inadiável interesse nacional" ou "matéria que envolva perigo para a segurança nacional ou de providência para atender a calamidade pública" –, não há, como regra, qualquer exposição ou discussão sobre o ponto. Além disso, a literatura especializada aponta que, embora excepcional, o regime de urgência tornou-se muitas vezes a regra, como observam Argelina Figueiredo e Fernando Limongi:

> Há dois tipos de tramitação especial que precisam ser distinguidos: urgência e urgência urgentíssima. Enquanto a primeira implica a inclusão da matéria na ordem do dia da sessão seguinte, a urgência urgentíssima implica a "inclusão automática na ordem do dia para discussão e votação imediata ainda que iniciada a sessão". A urgência urgentíssima, estabelece o art. 155 do Regimento Interno, se aplica a

---

[420] RICD: "Art. 155. Poderá ser incluída automaticamente na Ordem do Dia para discussão e votação imediata, ainda que iniciada a sessão em que for apresentada, proposição que verse sobre matéria de relevante e inadiável interesse nacional, a requerimento da maioria absoluta da composição da Câmara, ou de Líderes que representem esse número, aprovado pela maioria absoluta dos Deputados, sem a restrição contida no §2º do artigo antecedente."

[421] RISF: "Art. 336. A urgência poderá ser requerida: I - quando se trate de matéria que envolva perigo para a segurança nacional ou de providência para atender a calamidade pública; II - quando se pretenda a apreciação da matéria na segunda sessão deliberativa ordinária subsequente à aprovação do requerimento; III - quando se pretenda incluir em Ordem do Dia matéria pendente de parecer. Parágrafo único. As proposições referidas no art. 91, I e II, reservadas à competência terminativa das comissões, não poderão ser apreciadas em regime de urgência, salvo se da decisão proferida houver recurso interposto por um décimo dos membros do Senado para discussão e votação da matéria pelo Plenário. (...) Art. 345. A matéria para a qual o Senado conceda urgência será submetida ao Plenário: I - imediatamente após a concessão da urgência, no caso do art. 336, I; II - na segunda sessão deliberativa ordinária que se seguir à concessão da urgência, incluída a matéria na Ordem do Dia, no caso do art. 336, II; III - na quarta sessão deliberativa ordinária que se seguir à concessão da urgência, na hipótese do art. 336, III. Parágrafo único. Quando, nos casos do art. 336, II e III, encerrada a discussão, se tornar impossível o imediato início das deliberações, em virtude da complexidade da matéria, à Mesa será assegurado, para preparo da votação, prazo não superior a vinte e quatro horas".

"matérias de relevante e inadiável interesse nacional". O requerimento de urgência pode ser encaminhado por líderes partidários, sendo o peso de sua assinatura ponderado pelo tamanho das bancadas que representam. Na prática, a urgência tende a ser deliberada nas reuniões do colégio de líderes. Os líderes submetem a plenário o requerimento e, havendo acordo entre eles, conseguem aprová-lo mediante votação simbólica. Portanto, é incontestável o controle exercido pelo colégio de líderes sobre a pauta dos trabalhos legislativos. *Como veremos em detalhe na seção seguinte, o recurso à tramitação urgente, assim como à urgentíssima, mostrou-se tão freqüente que a maioria das matérias aprovadas costuma tramitar sob esse regime.* Raros são os casos de pedido de urgência e subseqüente rejeição das matérias[422] (grifo acrescentado).

O regime de urgência urgentíssima, como é fácil perceber, tem vários impactos na dinâmica do processo legislativo valendo destacar aqui apenas dois. Em primeiro lugar, ele toma de surpresa os parlamentares (que não integrem a liderança) acerca do que será deliberado naquele mesmo dia, reduzindo sua oportunidade de efetivamente participar do debate. Em segundo lugar, o regime de urgência urgentíssima reduz o papel das comissões temáticas pelas quais as proposições deveriam ordinariamente tramitar, e no âmbito das quais as minorias teriam oportunidade de suscitar críticas e questionamentos. O Ministro Nelson Jobim, mais uma vez, narra que o mecanismo é muitas vezes usado justamente para evitar determinadas comissões, *verbis*:

> Esta é a realidade do processo legislativo brasileiro, em decorrência de uma luta brutal entre, digamos, a elite que circula em torno da Mesa e as lideranças partidárias, de um lado, e o plenário, de outro. Porque esse

---

[422] FIGUEIREDO, Argelina Cheibub; LIMONGI, Fernando. Mudança constitucional, desempenho legislativo e consolidação institucional. *Revista Brasileira de Ciências Sociais*, n. 29, p. 183-184, 1995. No mesmo sentido, CINTRA, Antônio Octávio et al. O Poder legislativo na Nova República: a visão da ciência política. *In*: AVELAR, Lúcia; CINTRA, Antônio Octávio. *Sistema político brasileiro*: uma introdução. São Paulo: Editora Unesp, 2015. p. 93: "[...] essa justificativa não é seguida, bastando acordo na Reunião de Líderes para que se solicite urgência urgentíssima para qualquer proposição. Ademais, nem sempre o requerimento é aprovado em votação nominal, por maioria absoluta. Como é exigência regimental, o Plenário tem decidido que, havendo 'unanimidade', é possível aprovar o requerimento em votação simbólica. Em consequência, pode ocorrer, no Plenário da CD, de, na mesma Sessão, haver aprovação de requerimentos de urgência urgentíssima por votação simbólica e também por votação nominal, quando não há unanimidade. Em outras palavras, a interpretação é no sentido de prevalecer a regra regimental quando não há acordo. Em havendo, o Plenário é soberano e pode decidir por superá-la. Tal interpretação da CD encontra amparo em decisão do STF: 'matéria relativa à interpretação de normas de regimento legislativo é imune à crítica judiciária, circunscrevendo-se no domínio interna corporis'" (RTJ 112/1023).

conjunto Mesa-lideranças é o conjunto que controla o poder legislativo brasileiro. Quem não participa da intimidade desse conjunto, quem está na periferia ou na marginalidade desse conjunto é considerado como um número a ser computado quando da verificação de quórum, e não como alguém que possa participar conscientemente da produção da norma. É por isso que se concentra o poder. *O processo legislativo privilegia a urgência urgentíssima porque aí se deixa a periferia fora, senão as comissões vão opinar, vão se referir. Quando, por exemplo, querem evitar a Comissão de Justiça, jogam "urgência".* (...) Para manter no corpo dos "oitenta", você tirava do procedimento normal, jogava para a urgência urgentíssima e votava no plenário[423] (grifo acrescentado).

A esse primeiro problema, exemplificado pelas práticas parlamentares em torno da Ordem do Dia e do regime de urgência urgentíssima, se soma um outro: a jurisprudência tradicional do Supremo Tribunal Federal é no sentido de que os atos classificados como *interna corporis* das Casas Legislativas não estão sujeitos a controle judicial. São descritos de forma geral como atos *interna corporis* aqueles praticados pelas Casas Legislativas que envolvam a interpretação de dispositivos regimentais e não afetem direitos subjetivos.[424] Nesse contexto, as minorias parlamentares realmente não têm meios de lidar com o problema: elas não têm como alterar a situação no âmbito do próprio Legislativo, já que a maioria acabará impondo sua vontade acerca da interpretação e aplicação das normas regimentais (mesmo que se trate apenas de descumprimento dessas previsões), e elas também não têm com quem reclamar fora do Legislativo, já que o STF entende que não lhe cabe rever essa espécie de ato.

---

[423] JOBIM, 1994, p. 49, 54.

[424] STF, MS 31951 AgR / DF , Rel. Min. Luiz Fux, DJe 31.08.2016: "AGRAVO REGIMENTAL EM MANDADO DE SEGURANÇA. ATO DO PRESIDENTE DA CÂMARA DOS DEPUTADOS. FORMA DE CONVOCAÇÃO DE REUNIÃO DE COMISSÃO. INTERPRETAÇÃO DE DISPOSITIVOS REGIMENTAIS DA CÂMARA DOS DEPUTADOS. ATO INTERNA CORPORIS, NÃO SUJEITO AO CONTROLE JUDICIAL. NÃO CABIMENTO DO WRIT. PRECEDENTES. AGRAVO REGIMENTAL A QUE SE NEGA PROVIMENTO. 1. O Supremo Tribunal Federal já assentou que os atos classificados como interna corporis não estão sujeitos ao controle judicial (Precedentes: MS 22.183, Redator para o acórdão Ministro Maurício Corrêa, DJ 12.12.1997; MS 26.062-AgR, Rel. Min. Gilmar Mendes, DJe 04.04.2008; MS 24.356, Rel. Min. Carlos Velloso, DJ 12.09.2003) 2. In casu, restou claro que o ato praticado pelo impetrado, diante da situação fática descrita pelos impetrantes, envolveu a interpretação dos dispositivos regimentais, ficando restrita a matéria ao âmbito de discussão da Câmara dos Deputados. Dessa forma, afigura-se incabível o mandado de segurança, pois não se trata de ato sujeito ao controle jurisdicional (Precedentes: MS 28.010, Rel. Min. Cármen Lúcia, DJe 20.05.2009, e MS 33.705 AgR, Rel. Min.Celso de Mello Dje 29.03.2016). 3. Agravo regimental a que se NEGA PROVIMENTO.".

Não se discorda, como regra geral, do entendimento do Supremo Tribunal Federal na matéria. De fato, não cabe ao Judiciário imiscuir-se na dinâmica própria de um outro Poder ou nas inúmeras disputas internas, inerentes a uma democracia, acerca da interpretação e aplicação dos regimentos internos que organizam os trabalhos do Legislativo, que, como regra, deverão ser decididas de acordo com a lógica política. Até porque, parece inevitável que os grupos derrotados na esfera política tentarão recolocar suas questões perante o Judiciário, agora sob uma roupagem jurídico-constitucional, cabendo ao Judiciário impor limites e desestimular essa prática.

Nada obstante, embora o entendimento consolidado do STF certamente deva ser a regra geral, talvez seja o caso de aprofundar um pouco a conceituação dos atos *interna corporis* para distinguir situações em que a suposta interpretação de normas regimentais, além de violar o que elas preveem, esvazia de forma grave prerrogativas básicas das minorias parlamentares de fazerem oposição e crítica à posição majoritária. Nessas circunstâncias, esses atos das Casas Legislativas, embora possam veicular alguma forma de interpretação de norma regimental, afetam direitos subjetivos das minorias, direitos esses que decorrem da própria Constituição e cuja violação prejudica o funcionamento do sistema democrático.

Veja-se bem: em uma democracia, é natural e desejável que a posição da maioria dos parlamentares venha a prevalecer após os debates (observados, naturalmente, os limites constitucionais). Não se trata, portanto, de alterar essa dinâmica ou de ampliar os poderes das minorias conferindo-lhes, por exemplo, a possibilidade de vetar ou impedir deliberações, fora das hipóteses previstas constitucionalmente.

O ponto é mais simples e se relaciona com o funcionamento do sistema democrático: cuida-se apenas de garantir que as minorias parlamentares tenham a *oportunidade* de levar a cabo algum tipo de controle do bloco de poder majoritário, por meio da apresentação de críticas e questionamentos acerca das proposições em discussão. Nos exemplos citados, essa oportunidade envolve, sobretudo, o anúncio com alguma antecedência das proposições que serão objeto de deliberação pelo Plenário, como já previsto pelos regimentos internos. A maioria vencerá, não há dúvida, mas ela não pode pretender chegar lá sem passar minimamente pelo debate e pela crítica.

Felizmente, há algumas manifestações do Supremo Tribunal Federal sinalizando um aprofundamento do entendimento geral acerca dos atos *interna corporis* do Legislativo justamente nessa linha. Em caso decidido ainda em 2007, o STF se manifestou no sentido de que a maioria parlamentar não pode, a pretexto de interpretação regimental, inviabilizar o exercício de direito das minorias – considerado inclusive líquido e certo – de ver instaurada Comissão Parlamentar de Inquérito para qual todos os requisitos constitucionais haviam sido atendidos. A hipótese envolvia a atividade fiscalizadora do Legislativo, e não a atividade de elaboração normativa, mas as mesmas razões podem aplicar-se também no contexto do processo legislativo. Confira-se:

> *Direito de oposição – Prerrogativa das minorias parlamentares – Expressão* do postulado democrático – Direito impregnado de estatura constitucional – *Instauração* de inquérito parlamentar *e composição* das respectiva CPI – *Impossibilidade* de a maioria parlamentar *frustrar*, no âmbito *de qualquer* das Casas do Congresso Nacional, *o exercício, pelas minorias legislativas, do direito constitucional à investigação parlamentares (CF, art. 58, §3º)* – Mandado de Segurança concedido.
>
> *O estatuto constitucional das minorias parlamentares: a participação ativa, no Congresso Nacional, dos grupos minoritários, a quem assiste o direito de fiscalizar o exercício do poder.*
>
> *Existe*, no sistema político-jurídico brasileiro, *um verdadeiro estatuto constitucional das minorias parlamentares*, cujas prerrogativas – *notadamente* aquelas pertinentes ao direito de investigar – *devem* ser preservadas pelo Poder Judiciário, a quem *incumbe proclamar* o ato significado que assume, *para o regime democrático*, a essencialidade *da proteção jurisdicional* a ser dispensada ao direito de oposição, *analisado* na perspectiva da *prática republicana* das instituições parlamentares[425] (grifo no original).

Em decisão monocrática de 2017, agora já no âmbito do processo legislativo propriamente, o Ministro Luís Roberto Barroso concedeu liminar em mandado de segurança impetrado por Senadores para o fim de impedir a remessa de projeto de lei a sanção presidencial enquanto não decididos recursos interpostos pelos parlamentares de que trata o art. 58, §2º, I, da Constituição, a saber: recursos contra a decisão de Comissão para que a questão seja submetida a apreciação do Plenário.[426] Reafirmando o entendimento geral do STF, o Ministro Luís Roberto Barroso observou porém que, embora excepcionalmente, o Supremo Tribunal Federal pode interferir em procedimentos legislativos para

---

[425] STF, MS 26.441, Rel. Min. Celso de Mello, DJe 18.12.2009.
[426] CF/88: "Art. 58. O Congresso Nacional e suas Casas terão comissões permanentes e temporárias, constituídas na forma e com as atribuições previstas no respectivo regimento ou no ato de que resultar sua criação. (...) §2º Às comissões, em razão da matéria de sua competência, cabe: I - discutir e votar projeto de lei que dispensar, na forma do regimento, a competência do Plenário, salvo se houver recurso de um décimo dos membros da Casa;"

assegurar o cumprimento da Constituição, proteger direitos fundamentais e resguardar os pressupostos de funcionamento da democracia e das instituições republicanas. Confira-se:

> Ementa: DIREITO CONSTITUCIONAL. MANDADO DE SEGURANÇA. PROJETO DE LEI APROVADO EM COMISSÃO DO SENADO FEDERAL. RECURSO PARA SUBMISSÃO DA MATÉRIA AO PLENÁRIO DA CASA (CF, ART. 58, §2º, I). DEVIDO PROCESSO LEGISLATIVO. 1. O Supremo Tribunal Federal somente deve interferir em procedimentos legislativos para assegurar o cumprimento da Constituição, proteger direitos fundamentais e resguardar os pressupostos de funcionamento da democracia e das instituições republicanas. 2. Impossibilidade de remessa de projeto de lei à sanção presidencial antes de exame fundamentado sobre recursos interpostos para submeter a matéria ao Plenário do Senado Federal (CF, art. 58, §2º, I) 3. Liminar deferida parcialmente. (...) 17. O deferimento de um pedido de tutela de urgência pressupõe o fumus boni iuris, caracterizado pela plausibilidade do direito alegado, e o periculum in mora, consistente no risco de que o tempo de tramitação do processo torne inócua a decisão que se venha a proferir ao final (Lei nº 12.016/2009, arts. 7º, III, e 16). 18. Antes de examinar o primeiro requisito, referente à plausibilidade do direito pleiteado, reitero premissa que firmei ao proferir decisão no MS 34.327/DF: o Supremo Tribunal Federal somente deve intervir em procedimentos legislativos para assegurar o cumprimento da Constituição, proteger direitos fundamentais e resguardar os pressupostos de funcionamento da democracia e das instituições republicanas. 19. À primeira vista, a controvérsia apresentada nestes autos parece estar vinculada tanto ao cumprimento da Constituição, como ao funcionamento da democracia. 20. Assim dispõe o art. 58, §2º, I, da Constituição: "Art. 58. O Congresso Nacional e suas Casas terão comissões permanentes e temporárias, constituídas na forma e com as atribuições previstas no respectivo regimento ou no ato de que resultar sua criação. (...) §2º Às comissões, em razão da matéria de sua competência, cabe: I – discutir e votar projeto de lei que dispensar, na forma do regimento, a competência do Plenário, salvo se houver recurso de um décimo dos membros da Casa; 21. Esse dispositivo veicula princípio da reserva de Plenário, o qual conforme já assentou o Supremo Tribunal Federal, "sempre se presume", somente podendo ser "derrogado, em caráter de absoluta excepcionalidade, nas situações previstas pelo texto constitucional" (ADI 652 MC, Rel. Min. Celso de Mello). 22. A votação das proposições legislativas apenas nas comissões atende a um imperativo de praticidade, que, contudo, não pode se sobrepor, quando atendidos os requisitos constitucionais, à regra geral da votação em Plenário. 23. No presente caso concreto, as informações constantes dos autos não permitem, ainda, formar convicção a respeito da observância ou não dessa norma constitucional reguladora do devido processo legislativo. 24. O fato relevante que se

apresenta agora neste mandado de segurança é que não houve – ou, ao menos, não foi noticiado nos autos que tenha havido – apreciação formal e fundamentada dos recursos apresentados pelos impetrantes para que a matéria seja discutida em Plenário. 25. Aparentemente, a despeito de ter o Presidente do Senado indicado que a matéria não seria resolvida no curso do recesso parlamentar e da manifestação contundente da Ministra Cármen Lúcia a esse propósito, o projeto de lei seguiu à sanção presidencial, sem uma decisão formal da autoridade impetrada a respeito da admissibilidade ou não dos recursos interpostos pelos impetrantes. 26. Independentemente do acerto da decisão de eventual rejeição dos recursos que venha a ser proferida – ou que tenha sido proferida sem o conhecimento desta Corte –, impõe-se que seja tornada pública antes da remessa do projeto de lei à sanção presidencial. Somente desse modo será possível verificar o respeito à norma constitucional prevista no art. 58, §2º, I. 27. O periculum in mora, por sua vez, afigura-se claro, na medida em que a sanção do projeto de lei antes da prolação de medida liminar impeditiva poderia suscitar alegações de prejudicialidade da ação. Ademais, a matéria objeto do projeto de lei é de destacada relevância, envolvendo alterações profundas no regime de concessão e autorização de serviços de telecomunicações, capazes de afetar profundamente interesses públicos e econômicos. 28. Diante do exposto, defiro parcialmente a medida liminar requerida, para determinar que o Projeto de Lei da Câmara nº 79, de 2016, retorne ao Senado Federal para apreciação formal dos recursos interpostos pelos Senadores impetrantes e para que não seja novamente remetido à sanção presidencial até o julgamento final deste mandado de segurança ou ulterior decisão do Relator do feito após o recebimento da decisão da autoridade impetrada sobre os recursos interpostos. 29. Notifique-se a autoridade impetrada. Abra-se vista à Procuradoria-Geral da República (Lei nº 12.016/2009, art. 12). Publique-se. Intimem-se. Brasília, 04 de fevereiro de 2017.[427]

A decisão do Ministro Luís Roberto Barroso funda-se em uma disposição constitucional expressa – o art. 58, §2º, I –, de modo que a distinção em face da jurisprudência tradicional do STF acerca dos atos *interna corporis* parece mais fácil, já que há um fundamento constitucional específico para a intervenção judicial. De outro lado, é preciso reconhecer que a Constituição nada diz de forma expressa sobre Ordem do Dia ou sobre a necessidade de anunciá-la de fato com antecedência mínima para que os parlamentares e a sociedade tenham condições de tentar influenciar em alguma medida no debate, como sugerido aqui.

---

[427] STF, MS 34.562, DJe 08.02.2017.

Ainda assim, a irrazoabilidade do procedimento adotado pelas Casas Legislativas é evidente e o aparente desvio de finalidade das práticas adotadas não é irrelevante. Além da violação às disposições regimentais que tratam do assunto, não parece haver qualquer justificativa legítima, considerando-se inclusive o tempo médio de tramitação das proposições nas Casas Legislativas, para que a pauta das proposições a serem submetidos à deliberação do Plenário a cada dia não seja comunicada com antecedência aos parlamentares e à sociedade. No mesmo sentido, a banalização da urgência urgentíssima viola as prerrogativas constitucionais das minorias parlamentares.

O argumento de que a Constituição nada diz de forma expressa sobre essa questão específica, embora correto, não é, por si, suficiente para afastar a natureza constitucional da discussão. A Constituição também nada diz sobre a necessidade de advogados e partes serem avisados com alguma antecedência sobre as datas de audiências e julgamentos nos quais tenham oportunidade de se manifestar. Entretanto, a eventual comunicação dirigida às partes no mesmo dia da realização desses atos processuais violaria de forma direta as garantias constitucionais da ampla defesa e do devido processo legal, supondo-se um cenário no qual não houvesse legislação específica sobre o ponto.

O paralelo não é impróprio. Assim como as partes e seus advogados serão afetados pela decisão jurisdicional e devem ter a oportunidade real de tentar influenciá-la (mesmo que decidam não fazê-lo), assim também a elaboração de uma norma afetará a vida das pessoas no âmbito da sociedade, como já se discutiu amplamente em capítulos anteriores. A sociedade, diretamente e por seus representantes, incluindo os integrantes da minoria, devem ter a oportunidade de se manifestar sobre as proposições normativas em discussão no âmbito das Casas Legislativas.

As reflexões reunidas neste capítulo são apenas preliminares e seu objetivo real é suscitar uma reflexão no âmbito do direito constitucional brasileiro acerca das questões *interna corporis* das Casas Legislativas, dentre outros temas do processo legislativo, particularmente sob a perspectiva das prerrogativas das minorias. Como se registrou inicialmente, é tempo de o Direito Constitucional voltar a se ocupar de um de seus conteúdos básicos: o exercício do poder político pelas instâncias majoritárias.

CAPÍTULO X

CONCLUSÕES

À guisa de conclusão, parece útil apresentar um breve resumo dos objetivos gerais do estudo, por meio dos quais se pode ter uma visão de conjunto do trabalho, para em seguida compendiar as principais ideias desenvolvidas ao longo do texto.

O objetivo geral deste estudo foi reaproximar o Direito Constitucional de um de seus conteúdos clássicos: a ordenação do exercício do poder político por parte das instâncias majoritárias. Sem prejuízo de outras temáticas, o ponto é tão mais importante quanto se observa que a promoção geral, sustentável e equitativa dos direitos fundamentais depende de um esforço contínuo dos poderes públicos, que se desenvolverá no cotidiano da democracia por meio da atuação – normativa, inclusive – dos poderes majoritários, Legislativo e Executivo. Cabe ao Direito Constitucional, portanto, na medida de suas possibilidades, contribuir para essa atuação e fomentar a democracia nesse ambiente.

Nesse sentido, e para esse fim, sustenta-se a existência do direito constitucional a um devido procedimento na elaboração normativa – DPEN, por força do qual quem apresenta proposições normativas está obrigado a apresentar, com elas, uma justificativa correspondente. Essa justificativa deve conter razões e informações relativamente a três conteúdos básicos (dentre outros possíveis): o problema que a norma proposta pretende enfrentar; os resultados pretendidos com a edição e execução da norma; e os custos e impactos antecipados da medida proposta. O descumprimento do dever imposto pelo DPEN autoriza, em primeiro lugar, que se exija a apresentação da justificativa omitida e, em segundo, desencadeia a inconstitucionalidade formal da norma por acaso editada. Para além desse conteúdo básico, o estudo discute ainda dois procedimentos adicionais ao DPEN.

De forma mais analítica, é possível compendiar as principais ideias desenvolvidas ao longo do estudo nas proposições que se seguem. Na medida do possível, elas são apresentadas na ordem em que os assuntos foram tratados no texto.

1. O compromisso da Constituição é com a promoção da dignidade humana e dos direitos fundamentais no mundo dos fatos, na vida real das pessoas. A simples existência de normas sobre o tema não é suficiente para realizar os comandos constitucionais, que pretendem a efetiva fruição dos direitos ali previstos por seus titulares.
2. A edição de normas gerais enunciadoras de direitos não transforma automaticamente a realidade. Haverá, no mínimo, dois grandes processos no percurso que pode levar uma norma a produzir a efetiva proteção, promoção e respeito dos direitos fundamentais. Em primeiro lugar, a política pública prevista na norma precisará de fato ser implementada. Em segundo lugar, e uma vez que a norma esteja sendo executada, será preciso verificar se os resultados que dela se esperava estão se produzindo realmente e de forma equitativa, isto é, em todos os lugares e para todos os grupos sociais.
3. Um exame da realidade dos direitos fundamentais no país, tendo em vista as normas editadas sobre a matéria, revela que houve avanços nas últimas décadas, mas eles foram lentos e estão longe de realizar, no mundo dos fatos, o conteúdo normativo. Além disso, esses avanços reproduzem as estruturas de desigualdade existentes no país, beneficiando primeiro os grupos mais favorecidos.
4. A capacidade de a jurisdição promover direitos fundamentais em caráter geral e de forma equitativa é limitada. O Judiciário apenas decide o que lhe chega às mãos, e apenas uma fração das necessidades de direitos fundamentais lhe é submetida. Ademais, as evidências indicam que os mais necessitados da população não são, como regra, os que se beneficiam da judicialização. E a própria execução das decisões judiciais, sobretudo daquelas que interfiram com políticas públicas, dependerá da colaboração dos poderes majoritários.
5. As normas de direitos fundamentais e a jurisdição dos direitos, embora importantes, não são suficientes para garantir a fruição efetiva dos direitos fundamentais da população como um todo. A promoção sustentável e equitativa dos direitos, isto é: que atribua prioridade aos mais pobres, depende

sempre de um esforço continuado do Poder Público, que se dará, substancialmente, no espaço democrático por meio da atuação ordinária dos poderes majoritários, Legislativo e Executivo.

6. O Direito Constitucional tem muitos papéis possíveis na proteção e promoção dos direitos fundamentais e nenhum deles deve ser minimizado. Um deles, porém, deve ser o de ordenar uma das atividades mais importantes dos poderes majoritários – a elaboração normativa – de modo a fomentar a democracia nesse contexto. Se as atividades em geral do Executivo e do Legislativo, e a normativa em particular, são tão importantes para a promoção dos direitos, cabe ao Direito Constitucional contribuir para que elas sejam levadas a cabo da melhor forma possível sob uma perspectiva democrática.

7. É possível afirmar, independentemente de idealizações acerca da deliberação política, que a ampliação das razões e informações fornecidas ao debate público acerca das proposições normativas tem o potencial de fomentar a democracia, na medida em que induz à reflexão específica sobre temas que se considere relevantes, facilita a crítica e o controle social, e incrementa a percepção de legitimidade das normas afinal editadas por parte da população, bem como a adesão a elas.

8. Nesse contexto, o devido procedimento na elaboração normativa é justamente um direito constitucional difuso pelo qual se exige de quem propõe a edição de norma jurídica que apresente justificativa correspondente. Essa justificativa deve conter razões e informações e abordar ao menos os seguintes temas: (i) o problema que a norma pretende enfrentar; (ii) os resultados que se espera sejam produzidos com a execução da norma; e (ii) os custos e impactos que se antecipa decorrerão da norma.

9. Além do fomento geral à democracia, e da evidência de que é sobretudo nesse espaço que a promoção sustentável e equitativa dos direitos se verificará, a conveniência do debate acerca do DPEN decorre também das circunstâncias políticas particulares do Brasil. O presidencialismo de coalizão vigente não apenas concentra no Executivo competências normativas próprias, mas tem lhe conferido amplo domínio da atividade dos Legislativos. Além disso, a evidência demonstra que as proposições originárias do Executivo são as aprovadas mais rapidamente e com menor número de emendas, sugerindo

que há pouco debate em torno delas. A observância do devido procedimento na elaboração normativa pode contribuir para o incremento do debate público nesse contexto.

10. O fundamento constitucional do devido procedimento na elaboração normativa tem dois eixos principais: um primeiro ligado aos direitos fundamentais e um segundo que decorre das opções constitucionais acerca da organização e funcionamento do Estado brasileiro. Quanto aos direitos fundamentais, o DPEN decorre, em primeiro lugar, do direito fundamental autônomo titularizado por cada pessoa de receber justificativas em relação aos atos de autoridades públicas que lhe afetem de algum modo, de que as proposições normativas são exemplos. Receber justificativas relativamente aos atos que nos afetam é um dos conteúdos essenciais do respeito a que cada indivíduo faz jus em decorrência de sua dignidade essencial como ser humano.

11. Em segundo lugar, o fundamento do DPEN é extraído dos demais direitos fundamentais, já que a ação estatal destina-se em última análise a assegurar o respeito, a proteção e a promoção dos direitos. Essa atividade deve ser levada tão a sério quanto são sérios seu objetivo e os direitos fundamentais em si: a necessidade de apresentar justificativas para a atividade estatal é um elemento essencial da diligência com que essa atividade deve ser desempenhada.

12. Sob a perspectiva das opções constitucionais acerca da organização e funcionamento do Estado brasileiro, o devido procedimento na elaboração normativa é um corolário essencial dos princípios republicano e democrático, do Estado de Direito, da garantia do devido processo legal e do dever de publicidade imposto aos agentes públicos em geral, contraparte do direito de acesso à informação.

13. Em uma república, os agentes públicos exercem um poder delegado e devem prestar contas dos atos praticados ou que pretendem praticar e que tenham repercussão sobre a vida das pessoas. As normas existem justamente para interferir na esfera jurídica das pessoas e sua elaboração e expedição veiculam claro exercício de poder político delegado por parte do povo. Por isso mesmo, a elaboração normativa demanda justificação minimamente adequada, na linha do devido procedimento na elaboração normativa.

14. De outra parte, o exame das opções da Constituição de 1988 em matéria de democracia revela que ela agrega ao seu conteúdo essencial, para além do voto, a discussão e a apresentação de razões por parte dos participantes do debate público. É consistente afirmar, portanto, que a apresentação de razões por parte dos agentes públicos é inerente à democracia como delineada pelo sistema constitucional em vigor.
15. O Estado de Direito, para além de outros conteúdos possíveis, veda que as normas jurídicas sejam incompreensíveis, ilógicas ou sem sentido. Quem apresenta proposições normativas está igualmente vinculado a esses mesmos elementos. A justificativa exigida pelo devido procedimento na elaboração normativa, com seus conteúdos mínimos, constitui um procedimento para que essa clareza e compreensibilidade das normas sejam explicitadas e veicula uma garantia elementar do conteúdo essencial do Estado de Direito.
16. O vínculo do devido procedimento na elaboração normativa com a garantia do devido processo legal é duplo. Em primeiro lugar, o DPEN exige uma reflexão, por parte de quem apresenta uma proposição normativa, acerca dos parâmetros constitucionais que decorrem da garantia do devido processo legal (adequação lógica, necessidade e proporcionalidade em sentido estrito), cujo desrespeito poderá conduzir a norma que venha a ser editada à invalidade. Em segundo lugar, assim como o Estado-Juiz e o Estado-Administrador, também o Estado-Elaborador de Normas está submetido ao devido processo legal, ainda que as incidências sejam diferentes, em intensidade e conteúdo. A proposição e elaboração de normas também é uma atividade estatal, submetida a parâmetros constitucionais. Quem propõe uma norma, assim como os demais agentes públicos, deve demonstrar minimamente como sua proposta faz sentido no mundo, quais são suas pretensões, e como elas se relacionam com os fatos que pretendem disciplinar.
17. Embora as previsões constitucionais que cuidam da elaboração legislativa não prevejam de forma expressa o devido procedimento na elaboração normativa, ele é perfeitamente coerente com elas. A Constituição assume que a decisão acerca da edição de normas envolve não apenas o voto, mas também discussões e, portanto, razões. As normas

que disciplinam as comissões que devem existir nas Casas Legislativas e suas competências reforçam esse ponto. A Constituição prevê de forma específica que o Poder Público deve incluir a participação da sociedade e o diálogo com ela ao tratar de vários temas, além de se preocupar com os impactos das ações estatais, que devem ser em alguma medida avaliados.

18. O direito a um devido procedimento na elaboração normativa constitui uma incidência específica do direito de acesso à informação e do correlato dever de publicidade previstos constitucionalmente. O direito à informação confere à coletividade a prerrogativa de ter acesso às razões e às informações que subsidiam uma proposta normativa (ou que devem subsidiar). E, nos termos do dever de publicidade, cabe ao agente público divulgar voluntariamente esses dados, independentemente de solicitação.

19. A justificativa a ser apresentada em decorrência do devido procedimento na elaboração normativa deve conter razões e informações sobre, ao menos, três temas: (i) o problema que a norma pretende enfrentar; (ii) os resultados que se espera sejam produzidos com a execução da norma; e (ii) os custos e impactos que se antecipa decorrerão da norma. Em uma democracia plural, não parece próprio impor filtros ou qualificações materiais a fim de definir que razões podem ou não ser apresentadas nesse contexto. O devido procedimento na elaboração normativa não autoriza um controle de mérito dessas razões e lida com eventuais "irracionalidades" por meio de uma abordagem procedimental e dialógica. E, de qualquer modo, caso seja efetivamente editada a norma, ela sempre poderá ser objeto de controle de constitucionalidade, se esse for o caso.

20. Quanto às informações a serem fornecidas na justificativa, é certo que a seleção, processamento, análise e apresentação das informações não são operações neutras: subjacentes a elas há visões políticas e opções. Além disso, não se pode desconsiderar que o conhecimento humano é limitado. Isso não significa que as informações a serem prestadas não são importantes. Justamente porque a realidade é complexa e nossa capacidade de conhecê-la e de estabelecer previsões é limitada, que o esforço de obter informações deve ser levado a sério por quem pretenda interferir na vida das pessoas

por meio da edição de normas. E exatamente porque não há neutralidade nas atividades humanas que as informações prestadas por quem propõe a norma devem ser submetidas à discussão e à crítica, e consideradas em seu contexto, como parte de um documento elaborado com motivações e propósitos políticos.

21. O devido procedimento na elaboração normativa aplica-se à elaboração legislativa propriamente, da qual é protagonista o Legislativo e participam também outras instâncias que tenham competência para iniciativa legislativa, mas não apenas a ela. Nada obstante, a elaboração legislativa é apenas uma espécie do gênero elaboração normativa, que inclui processos de edição de normas por outros órgãos e entidades estatais, aos quais o DPEN se aplica igualmente.

22. O primeiro conteúdo mínimo do direito constitucional ao devido procedimento na elaboração normativa envolve a identificação do problema que a norma pretende enfrentar e seu dimensionamento. Quanto aos resultados pretendidos pela norma, eles devem incluir não apenas as atividades-meio necessárias à execução de seus comandos (*inputs* e *outputs*), mas o resultado final esperado da execução da norma (*outcomes*). Esses resultados devem poder ser mensurados e monitorados, já que sua indicação é relevante, dentre outras razões, para que se possa avaliar, ao longo do tempo, se eles estão ou não acontecendo de fato, e se são necessários ajustes ou revisões na norma e/ou em sua execução.

23. O terceiro conteúdo mínimo do DPEN, que deve constar da justificativa a ser apresentada com qualquer proposição normativa, diz respeito aos impactos e custos que já se possa antecipar decorrerão da medida. É certo que as avaliações prognósticas são sempre limitadas e as escolhas acerca de que impactos ou custos serão investigados envolvem decisões políticas. De qualquer modo, a Constituição considera dois temas da maior importância e, por isso mesmo, eles deverão ser objeto de consideração: o impacto da norma proposta sobre os direitos fundamentais, sobretudo sob a perspectiva da desigualdade, e os custos financeiros que ela gere, em geral e para o Poder Público em particular.

24. A justificativa apresentada por força do DPEN deve não apenas ser pública, mas restar preservada para memória e disponível para acesso por qualquer interessado em meios

viabilizados pela tecnologia da informação, como dispõe o 3º, III, da Lei nº 12.527/11 (Lei de Acesso à Informação). E isso porque a discussão em torno de uma norma não se encerra com a sua edição, mas é um trabalho que perdura ao longo dos anos, já que envolve o monitoramento dos resultados pretendidos e, eventualmente, a discussão acerca da necessidade de sua alteração.

25. Além do conteúdo mínimo do DPEN, dois procedimentos adicionais são desenvolvimentos possíveis e desejáveis do devido procedimento na elaboração normativa, sobretudo em relação a proposições normativas que afetem de forma significativa direitos fundamentais. O primeiro deles é a abertura formal de oportunidade, após a publicidade da justificativa elaborada por quem propõe a norma, para a manifestação/oitiva tanto de interessados quanto de especialistas no tema ou em aspectos específicos dele. O segundo procedimento adicional consiste em uma nova oportunidade de manifestação, na qual os interessados e especialistas poderão contraditar as razões e informações anteriormente apresentadas. Esses procedimentos veiculam um estímulo adicional à existência de debate público em torno das propostas normativas, na medida em que organizam momentos formais e estruturados nos quais os interessados poderão se manifestar.

26. Duas são as modalidades de eficácia jurídica associadas ao descumprimento do devido procedimento na elaboração normativa. Em primeiro lugar, será possível exigir acesso e publicidade ao conteúdo da justificativa que não tenha sido apresentada com a proposição normativa, isto é, às razões e, sobretudo, às informações que tenham sido utilizadas pelas autoridades para a elaboração da proposta normativa. Caso a informação não exista, é possível cogitar de uma outra intervenção judicial solicitando providências mais complexas destinadas a obter a produção da informação, já não apenas sua exibição. Por força da segunda modalidade de eficácia jurídica associada ao DPEN, a ausência da apresentação de justificativa com a proposição normativa caracterizará uma inconstitucionalidade formal cuja consequência, assim como acontece com outras inconstitucionalidades formais, será a invalidade da norma afinal editada.

27. O DPEN será relevante para a eficácia jurídica do sistema constitucional em duas outras circunstâncias. Em primeiro lugar, para a caracterização de omissão inconstitucional na hipótese de não haver monitoramento dos resultados pretendidos pela norma editada ao longo do tempo e/ou inexistir qualquer iniciativa no sentido de alterar a ação estatal, caso se apure que os resultados pretendidos não se verificaram. Se há um dever constitucional de disciplinar determinado tema, há igualmente um dever constitucional de monitorar os resultados da norma editada e, em sendo o caso, de corrigi-la ou ajustá-la ao longo do tempo, a fim de efetivamente promover o resultado pretendido.

28. Em segundo lugar, o DPEN fornece mais substância aos parâmetros a serem utilizados no controle de constitucionalidade das normas efetivamente editadas sob a perspectiva da razoabilidade e da proporcionalidade. A explicitação contida na justificativa poderá tornar ainda mais evidente a inconstitucionalidade da norma, na medida em que ela não faça sentido ou seja claramente omissa ou imprópria. Em outras hipóteses, porém, a consideração do conteúdo da justificativa apresentada exigirá maior deferência por parte do Poder Judiciário e lhe imporá um ônus argumentativo maior para superar as razões e informações consideradas relevantes pela autoridade responsável pela propositura ou edição do ato normativo.

29. A utilização dos procedimentos adicionais do DPEN acarreta um ônus argumentativo maior por parte do Poder Judiciário no eventual exame da validade das normas que sejam afinal produzidas. Assim, se a norma resultou de um procedimento de elaboração que permitiu ampla participação, o ônus imposto ao Poder Judiciário para considerá-la inválida por qualquer fundamento será maior. Isso não significa que a eventual não utilização desses procedimentos por si só torne a norma gravemente suspeita de invalidade, mas esse será um dado a ser considerado pelo Judiciário, caso a questão lhe seja submetida. E isso porque a decisão de não ouvir as manifestações de eventuais interessados sobre proposta de norma que afeta de forma importante direitos fundamentais não corresponde ao ideal no que toca às relações entre cidadãos e agentes que exercem poder político em uma democracia.

30. Quanto às críticas acerca da inutilidade do devido procedimento na elaboração normativa em face da complexidade da realidade política, bem como acerca de sua incompatibilidade com a lógica parlamentar, é possível fazer as seguintes assertivas. O DPEN não tem a pretensão de transformar a natureza do debate político, ou a lógica interna dos parlamentos, e também não garante resultados. O devido procedimento na elaboração normativa impõe apenas exigências procedimentais inclusivas (não excludentes), acerca de razões e informações que devem ser apresentadas necessariamente ao debate público. Mesmo em um ambiente de competição e de argumentação estratégica, e talvez justamente nessa espécie de ambiente, a exigência de explicitação das razões e informações relacionadas com uma proposição normativa tem um papel importante a desempenhar no fomento à democracia.
31. Quanto ao possível agigantamento do Judiciário e o potencial uso originalista do devido procedimento na elaboração normativa, registre-se que o DPEN veicula um controle de natureza procedimental da elaboração normativa, e não das razões e informações apresentadas. O DPEN também não sugere uma ampliação do controle judicial já existente sobre o conteúdo das opções políticas formuladas por quem tenha competência para tomar tais decisões. Seu objetivo é fomentar a produção de razões e informações dirigidas ao espaço público e é nesse espaço que se desenvolverá a crítica, a oposição e o debate, que não deve ser substituído por fontes supostamente autoritativas.
32. A crítica do possível uso conservador do DPEN e da avaliação de custos, como mecanismos retóricos de bloqueio ao avanço de direitos, dirigiu-se, historicamente, ao uso dos RIA (*Regulatory Impact Assessment*). É certo que vários países já reconstruíram esses instrumentos de modo a fomentar a promoção de direitos, a redução das desigualdades e a proteção do meio ambiente, e não apenas o equilíbrio fiscal, ilustrando que o uso conservador não está no instrumento, mas em sua utilização. O devido procedimento na elaboração normativa não se confunde com o RIA, mas não há dúvida de que o eventual detalhamento que se venha a dar aos conteúdos mínimos do devido procedimento na elaboração

normativa também poderá prestigiar, em cada caso, mais ou menos, diferentes concepções políticas.

33. Sobre a questão dos custos em particular, o que se propõe no âmbito do DPEN é que eles sejam avaliados, e não propriamente que se decida acerca da alocação dos recursos necessários para lidar com esse custo como um todo no momento da elaboração da norma. Em qualquer caso, o esforço pela promoção dos direitos fundamentais não pode simplesmente fingir que a questão dos custos não existe no esforço de tentar evitar esse debate. Ao contrário, é preciso enfrentá-lo de forma clara e criativa. As informações sobre os custos não são um trunfo conservador, mas um dado que pode e deve ser abordado sob diferentes perspectivas, inclusive para suscitar questões fundamentais sobre prioridades em uma democracia comprometida com a promoção efetiva, sustentável e equitativa de direitos no país.

34. Embora realmente não caiba, e nem deve caber, ao Judiciário interferir nas disputas parlamentares, talvez seja o caso de aprofundar um pouco a conceituação dos atos *interna corporis* para distinguir situações em que a suposta interpretação de normas regimentais, além de violar o que elas preveem, esvazia de forma grave prerrogativas básicas das minorias parlamentares de terem a oportunidade de fazer oposição e crítica à posição majoritária (independentemente de, como é natural, serem derrotadas na deliberação sobre as proposições). Nessas circunstâncias, esses atos das Casas Legislativas, embora possam veicular alguma forma de interpretação de norma regimental, afetam direitos subjetivos das minorias, direitos esses que decorrem da própria Constituição e cuja violação prejudica o funcionamento do sistema democrático.

REFERÊNCIAS

AARNIO, Aulis. *Lo racional como razonable*. Madrid: Centro de Estudios Constitutionales, 1991.

ABRANCHES, Sérgio Henrique. O presidencialismo de coalizão: o dilema institucional brasileiro. *Dados – Revista de Ciências Sociais*, Rio de Janeiro, v. 31, n. 1, p. 5-33, 1988.

ACKERMAN, Bruce. The new separation of powers. *Harvard Law Review*, v. 113, n. 3, p. 633-729, 2000.

ACKERMAN, F. Critique of Cost-Benefit Analysis, and Alternative Approaches to Decision-Making. *Report commissioned by Friends of the Earth* – UK. Stockholm: SEI Publications, 2008.

AKIRE, S.; SANTOS, M. Acute Multidimensional poverty: a new index for developing countries. *Human Development Research Paper*, New York: UNDP-HDRO, 2010. n. 11.

ALEXY, Robert. *Teoria da argumentação jurídica*: a teoria do discurso racional como teoria da justificação jurídica. São Paulo: Landy Editora, 2001.

ALEXY, Robert. Balancing, Constitutional Review and Representation. *International Journal of Constitutional Law*, New York, v. 3, n. 4, p. 572-581, 2005.

AMARAL, Gustavo. *Direito, escassez e escolha*: em busca de critérios jurídicos para lidar com a escassez de recursos e as decisões trágicas. Rio de Janeiro: Renovar, 2001.

AMORIM NETO, Octávio; COX, G. W.; MCCUBBINS, M. Agenda power in Brazil's Câmara dos Deputados: 1989-1998. *World Politics*, v. 55, n. 4, p. 550-578, 2003.

ANDRADE, Carlos Henrique Viana de. História ilustrada da medicina da Idade Média ao século do início da razão. São Paulo: Baraúna, 2015.

APPIO, Eduardo. Controle judicial das políticas públicas no Brasil. Curitiba: Juruá, 2006.

ARAGÃO, Alexandre Santos de. Princípio da legalidade e poder regulamentar no Estado contemporâneo. *Revista de Direito Administrativo*, v. 225, p. 109-129, 2001.

ARAGÃO, Alexandre Santos de. A Concepção Pós-positivista do princípio da legalidade. *Revista de Direito Administrativo*, v. 236, p. 51-64, 2004.

ARAGÃO, Alexandre Santos de. Agências reguladoras e a evolução do Direito Administrativo Econômico. Rio de Janeiro: Forense, 2006.

ARENDT, Hannah. *The human condition*. Chicago: University of Chigaco Press, 1958.

ARENDT, Hannah. *The origins of totalitarianism*. Orlando: A Harvest Book, 1968.

ATALIBA, Geraldo. *República e Constituição*. 2. ed. São Paulo: Malheiros, 1998.

ATIENZA, Manuel. Contribución para una teoría de la legislación. *Doxa*, v. 6, p. 385-403, 1989.

ATIENZA, Manuel. Practical reason and legislation. *Ratio Juris*, v. 5, n. 3, p. 269-287, 1992.

ATIENZA, Manuel. *As razões do Direito*: teorias da argumentação jurídica. São Paulo: Landy, 2002.

ATIENZA, Manuel. Reasoning and legislation. *In*: WINTGENS, Luc J. (Org.). *The theory and practice of legislation*. Aldershot: Ashgate, 2005. p. 297-317.

ÁVILA, Humberto. *Teoria dos Princípios*: da definição à aplicação dos princípios jurídicos. 2. ed. São Paulo: Malheiros, 2003.

ÁVILA, Humberto. Limites e intensidade dos controles de razoabilidade, de proporcionalidade e de excessividade das leis. *Revista de Direito Administrativo*, n. 236, p. 369-384, 2004.

BAGATIN, Andréia Cristina. *O problema da captura das agências reguladoras*. Dissertação (Mestrado em Direito) – Faculdade de Direito da Universidade de São Paulo, São Paulo, 2010.

BANDEIRA DE MELLO, Celso Antônio. Controle judicial dos atos administrativos. *Revista de Direito Público*, v. 65, p. 27-38, 1983.

BANDEIRA DE MELLO, Celso Antônio. *Conteúdo jurídico do princípio da igualdade*. São Paulo: Malheiros, 1993.

BAPTISTA, Patrícia. *Transformações do Direito Administrativo*. Rio de Janeiro: Renovar, 2003.

BARCELLOS, Ana Paula de. O princípio republicano, a Constituição Brasileira de 1988 e as Formas de Governo. *Revista Forense*, v. 356, p. 3-20, 2001.

BARCELLOS, Ana Paula de. *Ponderação, racionalidade e atividade jurisdicional*. Rio de Janeiro: Renovar, 2004.

BARCELLOS, Ana Paula de. Neoconstitucionalismo, direitos fundamentais e controle das políticas públicas. *Revista de Direito Administrativo*, v. 240, p. 83-103, 2005.

BARCELLOS, Ana Paula de. Constitucionalização das Políticas Públicas em Matéria de Direitos Fundamentais: o Controle Político-Social e o Controle Jurídico no Espaço Democrático. *Revista de Direito do Estado*, v. 3, p. 17-54, 2006.

BARCELLOS, Ana Paula de. Papéis do direito constitucional no fomento do controle social democrático: algumas questões políticas e científicas complexas. *Revista de Direito do Estado*, v. 12, p. 77-105, 2008.

BARCELLOS, Ana Paula de. O direito a prestações de saúde: complexidade, mínimo existencial e o valor das abordagens coletiva e abstrata. *In*: GUERRA, Sidney; EMERIQUE, Lilian Balmant (Org.). *Perspectivas constitucionais contemporâneas*. Rio de Janeiro: Lumen Juris, 2010. p. 221-247.

BARCELLOS, Ana Paula de. *A eficácia jurídica dos princípios*. o princípio da dignidade da pessoa humana. 3. ed. Rio de Janeiro: Renovar, 2011.

BARCELLOS, Ana Paula de. Conditional Cash Transfer Programs and their Possible Side Effects: the Brazilian Bolsa Família Case. SELA (Seminario en Latinoamérica de Teoría Constitucional y Política) Papers. *Paper 114*, 2012. Disponível em: http://digitalcommons.law.yale.edu/yls_sela/114. Acesso em: 19 dez. 2018.

BARCELLOS, Ana Paula de. Some thoughts on prison conditions, human dignity and urban violence under Brazilian Law. *Panorama of Brazilian Law*, v. 2, p. 91-111, 2014a.

BARCELLOS, Ana Paula de. Sanitation rights, public law litigation, and inequality: a case study from Brazil. *Health and Human Rights*, v. 16, n. 2, p. 35-46, 2014.

BARCELLOS, Ana Paula de. Políticas públicas e o dever de monitoramento: "levando os direitos a sério". *Revista Brasileira de Políticas Públicas*, v. 8, n. 2, p. 252-266, ago. 2018. Disponível em: https://www.publicacoesacademicas.uniceub.br/RBPP/article/view/5294/3967. Acesso em: 19 dez. 2018.

BARRETO, Mauricio L. et al. Effect of city-wide sanitation programme on reduction in rate of childhood diarrhoea in northeast Brazil: assessment by two cohort studies. *Lancet*, v. 370, p. 1622-1628, 2007.

BARROS, Suzana de Toledo. O princípio da proporcionalidade e o controle de constitucionalidade das leis restritivas de direitos fundamentais. São Paulo: Malheiros, 1996.

BARROSO, Luís Roberto. Princípio da legalidade. Delegações legislativas. Poder regulamentar. Repartição constitucional das competências legislativas. *Revista de Direito Administrativo*, v. 1, p. 15-39, 1997.

BARROSO, Luís Roberto. *Interpretação e aplicação da Constituição*. 7. ed. São Paulo: Saraiva, 2009a.

BARROSO, Luís Roberto. *O Direito Constitucional e a efetividade de suas normas*: limites e possibilidades da Constituição brasileira. 9. ed. Rio de Janeiro: Renovar, 2009.

BARROSO, Luís Roberto. Aqui, lá e em todo lugar: a dignidade humana no direito contemporâneo e no discurso transnacional. *Revista dos Tribunais*, v. 919, p. 127-196, 2012a.

BARROSO, Luís Roberto. Judicialização, ativismo judicial e legitimidade democrática. *(Syn)thesis*, v. 5, n. 1, p. 23-32, 2012.

BARROSO, Luís Roberto. *Controle de Constitucionalidade no Direito Brasileiro*. 6. ed. São Paulo: Saraiva, 2012.

BARROSO, Luís Roberto. Constituição, democracia e supremacia judicial: direito e política no Brasil contemporâneo. *Revista do Ministério Público*, v. 49, p. 187-224, 2013.

BENDA-BECKMANN, Franz Von. Scape-Goat and Magic Charm. Law in Development Theory and Practice. *Journal of Legal Pluralism*, v. 28, p. 129-148, 1989.

BENNETT, Stephen Earl. Democratic competence, before Converse and after. *Critical Review*, v. 18, n. 1-3, p. 105-141, 2006.

BÉZE, Patrícia Mothé Glioche. Devido Processo Legal (Princípio do-). *In*: TORRES, Ricardo Lobo et al. *Dicionário de princípios jurídicos*. Rio de Janeiro: Elsevier, 2011. p. 245-252.

BIAGIOLI, C. et al. Law making environment: perspectives. *In: Proceedings of the V Legislative XML Workshop*. European Press Academic Publishing, p. 267-281, 2007.

BICKFORD, Susan. *The dissonance of democracy*: listening, conflict and citizenship. New York: Cornell University Press, 1996.

BILCHITZ, David. *Poverty and fundamental rights*. New York: Oxford University Press, 2007.

BIMBER, Bruce. *Information and american democracy*: technology in the evolution of political power. Cambridge: Cambridge University Press, 2003.

BINENBOJM, Gustavo. *Uma teoria do Direito Administrativo*: direitos fundamentais, democracia e constitucionalismo. Rio de Janeiro: Renovar, 2006.

BIRKLAND, T. Agenda setting in public policy. *In*: FISCHER, F.; MILLER, G.; SIDNEY, M. (Ed.). *Handbook of public policy analysis:* theory, politics and methods. New York: CRC Press, 2007.

BOBBIO, Norberto. Democracia. *In*: BOBBIO, Norberto; MATTEUCCI, Nicola. *Dicionário de Política*. Brasília: Editora UNB, 1983. v. 1, p. 319-329.

BOBBIO, Norberto. *Teoria do ordenamento jurídico*. 10. ed. Brasília: Editora UNB, 1997.

BOBBIO, Norberto. *A teoria das formas de governo*. 10. ed. Brasília: Editora UNB, 1998.

BOHMAN, James; REHG, William (Org.). *Essays on reason and politics*: deliberative democracy. Cambridge: MIT Press, 1997.

BONAMINO, Alicia; COSCARELLI, Carla; FRANCO, Creso. Avaliação e letramento: concepções de aluno letrado subjacentes ao SAEB e ao PISA. *Educ. Soc.*, Campinas, v. 23, n. 81, p. 91-113, 2002.

BONAVIDES, Paulo. *Teoria constitucional da democracia participativa*. 3. ed. São Paulo: Malheiros, 2008.

BRANDÃO, Rodrigo. Direitos fundamentais, democracia e cláusulas pétreas. Rio de Janeiro: Renovar, 2008.

BRASIL. Ministério da Educação, INEP. *Mapa do analfabetismo no Brasil*, 2012. Disponível em: http://portal.inep.gov.br/documents/186968/485745/Mapa+do+analfabetismo+no+Brasil/a53ac9ee-c0c0-4727-b216-035c65c45e1b?version=1.3. Acesso em: 19 dez. 2018.

BRASIL. *Termo de Referência para elaboração de planos municipais de saneamento básico:* procedimentos relativos ao convênio de cooperação técnica e financeira da Fundação Nacional de Saúde. Brasília: Fundação Nacional de Saúde (FUNASA)/ Ministério da Saúde (MS), 2012.

BRINK-DANAN, Marcy. Faith in conversation: translation, translanguaging, and the british god debate. *Journal of Linguistic Anthropology*, v. 25, n. 2, p. 173-194, 2015.

BRINKS, Daniel M.; GAURI, Varun. The Law's Majestic Equality? The Distributive Impact of Judicializing Social and Economic Rights. *Perspectives on Politics*, v. 12, n. 2, p. 375-393, 2014.

BRUNA, Sérgio Varella. *Agências reguladoras*: poder normativo, consulta pública, revisão judicial. São Paulo: Revista dos Tribunais, 2003.

BRYANT, A. Christopher; SIMEONE, Timothy J. Remanding to congress: The Supreme Court's New "On the Record". *Cornell Law Review*, v. 86, p. 328-396, 2001.

BUCCI, Maria Paula Dallari. As políticas públicas e o Direito Administrativo. *Revista Trimestral de Direito Público*, v. 13, p. 134-144, 1996.

BUCCI, Maria Paula Dallari. *Políticas públicas*: reflexões sobre o conceito. São Paulo: Saraiva, 2006.

BUGARIN, Maurício Soares; VIEIRA, Laércio Mendes; GARCIA, Leice Maria. Controle dos gastos públicos no Brasil: instituições oficiais, controle social e um mecanismo para ampliar o envolvimento da sociedade. Rio de Janeiro: Konrad-Adenauer-Stiftung, 2003. v. 32. Série Pesquisas.

BUNGE, Mario. Seven desiderata for rationality. *In*: AGASSI, Joseph; JARVIE, Jean Charlie. *Rationality*: the critical view. Netherlands: Springer, 1987. p. 5-15.

CALLAHAN, Kathe. *Elements of effective governance*: measurement, accountability and participation. Pennsylvania: CRC Press, 2007.

CAMPOS, Anna Maria. Accountability: quando poderemos traduzi-la para o português? *Revista de Administração Pública*, v. 24, p. 30-50, 1990.

CANOTILHO, J. J. Direito Constitucional e teoria da Constituição. Coimbra: Almedina, 1997.

CARNEIRO, André Corrêa de Sá. *Legislação simbólica e poder de apreciação conclusiva no Congresso Nacional*. Brasília: Biblioteca Digital Câmara dos Deputados, 2009.

CARVALHO, Luis Gustavo Grandinetti Castanho de. *Direito de informação e liberdade de expressão*. Rio de Janeiro: Renovar, 1999.

CASTRO, Fábio Avila de. *Imposto de renda da pessoa física*: comparações internacionais, medidas de progressividade e redistribuição. . Dissertação (Mestrado em Economia do Setor Público) – Universidade de Brasília, Faculdade de Economia, Administração e Contabilidade, Departamento de Economia, Brasília, 2014.

CHANG, Cheoljoon. Legisprudence in the Koren Context: a Practical Approach Focusing on the Confucian Effects on Rationality. *In*: WINTGENS, Luc J.; OLIVER-LALANA, Daniel (Org.). *Legisprudence library*: Studies on the theory and practice of legislation – the Rationality and Justification of Legislation –essays in Legisprudence. Switzerland: Springer, 2013. posição 1621-1854.

CHIEFFI, Ana Luiza; BARATA, Rita Barradas. Judicialização da política pública de assistência farmacêutica e equidade. *Cadernos de Saúde Pública*, v. 25, n. 8, p. 1839-1849, 2009.

CINTRA, Antônio Octávio *et al*. O poder legislativo na Nova República: a visão da Ciência Política. *In*: AVELAR, Lúcia; CINTRA, Antônio Octávio. *Sistema político brasileiro: uma introdução*. São Paulo: Unesp, 2015.

CLÈVE, Clèmerson Merlin; LORENZETTO, Bruno Meneses. Constituição, Governo Democrático e Níveis de Intensidade do Controle Jurisdicional. *Revista Jurídica Luso-Brasileira*, v. 1, p. 409-471, 2015.

CLÈVE, Clèmerson Merlin. *A fiscalização abstrata da constitucionalidade no Direito brasileiro*. 2. ed. São Paulo: Revista dos Tribunais, 2000.

CLÈVE, Clèmerson Merlin. A eficácia dos direitos fundamentais sociais. *Revista de Direito Constitucional e Internacional*, v. 54, p. 28-39, 2006.

CLÈVE, Clèmerson Merlin. *Atividade legislativa do Poder Executivo*. 3. ed. São Paulo: Revista dos Tribunais, 2011.

CLINTON, Joshua D. Proxy variable. *In*: LEWIS-BECK, Michael S.; BRYMAN, Alan; LIAO, Tim Futing. *The SAGE encyclopedia of social science research methods*. New York: Sage Publication, 2004.

COMPARATO, Fábio Konder. Ensaio sobre o juízo de constitucionalidade de políticas públicas. *Revista dos Tribunais*, v. 737, p. 11-22, 1997.

COMPARATO, Fábio Konder. *Ética*: direito, moral e religião no mundo moderno. São Paulo: Companhia das Letras, 2006.

CONVERSE, Philip E. The nature of belief systems in mass publics (1964) e Democratic Theory and electoral Reality. *Critical Review*, v. 18, n. 1-3, p. 1-74, p. 297-329, 2006.

COOTER, Robert; ULEN, Thomas. *Direito e Economia*. 10. ed. Porto Alegre: Artmed, 2010.

COSTA, Alexandre Araújo. *O princípio da razoabilidade na jurisprudência do STF*: o século XX. Brasília: Thesaurus, 2008.

CROZIER, Michel; HUNTINGTON, Samuel P.; WATANUKI, Joji. *The crisis of democracy*. New York: New York University Press, 1973.

CUÉLLAR, Leila. *As agências reguladoras e seu poder normativo*. São Paulo: Dialética, 2001.

DALLARI, Dalmo de Abreu. *Elementos de teoria geral do Estado*. 6. ed. São Paulo: Saraiva, 1979.

DANTAS, San Tiago. Igualdade perante a lei e due process of law. In: *Problemas de Direito Positivo*: estudos e pareceres. Rio de Janeiro: Forense, 1953.

DANTAS, San Tiago. *Programa de Direito Civil*: parte geral. Rio de Janeiro: Editora Rio, 1977.

DE CREMER, D. Respect and cooperation in social dilemmas: the importance of feeling included. *Personality and Social Psychology Bulletin*, v. 28, n. 10, p. 1335-1341, 2002.

DE FRANCESCO, Fabrizio; RADAELLI, Claudio M.; TROEGER, Vera E. Implementing regulatory innovations in Europe: the case of impact assessment. *Journal of European Public Policy*, p. 1-21, 2011.

DECANIO, Samuel. Mass opinion and American political development. *Critical Review*, v. 18, p. 1-3, 143-155, 2006.

DEKRAAI, M. The impact of judicial policy making on services for persons with developmental disabilities, ETD collection for University of Nebraska – Lincoln. *Paper AAI9030113*, 1990. Disponível em: http://digitalcommons.unl.edu/dissertations/AAI9030113. Acesso em: 19 dez. 2018.

DEL VECCHIO, Giorgio. *Lições de filosofia do Direito*. 5. ed. Coimbra: Armênio Amado, 1979.

DI PIETRO, Maria Sylvia Zanella. *Direito Administrativo*. 27. ed. São Paulo: Atlas, 2014.

DILLON, Robin S. Respect. *The Stanford encyclopedia of philosophy*. Disponível em: http://plato.stanford.edu/archives/fall2015/entries/respect/. Acesso em: 19 dez. 2018.

DINIZ, Eli; BOSCHI, Renato. O Legislativo como arena de interesses organizados: a atuação dos lobbies empresariais. *Locus, Revista de História*, v. 5, n. 1, p. 7-32, 1999.

DOWNS, Anthony. *An economic theory of democracy*. Boston: Addison Wesley, 1985.

ELSTER, Jon (Org.). *Deliberative democracy*. New York: Cambridge University Press, 1999.

ELSTER, Jon. *Alchemies of the Mind*: rationality and the emotions. Cambridge: Cambridge University Press, 1999a.

ELUF, Luiza Nagib. *A paixão no banco dos réus*: casos passionais célebres: de Pontes Visgueiro a Pimenta Neves. 3. ed. São Paulo: Saraiva, 2007.

ELY, John Hart. *Democracy and distrust*. Cambridge: Harvard University Press, 2002.

ENGISCH, Karl. *Introdução ao pensamento jurídico*. 6. ed. Coimbra: Fundação Calouste Gulbenkian, 1983.

ESTEVES, Luiz Fernando Gomes. *Processo legislativo no Brasil*: prática e parâmetros. Belo Horizonte: Letramento, 2018.

EUROPEAN UNION. Interinstitucional agreement on better law-making (2003/C 321/01). *Official Journal of the European Union C321*, v. 46, 31, 2003.

FALLON JR., Richard H. "The rule of law" as a concept in constitutional discourse. *Columbia Law Review*, v. 97, n. 1, p. 1-56, 1997.

FARIAS, Edilsom. *Liberdade de expressão e comunicação*. São Paulo: Reivsta dos Tribunais, 2004.

FEELEY, M.; RUBIN, E. *Judicial policy making and the modern state*: how the courts reformed America's prisons. Cambridge: Cambridge University Press, 1999.

FERNANDES, Edésio. Constructing the 'Right To the City' in Brazil. *Social Legal Studies*, v. 16, p. 201-219, 2007.

FERRAZ, Octávio Luiz Motta; VIEIRA, Fabiola Sulpino. Direito à saúde, recursos escassos e equidade: os riscos da interpretação judicial dominante. *Dados – Revista de Ciências Sociais*, v. 52, n.1, p. 223-251, 2009.

FERRAZ, Octavio Luiz Motta. The right to health in the courts of Brazil: worsening health inequities? *Health and Human Rights*, v. 11, n. 2, p. 33-45, 2009a.

FERRI, Cristiano. Fatores internos da Câmara dos Deputados e a coerência das leis federais. *Cadernos da Escola do Legislativo*, v. 9, n. 14, p. 103-132, 2007.

FIGUEIREDO, Argelina Cheibub; LIMONGI, Fernando. Mudança constitucional, desempenho legislativo e consolidação institucional. *Revista Brasileira de Ciências Sociais*, n. 29, p. 175-200, 1995.

FISHKIN, James S. Beyond polling alone: The quest for an informed public. *Critical Review*, v. 18, n. 1-3, p. 157-165, 2006.

FLUECKIGER, Alexandre. La planification: un mode de rationalité dépassé pour la légistique? *In: Légistique formelle et matérielle = formal and material legistic*. Aix-en-Provence: Presses universitaires d'Aix-Marseille, 1999. p. 117-138.

FLUECKIGER, Alexandre. Can better regulation be achieved by guiding parliaments and governments? How the definition of the quality of legislation affects law improvement methods (concluding remarks). *Legisprudence*, v. 4, n.2, p. 213-218, 2010.

FORST, Rainer. *The right to justification*. New York: Columbia University Press, 2007.

FRASER, N. Da redistribuição ao reconhecimento?: dilemas da justiça na era pós-socialista. *In*: SOUZA, J. *Democracia hoje*: novos desafios para a teoria democrática contemporânea. Brasília: Editora UNB, 2001. p. 245-282.

FRASER, Nancy. Rethinking the public sphere: a contribution to the critique of actually existing democracy. *Social Text*, v. 25, n. 26, p. 56-80, 1992.

FREIRE JÚNIOR, Américo Bedê. *O controle judicial de políticas públicas*. São Paulo: Revista dos Tribunais, 2005.

FREITAS, Juarez. O controle social do orçamento público. *Revista Interesse Público*, v. 11, p. 13-26, 2001.

FRICKEY, Philip P.; SMITH, Steven S. Judicial Review, the Congressional Process, and the Federalism Cases: An Interdisciplinary Critique. *Yale Law Journal*, v. 111, p. 1707-1756, 2001.

FRISCHEISEN, Luiza Cristina Fonseca. *Políticas públicas*. a responsabilidade do administrador e do Ministério Público. São Paulo: Max Limonad, 2000.

FULLER, Lon L. *The morality of law*. New Haven: Yale University Press, 1969.

GALDINO, Flávio. Introdução à teoria dos custos dos direitos: direitos não nascem em árvores. Rio de Janeiro: Renovar, 2005.

GARCÍA DE ENTERRÍA, Eduardo. *Democracia, juices y control de la administración*. Madrid: Editorial Civitas, 1998.

GARGARELLA, R.; DOMINGO, P.; ROUX, T. (Ed.). *Courts and social transformation in new democracies*: an institutional voice for the poor? Aldershot/Burlington: Ashgate, 2006.

GARGARELLA, Roberto. Democracia deliberativa e o papel dos juízes diante dos direitos sociais. *Revista de Direito do Estado*, v. 10, n. 12, p. 3-24, 2008.

GAURI, Varun; BRINKS, Daniel M. (Ed.). *Courting social justice*: judicial enforcement of social and economic rights in the developing world. Cambridge: Cambridge University Press, 2008.

GAURI, Varun. Fundamental rights and public interest litigation in India: overreaching or underachieving? *Indian Journal of Law & Economics*, v. 1, n. 1, p. 71-93, 2010.

GAUS, Gerald. *The order of public reason:* a theory of freedom and morality in a diverse and bounded world. New York: Cambridge University Press, 2011.

GILLES, Myriam E. In defense of making Government pay: the deterrent effect of constitutional tort remedies. *Georgia Law Review*, v. 35, p. 845-880, 2000/2001.

GRABER, Doris A. Government by the people, for the people: twenty-first century style. *Critical Review*, v. 18, n. 1-3, p. 167-178, 2006.

GRAU, Eros Roberto. Ensaio e discurso sobre a interpretação e aplicação do Direito. São Paulo: Malheiros, 2002.

GREEN, Maria. What We Talk About When We Talk About Indicators: Current Approaches to Human Rights Measurement. *Human Rights Quarterly*, v. 23, n. 4, p. 1062-1097, 2001.

GRINOVER, Ada Pellegrini; WATANABE, Kazuo (Org.). *O controle jurisdicional das políticas públicas*. Rio de Janeiro: Forense, 2011.

GRUNWALD, Armin. Technology assessment at the German Bundestag: 'Expertising' democracy for 'democratising' expertise. *In*: GRUNWALD, Armin; RIEHRN, Ulrich (Org.). *ITAS-Jahrbuch 2003/2004*. Jahrbuch des Instituts für Technikfolgenabschätzung und Systemanalyse (ITAS), 2005. p. 223-236.

GUTMANN, Amy; THOMPSON, Dennis. *Democracy and disagreement*. Cambridge: Harvard University Press, 1996.

GUTMANN, Amy; THOMPSON, Dennis. *Why deliberative democracy?* New Jersey: Princeton University Press, 2004.

HABERMAS, Jürgen. Further reflections on the public sphere. *In*: CALHOUN, C. (Ed.). *Habermas and the public sphere*. Cambridge: Massachusetts Institute of Technology Press, 1991.

HABERMAS, Jürgen. Reconciliation through the public use of reason: remarks on john rawls' political liberalism. *The Journal of Philosophy*, Columbia, v. XXCII, n. 3, 1995.

HABERMAS, Jürgen. Three Normative Models of Democracy. *In*: BENHABIB, S. (Ed.). *Democracy and difference*. Princeton: Princeton University Press, 1996a.

HABERMAS, Jürgen. *Between facts and norms*: contribution to a discourse theory of law and democracy. Cambridge: Massachusetts Institute of Technology Press, 1996.

HABERMAS, Jürgen. *Direito e democracia*: entre faticidade e validade. Rio de Janeiro: Tempo Brasileiro, 1997.

HABERMAS, Jürgen. Religião na esfera pública: pressuposições cognitivas para o "uso público da razão" de cidadãos seculares e religiosos. *In*: HABERMAS, Jürgen. *Entre naturalismo e religião*: estudos filosóficos. Rio de Janeiro: Tempo Brasileiro, 2007. p. 129-167

HAMILTON, Alexander; JAY, John; MADISON, James. *Os artigos federalistas*. Rio de Janeiro: Nova Fronteira, 1993.

HAMM, Brigitte I. A human rights approach to development. *Human Rights Quarterly*, v. 23, p. 1005-1031, 2001.

HARDIN, Russell. Ignorant democracy. *Critical Review*, v. 18, n. 1-3, p. 179-195, 2006.

HART, Herbert L. A. *O conceito de Direito*. Lisboa: Fundação Calouste Gulbenkian, 1994.

HERSHKOFF, H. Public interest litigation: selected issues and examples, 2005. Disponível em: http://siteresources.worldbank.org/INTLAWJUSTINST/Resources/PublicInterestLitigation%5B1%5D.pdf. Acesso em: 19 dez. 2018.

HESSE, Konrad. *Elementos de Direito Constitucional da República Federal da Alemanha*. 20. ed. Porto Alegre: Sergio Antonio Fabris Editor, 1998.

HEYNS, Christof; PADILLA, David; ZWAAK, Leo. Comparação esquemática dos sistemas regionais de direitos humanos: uma atualização. *Revista Internacional de Direitos Humanos*, v. 4, n. 3, p. 160-169, 2006.

HILL, Thomas E. Dignidade. Dignidade e respeito de si. *In*: CANTO-SPERBER, Monique. *Dicionário de* ética e filosofia moral. São Leopoldo: Unisinos, 2007. v. 1, p. 440-444.

HOFFMANN, Rodolfo. Mensuração da desigualdade e da pobreza no Brasil. *In*: HENRIQUES, R. (Ed.). *Desigualdade e pobreza no Brasil*. Rio de Janeiro: IPEA, 2000. p. 81-107.

HOROWITZ, D. *The courts and social policy*. Washington: The Brookings Institutions, 1977.

HOULE, France. Material produzido pelo processo de regulamentação como subsídio extrínseco à interpretação: um estudo do uso do RIAS pela Corte Federal do Canadá. *Revista da Seção Judiciária do Rio de Janeiro*, v. 22, p. 339-355, 2008.

HUCKFELDT, Robert; SPRAGUE, John. *Citizens, politics and social communication*: information and influence in an election campaign. Cambridge: Cambridge University Press, 1995.

HUMAN RIGHTS WATCH. *Discrimination inequality and poverty*: a human rights perspective, 2012.

IBGE. Brasil. *Atlas de saneamento 2011*. Rio de Janeiro: Instituto Brasileiro de Geografia e Estatística - IBGE, 2011.

IBGE – Brasil. *Síntese de indicadores sociais*: uma análise das condições de vida da população brasileira 2014. Rio de Janeiro: Instituto Brasileiro de Geografia e Estatística - IBGE, 2012.

IPEA. Avaliando a efetividade da Lei Maria da Penha. Disponível em: http://www.ipea.gov.br/atlasviolencia/artigo/22/avaliando-a-efetividade-da-lei-maria-da-penha-. Acesso em: 19 dez. 2018.

IPEA. Retrato das desigualdades de gênero e raça. 4. ed. Brasília: IPEA, 2011.

ISSALYS, Pierre. Analyse d'impact et production normative: de l'efficacité à la légitimité. *Revista da Faculdade de Direito da UFMG*, número especial: Jornadas Jurídicas Brasil – Canadá, p. 245-274, 2013.

IVENGAR, Shanto. Shortcuts to Political Knowledge: the role of selective attention and accessibility. *In*: FEREJOHN, A.; KUKLINSKI, James H. (Org.). *Information and Democratic Processes*. Urbana: University of Illinois Press, 1990. p. 160-185.

JACOBSON, P.; WARNER, K. Litigation and public health policy making: the case of tobacco control. *Journal of Health Politics, Policy and Law*, v. 24, n. 4, p. 768-804, 1999.

JAKOBS, Günther; CANCIO MELIÁ, Manuel. *Direito Penal do inimigo*: noções e críticas. Porto Alegre: Livraria do Advogado, 2007.

JELLINEK, Georg. *Teoría general del Estado*. Buenos Aires: Albatroz, 1921.

JOBIM, Nelson. O colégio de líderes e a câmara dos deputados. *CEBRAP – Cadernos de Pesquisa*, n. 3, p. 37-59, nov. 1994.

JORGE NETO, Nagibe de Melo. *O controle jurisdictional das políticas públicas*. Salvador: Juspodivm, 2008.

KELSEN, Hans. *A democracia*. São Paulo: Martins Fontes, 2000.

KERBAUY, Maria Teresa Miceli. As câmaras municipais brasileiras: perfil de carreira e percepção sobre o processo decisório local. *Opinião Pública*, Campinas, v. XI, n. 2, p. 337-365, 2005.

KINDER, Donald R. Belief systems today. *Critical Review*, v. 18, n. 1-3, p. 197-216, 2006.

KINGDON, J. *Agendas, alternatives and public policies*. 2. ed. New York: Harper Collins, 2010.

KLEIN, A. Judging as nudging: new governance approaches for the enforcement of constitutional social and economic rights. *Columbia Human Rights Law Review*, v. 39, p. 351-422, 2007/2008.

KRELL, Andreas. Controle judicial dos serviços públicos básicos na base dos direitos fundamentais sociais. *In:* SARLET, Ingo Wolfgang (Org.). *A Constituição concretizada*: construindo pontes entre o público e o privado, 2000, p. 25-60.

KUZNETS, S. Economic growth and income inequality. *American Economic Review*, v. 45, n. 1, p. 1-28, 1955.

LANCET EDITORIAL. Water and sanitation: addressing inequalities. *Lancet*, v. 383, p. 1359, 2014.

LANDES, W.; POSNER, R. *The economic structure of tort law*. Cambridge: Harvard University Press, 1987.

LANGFORD, Malcolm (Org.). *Social rights jurisprudence*. Emerging trends in international and comparative law. Cambridge: Cambridge University Press, 2008.

LARENZ, Karl. *Metodologia da ciência do Direito*. 2. ed. Lisboa: Fundação Calouste Gulbenkian, 1969.

LARENZ, Karl. *Derecho justo*: fundamentos de ética jurídica. Madrid: Civitas, 1991.

LAURENTI, Ruy; JORGE, Maria Helena Prado de Mello; GOTLIEB, Sabina Léa. A mortalidade materna nas capitais brasileiras: algumas características e estimativa de um fator de ajuste. *Revista Brasileira de Epidemiologia*, v. 7, n. 4, p. 449-460, 2004.

LAVILLA, Landelino. Constitucionalidad y legalidad. Jurisdicción constitucional y poder legislativo. In: PINA, Antonio Lopes (Org.). División de poderes e interpretación: hacia una teoría de la praxia constitucional. Madrid: Tecnos, 1997. p. 58-72.

LEAL, Victor Nunes. Problemas de técnica legislativa. In: LEAL, Victor Nunes. Problemas de Direito Público. Rio de Janeiro: Forense, 1960.

LEMOS, Ronaldo; MARTINI, Paula. LAN Houses: A new wave of digital inclusion in Brazil. Information Technologies and International Development, v. 6, p. 31-35, 2010.

LEVINSON, Daryl J. Making Government pay: markets, politics, and the allocation of constitutional costs. University of Chicago Law Review, v. 67, p. 345-420, 2000.

LEVITT, Steven D.; DUBNER, Stephen J. Freakonomics: o lado oculto e inesperado de tudo o que nos afeta. São Paulo: Elsevier, 2005.

LIMBERGER, Têmis. Transparência administrativa e novas tecnologias: o dever de publicidade, o direito a ser informado e o princípio democrático. Revista Interesse Público, v. 39, p. 69-94, 2006.

LIMONGI, Fernando; FIGUEIREDO, Argelina Cheibud. Modelos de legislativo: o legislativo brasileiro em perspectiva. Plenarium, Brasília, v. 1, p. 41-56, 2004.

LIMONGI, Fernando; FIGUEIREDO, Argelina. Bases institucionais do presidencialismo de coalisão. Lua Nova, v. 44, p. 81-106, 1998.

LIMONGI, Fernando. A democracia no Brasil. Presidencialismo, coalizão partidária e processo decisório. Novos Estudos CEBRAP, v. 76, p. 17-41, 2006.

LIND, Allan E.; TYLER, Tom R. The social psychology of procedural justice. New York: Springer Since/Business Media, 1998.

LINDE, Hans. Due process of lawmaking. Nebraska Law Review, v. 55, p. 197-255, 1976.

LOEWENSTEIN, K. Teoría de la Constitución. Barcelona: Ariel, 1986.

LORNTZ, Breyette et al. Early childhood diarrhea predicts impaired school performance. Pediatric Infectious Disease Journal, v. 25, n. 6, p. 513-520, 2006.

MACEDO JUNIOR, Ronaldo Porto. Ensaios de teoria do Direito. São Paulo: Saraiva, 2013.

MACKUEN, Michael. Speaking of politics: individual conversational choice, public opinion, and the prospects for deliberative democracy. In: FEREJOHN, A.; KUKLINSKI, James H. (Org.). Information and democratic processes. Urbana: University of Illinois Press, 1990. p. 59-99.

MADER, Luzius. Legislação e jurisprudência. Cadernos da Escola do Legislativo, Belo Horizonte, v. 9, n. 14, p. 193-206, 2007.

MAINWARING, Scott; WELNA, Christopher. Democratic accountability in Latin America. New York: Oxford University Press, 2003.

MALIANDI, Ricardo. Justificación de la democracia. In: VIGO, Rodolfo Luis. En torno a la democracia. Santa Fe: Rubinzal Culzoni, 1996. p. 47-54.

MANKIW, N. Gregory. Introdução à economia: princípios de micro e macroeconomia. Rio de Janeiro: Campus, 2001.

MANNARINO, Rosanne. Prestação de contas do Governo da República. Para quem? A sociedade brasileira. In: SOUZA JUNIOR, José Geraldo de (Org.). Sociedade democrática, Direito Público e controle externo. Brasília: Universidade de Brasília, 2006. p. 229-240.

MARMOR, Andrei. Should We value legislative integrity? *In*: BAUMAN, Richard W.; KAHANA, Tsvi (Org.). *The least examined brach*: the role of legislature in the constitutional state. New York: Cambridge University Press, 2006. p. 125-138.

MARQUES NETO, Floriano Peixoto de Azevedo. *Regulação estatal e interesses públicos*. São Paulo: Malheiros, 2002.

MASLOW, Abraham H. *A theory of human motivation*. USA: Start Publishing LLC, 2012.

MATHER, Lynn. Law and society. *In*: WHITTINGTON, Keith E.; KELEMEN, R. Daniel; CALDEIRA, Gregory A. *The Oxford handbook of law and politics*. New York: Oxford University Press, 2008. p. 682-297.

MCCANN, Michael. Litigation and legal mobilization. *In*: WHITTINGTON, Keith E.; KELEMEN, R. Daniel; CALDEIRA, Gregory A. *The Oxford handbook of law and politics*. New York: Oxford University Press, 2008. p. 522-540.

MEDEIROS, Nilcéia Lage de. A identificação do contexto de produção de legislações disponibilizadas em dois sites governamentais brasileiros: um olhar arquivístico. *Múltiplos Olhares em Ciência da Informação*, v.3, n. 1, p. 1-12, 2013.

MEDICI, André Cezar; AGUNE, Antônio Celso. Desigualdades sociais e desenvolvimento no Brasil: uma análise dos anos 80 ao nível regional. *Ensaios, FEE*, Porto Alegre, v. 15, n. 2, p. 458-488, 1994.

MENDES, Conrado Hübner. *Controle de constitucionalidade e democracia*. Rio de Janeiro: Elsevier, 2008.

MENDES, Gilmar Ferreira; BRANCO, Paulo Gustavo Gonet. *Curso de Direito Constitucional*. São Paulo: Saraiva, 2015.

MENDES, Gilmar Ferreira. Questões fundamentais de técnica legislativa. *Revista Trimestral de Direito Público*, v. 1, p. 255-271, 1993.

MENEGUIM, Fernando B. *Avaliação de impacto legislativo no Brasil*. Latin American and Caribbean Law and Economics Associatio (ALACDE). Annual Papers. Berkeley Program in Law and Economics, 2010. Disponível em: http://escholarship.org/uc/item/8ts831r2. Acesso em: 19 dez. 2018.

MESSEDER, Ana Márcia; CASTRO, Cláudia Garcia Serpa Osório de; LUIZA, Vera Lúcia. Mandados judiciais como ferramenta para garantia do acesso a medicamentos no setor público: a experiência do Estado do Rio de Janeiro, Brasil. *Cadernos de Saúde Pública*, Rio de Janeiro, v. 21, n. 2, p. 525-534, 2005.

MESTRUM, Francine; MELIK, Özden. The Fight against Poverty and Human Rights. *Critical Report*, v. 11, 2012.

MILESKI, Hélio Saul. Controle social: um aliado do controle oficial. *Revista Interesse Público*, v. 36, p. 85-98, 2006.

MILLER, Alice M. Realizing women's human rights: nongovernmental organizations and the United Nations Treaty Bodies. *In*: MAYER, Mary K.; PRÜGL, Elizabeth. *Gender Politics in Global Governance*. Oxford: Rowman & Littlefields, 1999. p. 161-176.

MINOW, M.; RAKOFF, T. Is the "reasonable person" a reasonable standard in a multicultural world? *In*: SARAT, A. *et al. Everyday practices and trouble cases*: fundamental issues in law and society research. [S. l]: [S. n.], 1998. v. 2, p. 68-108.

MIRANDA NETTO, Fernando Gama de; CAMERGO, Margarida Maria Lacombe. Representação argumentativa: fator retórico ou mecanismo de legitimação da atuação do Supremo Tribunal Federal? *Anais do XIX Encontro Nacional do CONPEDI*, 2010.

MOISÉS, José Álvaro. O desempenho do Congresso Nacional no presidencialismo de coalizão (1995-2006). *In*: MOISÉS, José Álvaro. *O papel do Congresso Nacional no presidencialismo de coalizão*. Rio de Janeiro: Konrad-Adenauer-Stiftung, 2011.

MOREIRA NETO, Diogo de Figueiredo. *Direito da participação política*: legislativa, administrativa, judicial (fundamentos e técnicas constitucionais da legitimidade). Rio de Janeiro: Renovar, 1992.

MOUFFE, Chantal. Por um modelo agonístico de democracia. *Revista de Sociologia e Política*, v. 25, p. 11-23, 2005a.

MOUFFE, Chantal. *the return of the political*. London: Verso, 2005.

MUNDAY, Roderick. In the wake of 'good governance': impact assessments and the politicisation of statutory interpretation. *Modern Law Review*, v. 71, n. 3, p. 385-412, 2008.

NASCIMENTO, Bárbara. *O Direito humano de acesso à internet*: fundamentos, conteúdo e exigibilidade. [S. l.]: Amazon, 2013. Edição Kindle.

NEDELSKY, Jennifer. Legislative judgment and the enlarged mentality: taking religious perspectives. *In*: BAUMAN, Richard W.; KAHANA, Tsvi (Org.). *The least examined brach*. the role of legislature in the constitutional state. New York: Cambridge University Press, 2006. p. 93-124.

NERI, Marcelo; OSÓRIO, Rafael. V National Monitoring Report on the Millennium Development Goals. Brasilia: Brasil – Secretaria de Assuntos Estratégicos (SAE/PR), 2014. Disponível em: http://www.sae.gov.br/site/wp-content/uploads/Release-ODM-English-Final.pdf. Acesso em: 05 out. 2015.

NEVES, Marcelo. *A constitucionalização simbólica*. São Paulo: Martins Fontes, 2007.

NIEHAUS, Mark D. *et al*. Early childhood diarrhea is associated with diminished cognitive function 4 to 7 years later in children in a northeast Brazilian shantytown, *Am J Trop Med Hyg*, v. 6, n. 5, p. 590-593, 2002.

NORTON, Andy; ELSON, Diane. *What's behind the budget?:* politics, rights and accountability in the budget process. London: ODI, 2002.

O'DONNELL, Guillermo. Why the rule of law matters. *Journal of Democracy*, v. 15, n. 4, p. 32-46, 2004.

OECD. Building and institutional framework for regulatory impact assessment: guidance for Policy-Makers. Paris: OECD Publications, 2008.

OECD. *Regulatory impact analysis*: a tool for policy coherence. Paris: OECD Publications, 2009.

OLIVEIRA, Fernando Fróes. *Direitos sociais, mínimo existencial e democracia deliberativa*. Rio de Janeiro: Lumen Juris, 2013.

OLIVEIRA, Marcelo Andrade Cattoni de. *Devido processo legislativo*: uma justificação democrática do controle jurisdicional de constitucionalidade das leis e do processo legislativo. Belo Horizonte: Mandamentos, 2006.

OLIVER-LALANA, Daniel. Rational Lawmaking and Legislative Reasoning in Parliamentary Debates. *In*: WINTGENS, Luc J.; OLIVER-LALANA, Daniel (Org.). Legisprudence Library: studies on the theory and practice of legislation, the rationality and justification of legislation – essays in legisprudence. Switzerland: Springer, 2013. posição 3340-4650.

OTERO, Paulo. *Legalidade e Administração Pública*: o sentido da vinculação administrativa à juridicidade. Coimbra: Almedina, 2003.

PAIM, Jairnilson *et al*. Health in Brazil 1: the brazilian health system: history, advances, and challenges, *Lancet*, v. 377, p. 1778-1797, 2011.

PECZENIK, Aleksander. *On law and reason*. Sweden: Springer, 1989.

PEDERIVA, João Henrique. Accountability, Constituição e contabilidade. *Revista de Informação Legislativa*, v. 35, n. 140, p. 17-39, 1998.

PIERSEN, Paul. Increasing returns, path dependence, and the study of politics. *The American Political Science Review*, v. 94, n. 2, p. 251-167, 2000.

PILDES, Richard H. The legal structure of democracy. *In*: WHITTINGTON, Keith E.; KELEMEN, R. Daniel; CALDEIRA, Gregory A. *The Oxford handbook of law and politics*. New York: Oxford University Press, 2008. p. 321-339.

PIOVESAN, F.; FACHIN, M. G. (Org.). *Direitos humanos na ordem contemporânea*: proteção nacional, regional e global. Curitiba: Juruá, 2015.

PIOVESAN, F. *Direitos Humanos e justiça internacional*: estudo comparativo dos sistemas interamericano, europeu e africano. 6. ed. São Paulo: Saraiva, 2015.

PNUD. IPEA. FJP. 2013. *Índice de Desenvolvimento Humano Municipal Brasileiro*. Brasília: Programa das Nações Unidas para o Desenvolvimento (PNUD), Instituto de Pesquisa Econômica Aplicada (IPEA), Fundação João Pinheiro (FJP), 2013.

PONTES, João Batista; PEDERIVA, João Henrique. Contas Prestadas pelo presidente da república: apreciação do congresso nacional. Brasília: Consultoria Legislativa do Senado Federal. 2004. Textos para Discussão, n. 14,

POPKIN, Samuel L. The factual basis of "belief systems": a reassessment. *Critical Review*, v. 18, 1-3, p. 233-254, 2006.

POSNER, Richard A. *Law, pragmatism and democracy*. Cambridge: Harvard University Press, 2003.

POSNER, Richard A. *Economic analysis of law*. Boston: Little, Brown and Company, 1992.

POST, Robert. *Democracy, expertise, and academic freedom*: a first amendment jurisprudence for the modern state. New Haven: Yale University Press, 2012.

PRADO, Mariana Mota; TREBILCOCK, Michael J. Path dependence, development, and the dynamics of institutional reform, legal studies research series. *University of Toronto Law Journal*, v. 04, n. 09, 2009.

QUONG, Jonathan. Public reason. *In*: ZALTA, Edward N. *The Stanford encyclopedia of philosophy*. Summer 2013. Disponível em: http://plato.stanford.edu/archives/sum2013/entries/public-reason/. Acesso em: 19 dez. 2018.

RADAELLI, Cláudio M. The diffusion of regulatory impact analysis: best practice or lesson-drawing?. *European Journal of Political Research*, v. 43, n. 5, p. 723-747, 2004.

RADAELLI, Claudio M. *Quality of regulatory governance*: impact assessment in comparative perspective: full research report ESRC end of award report, RES-000-23-1284. Swindon: ESRC, 2009.

RAWLS, John. *A theory of justice*. Cambridge: Harvard University Press, 1971.

RAWLS, John. *Political liberalism*. New York: Columbia University Press, 1993.

RAWLS, John. Reply to Habermas. *The Journal of Philosophy*, Columbia, v. XCII, n. 3, p. 170- 174, 1995.

RAWLS, John. The idea of public reason revisited. *The University of Chicago Law Review*, v. 64, n. 3, p. 765-807, 1997.

RAWLS, John. *The law of peoples*. Cambrigde: Harvard University Press, 1999.

RAZ, Joseph. The rule of law and its virtues. *In*: *The authority of law*: essays on law and morality. Oxford: Clarendon Press, 2009. p. 210-232.

REBELL, M.; BLOCK, A. *Educational policy making and courts*: an empirical study of judicial activism. Chicago/London: The University of Chicago Press, 1982.

RIPSA. *Indicadores básicos para a saúde no Brasil*: conceitos e aplicações. Brasilia: Rede Interagencial de Informação para a Saúde (RIPSA)/ Ministério da Saúde/ Organização Pan-Americana da Saúde, 2008.

ROCHA, Cláudio Jannotti da; ANDRADE, Flávio Carvalho Monteiro de. As recentes decisões dos tribunais regionais proferidas nos casos de dispensa coletiva após o *leading case* n. 0309/2009 do Tribunal Superior do Trabalho. *Revista LTr: Legislação do Trabalho e Previdência Social*, v. 11, n. 8, p. 969-975, 2013.

ROCHA, Sonia. *Desigualdade regional e pobreza no Brasil*: a evolução – 198/95. Rio de Janeiro: IPEA, 1998. Texto para discussão n. 567

RODRIGUES, Geraldo de Morais. *Produção legislativa*: poder executivo & congresso nacional. Brasília: Biblioteca Digital da Câmara dos Deputados, 2004.

ROMERO-BOSH, Ana. Lessons in legal history: eugenics & genetics. *Michigan St. U. Journal of Medicine & Law*, v. 89, p. 90-118, 2008.

ROSENBERG, G. *The hollow hope*: can courts bring about social change? 2. ed. Chicago: The University of Chicago Press, 2008.

ROSENFELD, Michael. The rule of law and the legitimacy of constitutional democracy. *Southern California Law Review*, v. 74, p. 1307-1352, 2001.

RUE, Frank La. Report of the Special Rapporteur on the promotion and protection of the right to freedom of opinion and expression, Frank La Rue. A/HRC/17/27. 2011. Disponível em: http://www2.ohchr.org/english/bodies/hrcouncil/docs/17session/A.HRC.17.27_en.pdf. Acesso em: 19 dez. 2018.

SABEL, Charles F.; SIMON, William H. Destabilization rights: how public law litigation succeeds. *Harvard Law Review*, v. 117, p. 1015-1101, 2004.

SALAMA, Bruno Meyerhof. O que é pesquisa em Direito e Economia? *Cadernos Direito GV*, v. 5, n. 2, estudo 22, p. 1-58, 2008.

SALINAS, Natasha Schmitt Caccia. Avaliação legislativa no Brasil: apontamentos para uma nova agenda de pesquisa sobre o modo de produção das leis. *Revista Brasileira de Políticas Públicas*, v. 10, n. 1, p. 228-249, 2013.

SANTOS, Gustavo Ferreira. *O princípio da proporcionalidade na jurisprudência do Supremo Tribunal Federal*: limites e possibilidades. Rio de Janeiro: Lumen Juris, 2004.

SARLET, Ingo Wolfgang; FENSTERSEIFER, Tiago. Democracia participativa e participação pública como princípios do Estado Socioambiental de Direito. *Revista de Direito Ambiental*, v. 73, p. 47-90, 2014.

SARLET, Ingo Wolfgang; MOLINARO, Carlos Alberto. Direito à informação e direito de acesso à informação como direitos fundamentais na constituição brasileira. *Revista da AGU*, v. 01, p. 1-10, 2014.

SARLET, Ingo Wolfgang. Proibição de retrocesso. *In*: TORRES, Ricardo Lobo; KATAOKA, Eduardo Takemi; GALDINO Flávio (Org.) e TORRES, Silvia Faber (Sup.). *Dicionário de princípios jurídicos*. Rio de Janeiro: Elsevier, 2011. p. 1043-1072.

SARLET, Ingo Wolfgang. *A eficácia dos direitos fundamentais*: uma teoria dos direitos fundamentais na perspectiva constitucional. 12. ed. Porto Alegre: Livraria do Advogado, 2015a.

SARLET, Ingo Wolfgang. Direitos fundamentais a prestações sociais e crise: algumas aproximações. *Espaço Jurídico*, v. 16, p. 459-488, 2015b.

SARLET, Ingo Wolfgang. Dignidade da pessoa humana e direitos fundamentais na Constituição Federal de 1988. 10. ed. Porto Alegre: Livraria do Advogado, 2015.

SARLET, Ingo Wolfgang; TIMM, Luciano Benetti. *Direitos fundamentais, orçamento e "reserva do possível"*. Porto Alegre: Livraria do Advogado, 2009.

SARTORI, Giovanni. *Comparative constitutional engineering*. An inquiry into structures, incentives and outcomes. New York: New York University Press, 1997.

SCHACTER, Jane S. Political accountability, proxy accountability, and the democratic legitimacy of legislatures. *In*: BAUMAN, Richard W.; KAHANA, Tsvi (Org.). *The Least examined brach*. the role of legislature in the constitutional state. New York: Cambridge University Press, 2006. p. 45-75.

SCHEIBER, Harry N. Xenophobia and Parochialism in the History of American Legal Process: From the Jacksonian Era to the Sagebrush Rebellion. *William and Mary Law Review*, v. 23, p. 625-661, 1981.

SCOTT, James C. *Seeing like a State*: how certian schemes to improve the human condition have failed. New Haven: Yale University Press, 1998.

SEN, Amartya. Elements of a theory of human rights. *Philosophy & Public Affairs*, v. 32, n. 4, p. 315-356, 2004.

SEN, Amartya. *El valor de la democracia*. Espanha: El Viejo Topo, 2006.

SEN, Maya. Courting deliberation: an essay on deliberative democracy in the american judicial system. *Notre Dame Journal of Law, Ethics and Public Policy*, v. 27, p. 303-331, 2013.

SHWARTZ, Gary T. Reality in the economic analysis of tort law: Does tort law really deter? *University of California Law Review*, v. 42, p. 377-444, 1994/1995.

SIEDER, R.; SCHJOLDEN, L.; ANGELL, A (Ed.). *The judicialization of politics in Latin America*. New York: Palgrave Macmillian, 2009.

SILVA, José Afonso da. *Aplicabilidade das normas constitucionais*. 6. ed. São Paulo: Malheiros, 2003.

SILVA, Virgílio Afonso da. O STF e o controle de constitucionalidade: deliberação, diálogo e razão pública. *Revista de Direito Administrativo*, v. 250, p. 197-227, 2009a.

SILVA, Virgílio Afonso da. *Direitos fundamentais*: conteúdo essencial, restrições e eficácia. São Paulo: Malheiros, 2009.

SILVA, Virgílio Afonso da; TERRAZAS, Fernanda Vargas. Claiming the Right to Health in Brazilian Courts: The Exclusion of the Already Excluded? *Law & Social Inquiry*, v. 36, n. 4, p. 825-853, 2011.

SIQUEIRA CASTRO, Carlos Roberto de. O devido processo legal e a razoabilidade das leis na nova Constituição do Brasil. Rio de Janeiro: Forense, 1989.

SMITH, Heather J.; TYLER, Tom R. Justice and power: when will justice concerns encourage the advantaged to support policies which redistribute economic resources and the disadvantaged to willingly obey the law? *European Journal of Social Psychology*, v. 26, p. 171-200, 1996.

SOARES, Fabiana de Menezes. Legística e desenvolvimento: a qualidade da lei no quadro da otimização de uma melhor legislação. *Revista da Faculdade de Direito da UFMG*, v. 50, p. 124-142, 2007.

SOARES, Gláucio Ary Dillon; RENNÓ, Lúcio R. (Org.). *Reforma Política*. Lições da História Recente. Rio de Janeiro: FGV, 2006.

SOMIN, Ilya. Knowledge about ignorance: New directions in the study of political information. *Critical Review*, v. 18, n. 1-3, p. 255-278, 2006.

SOUZA NETO, Cláudio Pereira de. *Teoria constitucional e democracia deliberativa*. Renovar: Rio de Janeiro, 2006.

SOUZA, José Crisóstomo de (Org.). *Filosofia, racionalidade e democracia*: os debates Rorty & Habermas. Tradução José Crisóstomo de Souza. São Paulo: Editora UNESP, 2005.

SUNSTEIN, Cass R.; HOLMES, Stephen. *The cost of rights*. New York: W.W. Norton & Company, 1999.

SUNSTEIN, Cass R.; THALER, Richard H. Nudge. *Improving decisions about health, wealth, and happiness*. London: Penguin Books, 2009.

SWEETMAN, Brendam. *Why Politics needs religion*: the place of religious arguments in the public sphere. Illinois: InterVarsity Press, 2006.

TAMANAHA, Brian Z. O primado da sociedade e as falhas do direito e desenvolvimento. *Revista Direito GV*, v. 6, n. 1, p. 175-212, 2010.

TAY, Louis; DINIER, Ed. Needs and subjective well-being around the world. *Journal of Personality and Social Psychology*, v. 101, n. 2, p. 354-365, 2011.

TEIXEIRA, João Paulo Allain. Crise moderna e racionalidade argumentativa no Direito: o modelo de Aulis Aarnio. *Revista de Informação Legislativa*, v. 154, p. 213-227, 2002.

TEPEDINO, Gustavo; SCHREIBER, Anderson. O extremo da vida: eutanásia, accanimento terapêutico e dignidade humana. *Revista Trimestral de Direito Civil*, v. 39, p. 3-18, 2008.

TEPEDINO, Gustavo. Premissas metodológicas para a constitucionalização do Direito Civil. *Revista de Direito do Estado*, v. 2, p. 37-53, 2006.

TEPEDINO, Gustavo. A função social da propriedade e o meio ambiente. *Revista Trimestral de Direito Civil*, v. 37, p. 127-148, 2009.

TEPEDINO, Gustavo. Marchas e contramarchas da constitucionalização do Direito Civil: a interpretação do Direito Privado à luz da Constituição da República. *(Syn)Thesis*, Rio de Janeiro, v. 5, p. 15-21, 2012.

THIELE, L. P. Limiting risks: environmental ethics as a policy primer. *Policy Studies Journal*, v. 28, n. 3, p. 540-557, 2000.

TIMM, Luciano Benetti. Qual a maneira mais eficiente de prover direitos fundamentais: uma perspectiva de direito e economia? *In*: SARLET, Ingo Wolfgang; TIMM, Luciano Benetti. *Direitos fundamentais, orçamento e "reserva do possível"*. Porto Alegre: Livraria do Advogado Editora, 2009. p. 55-68.

TOMIO, Fabrício Ricardo de Limas; RICCI, Paolo. Seis décadas de processo legislativo estadual: processo decisório e relações Executivo/Legislativo nos Estados (1951-2010). *Cadernos da Escola do Legislativo*, v. 13, n. 21, p. 59-107, 2012.

TRAVASSO, Marcelo Zenni. *In*: TORRES, Ricardo Lobo; KATAOKA, Eduardo Takemi; GALDINO Flávio (Org.) e TORRES, Silvia Faber (Sup.). *Dicionário de princípios jurídicos*. Rio de Janeiro: Elsevier, 2011. p. 1073-1077.

TREMBLAY, Luc B. Deliberative democracy and liberal rights. *Ratio Juris*, v. 14, n. 4, p. 424-454, 2001.

TSEBELIS, George. Processo decisório em sistemas políticos: veto players no presidencialismo, parlamentarismo, multicameralismo e pluripartidarismo. *Revista Brasileira de Ciências Sociais*, v. 12, n. 34, p. 89-117, 1997.

TUSHNET, M. *Weak courts, strong rights*. Judicial review and social welfare rights in comparative constitutional law. Princeton: Princeton University Press, 2008.

TYLER, Tom R. Psychology and the Law. *In*: WHITTINGTON, Keith E.; KELEMEN, R. Daniel; CALDEIRA, Gregory A. *The Oxford handbook of law and politics*. New York: Oxford University Press, 2008. p. 711-722.

UNDP, IPEA, and FJP. Atlas of human development in Brazil 2013. United Nations Development Programme (UNDP), Brazilian Applied Economic Research Institute (IPEA), João Pinheiro Foundation (FJP), 2013. Disponível em: http://www.atlasbrasil.org.br/2013/en/home/. Acesso em: 19 dez. 2018.

UNICEF. *Social Protection*: accelerating the MDGs with equity. [S. l.]: UNICEF, 2010.

UPHAM, F. *Law and social change in postwar Japan*. Cambridge: Harvard University Press, 1987.

VALE, Vanice Lírio do. Políticas públicas, direitos fundamentais e controle judicial. Belo Horizonte: Fórum, 2009.

VALLE, Vanice Regina Lírio do (Org.). *Audiências públicas e ativismo*: diálogo social no STF. Belo Horizonte: Fórum, 2012.

VERDU, Pablo Lucas. *Curso de derecho político*. 2. ed. Madrid: Tecnos, 1977.

VERMEULE, Adrian; GARRETT, Elizabeth. Institutional design of a Thayerian congress. *Duke Law Journal*, v. 50, p. 1277-1333, 2001.

VICTORA, Cesar G. *et al*. Explaining trends in inequities: evidence from Brazilian child health studies. *Lancet*, v. 356, p. 1093-1098, 2000.

VIEIRA Vilhena, Oscar. *A Constituição e sua reserva de justiça*: um ensaio sobre os limites materiais ao poder de reforma. São Paulo: Malheiros, 2011.

VIEIRA, Oscar Vilhena. *Supremo Tribunal Federal*: jurisprudência política. São Paulo: Revista dos Tribunais, 1994.

VIEIRA, Oscar Vilhena. Que reforma? *Estudos Avançados*, v. 18, n. 51, p. 195-207, 2004.

VIEIRA, Oscar Vilhena. A desigualdade e a subversão do Estado de Direito. *SUR: Revista Internacional de Direitos Humanos*, v. 6, n. 4, p. 28-51, 2007.

VIEIRA, Oscar Vilhena. Supremocracia. *Revista Direito GV*, v. 4, n. 2, p. 441-463, 2008a.

VIEIRA, Oscar Vilhena. Public interest law: a brazilian perspective. *UCLA Journal of Internation Law & Foreign Affairs*, v. 13, p. 219-261, 2008.

VIEIRA, Oscar Vilhena. Estado x Sociedade: a questão dos direitos humanos. *Revista USP*, p. 87-94, mar./ maio 1991.

WALDRON, Jeremy. Principles of legislation. *In*: BAUMAN, Richard W.; KAHANA, Tsvi (Org.). *The least examined brach*: the role of legislature in the constitutional state. New York: Cambridge University Press, 2006. p. 15-32.

WAWRO, Gregory J. The rationalizing public? *Critical Review*, v. 18, n. 1-3, p. 279-296, 2006.

WHITTINGTON, Keith E. *Constitutional interpretation*: Textual meaning, original intent, and judicial review. Kansas: University Press of Kansas, 1999.

WHO. 2014. Millennium Development Goals (MDGs). Fact sheet Nº 290. Updated May 2014. World Health Organization. Disponível em: http://www.who.int/mediacentre/factsheets/fs290/en/. Acesso em: 19 dez. 2018.

WILLIANS, Lucy A. The role of courts in the quantitative-implementation of social and economic rights: a comparative study. *Constitutional Court Review*, v. 3, p. 141-199, 2010.

WINTGENS, Luc J. The rational legislator revisited. bounded rationality and legisprudence. *In*: WINTGENS, Luc J.; OLIVER-LALANA, Daniel (Org.). *Legisprudence library*: studies on the theory and practice of legislation, the rationality and justification of legislation. Essays in Legisprudence. Switzerland: Springer, 2013. posição 186- 906.

WINTGENS, Luc. J. Legisprudence as a new theory of legislation. *Ratio Juris*, v. 19, n. 1, p. 1-25, 2006.

XAVIER, Alberto. Legalidade e tributação. *Revista de Direito Público*, v. 47, n. 48, p. 329-347, 1973.

YANG, Lihua; LAN, G. Zhiyoung. Internet's impact on expert-citizen interactions in public policymaking – a meta analysis. *Government Information Quarterly*, v. 27, p. 431-441, 2010.

YOUNG, K. *Constituting economic and social rights*. Oxford: Oxford University Press, 2012.

ZAFFARONI, Eugenio Raúl. *O Inimigo no Direito Penal*. Rio de Janeiro: Revan, 2007.

ZIPPELIUS, Reinhold. *Teoria Geral do Estado*. Lisboa: Fundação Calouste Gulbenkian,1997.

Esta obra foi composta em fonte Palatino Linotype, corpo 10
e impressa em papel Offset 75g (miolo) e Supremo 250g (capa)
pela Gráfica Laser Plus.